레스토랑의
세계사

레스토랑의 세계사

—
2023년 3월 22일 초판 1쇄 발행
—
지은이 케이티 로손, 앨리엇 쇼어
옮긴이 박선영
펴낸이 강준규
책임편집 유형일
마케팅 추영대
마케팅지원 배진경, 임혜솔, 송지유, 이원선
—
펴낸곳 (주)로크미디어
출판등록 2003년 3월 24일
주소 서울특별시 마포구 마포대로 45 일진빌딩 6층
전화 02-3273-5135
팩스 02-3273-5134
편집 02-6356-5188
홈페이지 http://rokmedia.com
이메일 rokmedia@empas.com
—
ISBN 979-11-408-0819-9 (03300)
책값은 표지 뒷면에 있습니다.
—
커넥팅은 로크미디어의 인문, 역사 도서 브랜드입니다.
잘못 만들어진 책은 구입하신 서점에서 교환해 드립니다.

레스토랑은 어떻게 세계적인 문화 산업이
될 수 있었는가?

레스토랑의
세계사

케이티 로손, 앨리엇 쇼어 지음
박선영 옮김

DINING OUT

Connecting

| 저자 |

케이티 로손 Katie Rawson

케이티 로손은 펜실베이니아 대학교 아넨버그 커뮤니케이션 스쿨 도서관의 서비스 및 운영 책임자이다. 에머리 대학교에서 박사 학위를 받았으며, 동 대학에서 인문학 사서로 재직하며 문화와 학술 연구를 해왔다. 아넨버그 커뮤니케이션 스쿨에 오기 전에는 펜실베이니아 대학교 도서관Penn Libraries의 러닝 이노베이션Learning Innovation 책임자이자, 디지털 연구 코디네이터로 활동했다. 로손은 학술 교류, 인문학 큐레이션, 문헌 해석, 음식의 역사와 문화에 관한 연구를 하고 있다.

앨리엇 쇼어_{Elliott Shore}

앨리엇 쇼어는 펜실베이니아 브린모어 대학교 역사학 명예 교수이다. 템플 대학교를 졸업한 그는 런던 정치경제대학교와 드렉셀 대학교에서 각각 세계사와 문헌정보학 석사 학위를 받았고, 브린모어 대학교에서 역사학 박사 학위를 받았다. 프린스턴 고등연구소, 브린모어 대학교 등 고등 교육 기관의 도서관장을 역임했으며, 미국과 캐나다에 위치한 125개의 연구 도서관으로 구성된 북미 연구 도서관 협회Association of Research Libraries의 이사이자, 미국 교육위원회America Council on Education 집행 이사회 일원으로 활동했다. 2013년부터 미국 도서관 정보 자원 협회Council on Library and Information Resources 산하 리딩 체인지 연구소 Leading Change Institute의 공동 학장으로 재직하고 있다. 역사와 문헌, 레스토랑, 광고, 독일계 미국인에 관한 글을 집필하고 책으로 출간했다.

| 역자 |

박선영

경성대학교 영문과를 졸업하고 부산대학교 교육대학원에서 영어교육학 석사를 취득했다. 영국에서 1년간 사회 봉사 활동을 하고 필립모리스코리아 외 외국 기업에서 7년간 근무했다. 영어 강사와 기술 번역가로 활동했으며 글밥 아카데미를 수료한 뒤 현재는 바른번역에 소속되어 활동 중이다. 역서로는《니체의 삶》, 《혼자 살아도 괜찮아》,《결혼학개론》,《오래도록 젊음을 유지하고 건강하게 죽는 법》,《고통의 비밀》등이 있다.

전 세계 어디서나 집 밖에서 밥을 먹는 일은 이제 거의 일상에 가깝다. 노점상, 고급 레스토랑, 비행기, 패스트푸드점, 간이식당, 피자 가게, 이웃집, 길거리, 카페, 카페테리아, 자동판매기 등 장소를 열거하자면 끝이 없다. 전 세계 레스토랑의 수는 이제 1,500만 개를 넘을 것으로 보인다. 특히 인구 1만 명당 레스토랑이 91개에 달하는 일본은 인구 대비 레스토랑이 가장 많은 나라로 꼽힌다. 이에 우리는 외식 문화가 역사적, 세계적으로 어떤 과정을 거쳐 오늘날의 모습을 형성하게 되었는지 조사해 보고 싶었다.

이 책은 전 세계에 걸쳐 레스토랑의 역사를 알아본다. 외식 문화에 관한 인류의 오랜 경험과 다양성을 고려할 때, 그것을 책 한 권에 담는다는 것은 분명 쉽지 않은 일일 것이다. 그러나 우리는 문답조사와 역사적 자료를 토대로 수 세기에 걸친 레스토랑의 발전사를 다양한 측면에서 종합적이고도 세세하게 살펴보았다. 이 책은 먹는 것에 관한 이야기뿐 아니라 레스토랑에서 이루어지는 전반적인 일에 관한 이야기도 다룬다. 또한, 역사적으로 사람들이 공개된 장소에서 공동으로 밥을 먹기 시작한, 즉 외식 문화로 분류할 수 있게 된 장소들의 특징들을 살펴본다. 레스토랑이 발달하게 된 과정을 요리사, 요리 도구, 비평, 국제 교류 등의 다양한 방면에서 살펴보고 문화, 경제, 기술적 측면의 레스토랑 역사도 제시할 것이다. 현대 사회에서 레스토랑이 지금과 같은 모습을 하게 되기까지 많은 인물과 혁신을 일으킨 사건들이 존재했다. 우리는 이 책을 통해 지금까지 잘 알려지지 않은 이런 인물과 중요한 역사적 사건을 조명함으로써 외식 문화에 대한 새로운 통찰력을 얻게 될 것으로 확신한다. 따라서 이 책은 현대 생활의 중요한 특징이 발전하는 데 영향을 미친 인물과 레스토랑, 역사적 순간을 되짚어 보고, 더 깊은 이해를 돕는다는 목적에 초점을 맞출 것이다.

1장에서는 청동기 시대를 시작으로 12세기 중국에서 시작된 초기의 레스토랑에 이르기까지 외식 문화의 오랜 역사를 되짚어 본다. 2장에서는 특수 제작된 테이블, 레스토랑 안내서 등 레스토랑에서 쓰이게 된 새로운 발명품과 18세기 프랑스에서 시작된 초기 레스토랑의 모습을 살펴본다. 3장에서는 유럽과 미국을 중심으로 직업여성과 도시 빈민, 예술가, 귀족, 정치인의 삶에 필수 요소가 된 외식 문화의 대중화를 탐구한다. 4장에서는 스페인의 전설적인 요리사 페란 아드리아와 같은 인물을 조명하여 요리사의 역할에 대해 알아보고, 가스레인지, 분자요리 같은 주방 발명품과 요리 분야의 신기술을 살펴본다. 5장에서는 일본, 중국, 프랑스, 미국에서 일하는 레스토랑 종업원의 300년 역사를 되짚어 본다. 6장에서는 기차와 자동차 등 여행 방식의 변화가 외식 문화에 미친 영향을 살펴본다. 7장에서는 자동판매기에서 컨베이어벨트에 이르기까지 기계화가 외식업계의 노동과 외식 문화에 가져온 변화를 파헤친다. 8장에서는 패스트푸드와 슬로푸드를 살펴보며, 20세기 후반 외식업에서 말하는 시간의 개념을 비교한다. 9장에서는 지역 간의 음식 문화 교류가 어떻게 이루어졌고, 사람들의 이동과 지역 특유의 미각이 지금의 음식 문화 형성에 어떤 영향을 미쳤는지 알아봄으로써 글로벌 레스토랑의 개념을 명확히 한다. 이 책을 계기로 레스토랑의 역사라는 다소 낯선 주제가 독자들에게 좀 더 친숙하게 다가갈 수 있기를 기대하며, 더불어 레스토랑의 역사에 관해 더 많은 연구가 이어지기를 희망한다.

3장
엘리트 계층의 외식 문화와 레스토랑의 대중화

4장
메뉴와 요리사

5장
지배인, 웨이터, 웨이트리스

9장
요리의 세계화

1장

레스토랑의
초기 역사

외식은 우리에게 매우 친숙한 활동이다. 우리는 아주 오래전부터 외식을 해 왔고, 레스토랑 역시 인류 문화와 오랫동안 함께해 왔다. 레스토랑의 역사는 문화·사회·기술·정치·경제·미학의 역사와도 맥을 함께한다.

서양에서는 외식이 점점 증가하는 추세다. 이제 집에서 제대로 된 식사를 요리해서 먹는 일은 특별한 날을 기념할 때 하는 특별한 행사가 되었다. 우리가 보통 집에서 먹는 음식은 레스토랑에서 사오거나 문 앞까지 배달되는 음식, 대형 마트에서 조리된 음식, 전자레인지에 데워서 먹기만 하는 조리 식품이 많다. 여러 모로 이제 집 밖에서 밥을 먹는 일이 집 안에서 밥을 먹는 일보다 더 큰 비중을 차지하고 있다.

일상생활을 연구하는 역사가들은 어떤 일의 기원, 즉 첫 번째 사례를 찾는 일을 중요하게 생각한다. 우리 주변에 항상 존재하는 것들이 언제, 어디서, 어떻게 우리의 일상으로 스며들게 되었는지가 궁금하다. 먹는 행위의 기술적 역사는 아주 오래전으로 거슬러 올라간다. 약 250만 년 전 인류의 조상 호미닌hominin은 음식을 더 쉽게 삼키고 소화하기 위해 먹을 것을 잘게 자르고 다지는 행위를 개발했다. 단단하고 질긴 음식물을 씹는 행위가 줄어든 덕분에 턱뼈와 입이 작아졌고, 그로 인해 인간은 언어를 구사할 수 있게 진화했다. 이후 30만에서 3만 년 전 사이 농업이 발달하면서 인간은 드디어 음식을 요리해서 먹기 시작했다.[1]

사람들은 수천 년 동안 길에서 음식을 먹거나 음식을 먹기 위한 활동을 했다. 요리된 음식을 사서 먹는 행위도 아주 오래전부터 행해져 왔다. 하지만, 레스토랑이 생긴 것은 인류의 오랜 역사에 비추어 볼 때, 비교적 최근의 현상으로 보인다. 레스토랑에서 음식을 먹는 데 필요한 모든 요소는 새로 발명되어야 했다. 서양에서는 철저한 신분제 사회가 정치적 혼란을 겪던 무렵이 되어서야 최초의 레스토랑이 등장했다. 그렇다고 레스토랑이 민주주의의 파생물이라는 의미는 아니다. 처음 유럽에 등장한 레스토랑은 군주제의 종말을 가져온 정치적, 사회적 격변과 새로운 역법의 도입, 종교와 관례로 유지되어 오던 사회 계급의 재편 등 18세기 중반의 큰 사회 변동과 관련이 있다. 서양에서는 프랑스 파리에서 현대식 레스토랑이 처음 등장했는데, 이것은 다음 장에서 보기로 하고, 이번 장에서는 서양보다 훨씬 앞서 12세기 중국에 등장한 최초의 레스토랑을 살펴보겠다.

고대 사회에서는 평소 일정한 무리의 사람들과 밥을 먹다가 특별한 날이 되면 더 많은 무리의 사람들과 밥을 먹었다고 추측된다. 가령 사냥, 종교, 전쟁, 물물교환의 이유로 이동 중이거나 다른 부족과 협상할 때, 혹은 축하할 일이 있을 때는 모르는 사람들과 밥을 먹거나 공공장소에서 밥을 나눠 먹는 등 식사 방식이 달라졌을 것이다. 친족 관계가 아닌 사람들과 음식을 나눠 먹는 모습은 현재 기록으로 남아 있는 가장 오래된 고대 사회의 특징이다. 레스토랑의 개념이 발전하기까지는 훨씬 더 오랜 시간이 걸렸지만, 종교의식의 극적인 요소와 특별한 날에 특별한 음식을 먹는 문화가 발달하면서 레스토랑 문화의 일부를 구성하게 된 것으로 보인다. 즉, 음식을 먹는 용도로 정해진 공공장소나 반 공공장소에서 앉을 자리를 기다리고,

메뉴를 보고, 종업원에게 음식을 주문하고, 주문에 따라 조리된 음식을 서빙 받는 행위로 발전했다.[2] 다시 말해 레스토랑에서 음식을 먹는다는 것은 보상을 받고 서비스를 제공하는 사람들과 상호작용하며 공개된 장소에서 음식을 먹는 행위라 할 수 있다.

고대 그리스 문화를 중심으로 한 외식 문화의 기원은 잠시 후 살펴보기로 하고, 먼저 외식과 관련된 최초의 유물이 발견된 장소에 관해 알아보자. 기원전 3,300년경 신석기 시대에서 청동기 시대로 넘어가던 동기銅器 시대에 이르러 메소포타미아 북부지역을 중심으로 토기土器가 만들어지기 시작했다. 식량 배급을 목적으로 만들어진 이 그릇은 '먹다'라는 의미의 단어로 쓰이는 설형문자가 새겨져 있다. 이때 사용된 그릇은 노동의 대가로 사람들에게 음식을 배급하는 용도로 사용되었다. 아직은 시장이나 선술집보다는 학교 식당이나 군대 식당에 가까운 형태였다. 이 시기 사람들은 자기 집이 아닌 외부 장소에서 여러 사람이 함께 밥을 먹은 것으로 추정되지만, 이것을 '외식'이라고 분류할지는 애매하다. 시간, 장소, 음식의 종류, 함께 밥을 먹는 사람을 선택할 수 없었다는 점에서 21세기에 통용되는 '외식'의 의미와는 상당히 다르기 때문이다. 어쨌든 이런 그릇은 시간이 흐르면서 서빙용 접시나 식사용 그릇으로 형태가 다양해지고, 더 화려해졌으며, 사회적 신분이 반영되었다. 어떤 면에서는 고대 시대 초기에 만들어진 식기가 중세 시대에 등장하는 화려한 식기보다 식기류에 더 가깝게 느껴진다. 이때부터 공개된 장소에서 밥을 먹는 형태도 많이 달라졌다. 특정 장소에서 단순한 형태의 그릇이 다수 발견되기도 하는데, 이런 것을 보면 많은 사람이 어떤 행사나 의식에 참석해서 함께 밥을 먹었다는 의미로 해석될 수 있다. 이렇게 많은 사람이 모여 밥을 먹는 사회적 관습은 우리가 외식에 관해 이야기할 때 언급되는 경험과 점점 더 가까워졌다.[3]

순전히 실용적 목적을 기반으로 탄생한 음식 문화는 시간이 갈수록 친교를 목적으로 하는 활동으로 점차 변화했다. 고고학자 수잔 폴록Susan Pollock은 이를 다음과 같이 설명한다.

> 친교라는 의미의 영어 단어인 'commensality'의 라틴어 어원을 보면, com은 '함께'라는 의미이며, mensa는 '식탁'을 의미한다. 기본적으로 친교 활동은 다른 사람과 음식을 나눠 먹는 행위와 관련된다. 하지만, 단지 물리적 행위만 의미하는 것이 아니라 그 행위에 따르는 사회, 정치적 요소도 포함된다. 즉 친교 활동의 밑바탕을 이루는 것은 무언가를 함께한다는 것이다.[4]

독일의 사회학자 게오르그 짐멜Georg Simmel은 엄밀한 의미에서 보면 음식은 공유할 수 없다는 점을 지적한다. 접시에 담긴 음식은 한 사람이 먹으면, 다른 사람은 먹을 수 없다. 따라서 음식을 공유한다는 의미는 함께 있는 장소와 관습을 공유한다는 의미이며, 이는 곧 경험을 공유하는 방법이고, 이것이 곧 친교 활동이다. 나아가 짐멜은 같이 밥을 먹는 행위는 '사회적 관습의 원형'이라고 주장한다.[5] 고대 사회에서 친교 활동을 가장 확실하게 볼 수 있는 장면은 종교적 활동과 관련되어 있지만, 꼭 종교적 틀에 국한되지는 않는다. 고대 그리스, 그중에서도 특히 고대 아테네의 문화를 살펴보면, 비종교적

사슴과 기타 무늬가 새겨진 금석(金石) 병용 시
대 그릇. 기원전 2500~2001년. 테라코타 토기

니키아스(Nikias). 향연이 묘사된 적색상 크라
테르. 향연 참석자들은 머리에 월계관을 쓰고
코타바스 놀이를 하고 있고, 한 소녀는 아울로
스를 연주하고 있다. 벽에는 화환이 걸려 있다.
기원전 420년.

• 적색상: 붉은 진흙에 붉은색으로 그림을 묘사한
것_역자주

의미에서 여러 사람이 함께 밥을 먹는 행위가 중요한 특징으로 나타
났다.

향연饗宴은 고대 아테네의 '열정적' 특성이 가장 잘 드러나는 문화
적 관습으로[6], 고대 그리스인들이 함께 술을 마시던 문화에서 유래
했고, 이후 고대 로마에서는 콘비비움convivium으로 불렸다. 원래는
단순한 식사의 목적이 강했으나 점차 술이 강조되는 세속적, 사회
적, 감각적 성격이 강해졌다. 술이 가장 중심이 되기는 했지만, 역사
적으로 레스토랑이 발전하게 되는 다른 요인도 뚜렷이 나타나기 시
작했다. 즉 성별의 차이, 성적인 놀이, 음악적인 오락 요소, 대화가
그것이다. 쉽게 말해 고급 음식과 술이 만나면서 오늘날 우리가 알
고 있는 레스토랑의 형태가 싹트기 시작했다.

향연은 기본적으로 시민 계급의 남자들이 친목을 다지는 공식적

인 모임이자 일종의 술 파티였다. 향연은 남자들만 입장할 수 있는 안드론andrōn이라는 방에서 열렸는데, 이 방에는 바닥보다 높게 지어 올린 마루 위에 벽면을 따라 긴 의자가 여러 개 놓여 있었고, 열 명 남짓 되는 성인 남자들이 그 의자에 비스듬히 누워 술을 마시고 대화를 나누었다. 참석자들은 왼쪽에서 오른쪽으로 돌아가면서 오랜 시간 대화를 나누었던 것으로 보인다. 안드론 중앙에 난 출입문으로 사람과 음식이 드나들 때 외에는 아무것도 그들의 대화를 방해하지 않았다. 외부 세계와는 단절된 그들만의 작은 공간에는 언제나 와인이 흘러넘쳤다.

향연은 오늘날의 와인보다 좀 더 독한 와인을 마시는 것으로 시작했다. 요즘 우리가 마시는 맥주와 비슷한 도수에 맞춰 '크라테르krater'라는 혼주기에 물을 희석해서 마셨다. 기원전 4세기에 활약했던 아테네의 시인 에우불로스Eubulus는 술에 관해 이런 말을 남겼다.

"분별 있는 사람은 술을 석 잔만 마신다. 첫 잔은 건강, 둘째 잔은 사랑, 셋째 잔은 숙면을 위해."

그러나 석 잔으로 끝나는 경우는 잘 없었다. 석 잔으로 정해 둔 것은 정도를 벗어나는 손님이 많아서 그들을 절제시키려는 방편이었을 것이다.

"넷째 잔부터 사람이 달라진다. 다섯째 잔부터 고함을 지르고, 여섯째 잔을 마시면 거칠어지며, 일곱째 잔을 마시면 다른 사람과 싸운다. 여덟째 잔부터 물건을 부수고, 아홉째 잔이 되면 분노에 휩싸이며, 열 잔이 되면 인사불성이 된다."[7]

와인은 긴장을 풀어 자연스러운 대화를 유도한다고 여겨졌지만,

리도스(Lydos). 흑색상 테라코타 크라테르(와인과 물을 섞는 용도로 쓰인 항아리). 기원전 550년.

* 흑색상: 붉은 진흙에 검은색으로 그림을 묘사한 것_역자주

브리고스(Brygos). 여자 머리 모양을 한 적색상 테라코타 칸타로스 (손잡이가 달린 잔). 기원전 490~480년.

브뤼셀의 화가. 적색상 테라코타 퀼릭스(술잔).
기원전 5세기 중반.

카를스루에 물고기 그림이 그려진 적색상 도
기. 기원전 350~325.

확실히 와인 자체만으로도 향연의 이유는 충분했다.

향연에서는 술 말고도 열정을 불러일으키는 특별한 음식으로 '생선'이 자주 등장했다. 생선은 단순히 음식의 의미를 넘어서 소비문화와 미식 평가라는 새로운 문화를 만들었다. 생선은 고대 아테네에서 흔히 볼 수 있었던 다른 음식들과 달리 종교적 의미와 관련이 없었다. 향연 참석자들은 오늘날의 음식 평론가들처럼 생선을 주제로 연구하고, 토론하고, 평가하고, 논쟁하고, 엄청나게 많은 돈을 지불했다.[8] 사람들은 이런 토론을 통해 친목을 다지고, 정치적, 경제적 협력을 이루고, 비친족 간의 유대 관계를 강화했다.

향연 같은 고상한 문화를 즐기지 못하는 비상류층 사람들은 술과 음식을 접하는 다른 장소로 카펠레이온kapêleion이나 태번tavern에 갔다. 오늘날의 선술집이나 포장마차와 비슷한 이런 곳에서는 주로 술을 팔고, 그 외 다른 음식도 조금 팔았다. 아테네 곳곳에는 이런 작은 술집이 많았다. 돈이 있는 사람들은 이곳에서 와인을 대량으로 사 갔다. 이런 술집들은 노예의 소유인 경우가 많았다. 런던 거리에서 흔히 볼 수 있는 펍처럼 대부분 이름이 있어서 '대머리 남자의 술집' 같은 이름이 사용되었다. 폼페이에는 오늘날의 도시처럼 술집이 많았다. 고대 아테네의 중심인 아고라 일대에는 크고 작은 접시와 냄비, 그릇, 절구, 소금통, 술잔 같은 조리 도구와 식기, 램프, 동물뼈, 대리석 상판 등이 발견된다. 이런 유물을 보면 당시 사람들의 생활사를 짐작해 볼 수 있다.[9] 술집을 드나들던 사람들은 욕을 먹기도 했는데, 다음 글을 보면 오늘날 우리에게 꽤 익숙하게 들릴 만한 내용이다.

> 심지어 꽤 높은 지위에 있는 젊은이들도 술을 마시고, 밀회를 즐기고, 빈둥거리고, 유치한 게임을 즐기느라 시간을 허비한다. … 어떤 이들은 분수대에 와인을 넣어 아주 차게 해서 마신다. 도박장을 전전하며 노름에 빠진 이, 소녀들이 피리를 배우는 교육소 주변을 어슬렁거리며 돌아다니는 이도 많다.[10]

놀이와 음악은 고대 그리스의 특권층이 즐긴 향연뿐 아니라, 길거리 문화에서도 빠지지 않고 등장한다. 고대 그리스인들은 안드론이나 선술집에서 밥을 먹고 술을 마시며, 음악과 토론, 성문화를 즐겼다. 또한, 공개된 장소에서 다른 사람들과 어울려 먹고 마시는 데 필요한 의식과 기술을 발전시켰다. 많은 양의 음식을 요리해서 나눠 먹는 도구와 그릇을 만들고, 고급 음식과 주류도 개발했다. 이런 의미에서 보면, 향연에서 선술집에 이르는 고대 그리스 문화는 현대

타퀴노 사니타스(Taccuino Sanitatis)에서 포르마지 치즈 만드는 모습. 14세기 후반. 삽화가 들어간 원고.

사회에서 이루어지는 음식 문화의 거의 모든 면을 갖추었다고 할 수 있다.

❶ 도시에 나타난 음식 문화

1,000년 이상, 세계 여러 도시에서 볼 수 있었던 외식 장소는 고대 그리스의 것과 매우 흡사하다. 선술집, 찻집, 카페, 음식점, 쿡숍 cookshop, 노점, 행상, 클럽 같은 곳들이 다른 도시에서 비슷비슷하게 나타났고, 대도시에는 여러 계층의 사람들을 만족시킬 수 있는 다양한 옵션이 존재했다.

카이로, 런던, 마드리드, 카이펑開封(개봉) 같은 대도시의 하층 계급은 쿡숍이라는 곳에서 음식을 구하는 때가 많았다. 도시에서 생활하는 하층 계급은 집 안에 부엌이 따로 없었기 때문에 다른 장소에서 조리된 음식을 가져와 먹었다(이런 문화는 거의 19세기까지 이어졌다).

아드리안 브라우버르(Adriaen Brouwer) 〈흡연가들〉 1636년 목판 유화.

월터 스펜서 스탠홉 타이리트(Walter Spencer-Stanhope Tyrwhitt) 〈Midan El-Adaoui. 카이로, 예루살렘, 다마스쿠스의 시장 거리에 있는 쿡숍〉1912년 삽화.

역사 기록을 살펴보면, 그들은 조리된 음식을 집으로 가져와 먹거나 다른 외부 장소에서 먹은 것으로 보인다. 쿡숍의 모습은 시대와 장소를 떠나서 상당히 유사했다. 18세기의 한 스페인 작가에 따르면, 쿡숍에서는 대개 투박한 질그릇에 한 가지 종류의 음식을 제공했고, 사람들은 보통 '지하'나 '출입문 주변'에서 밥을 먹었다. 14세기 역사가 알 마크리지Al-Maqrizi는 그런 곳은 주로 흙바닥으로만 되어 있었다고 설명한다.**11** 이런 쿡숍은 다른 오락거리가 없고, 선택권이 없으며, 시각적인 만족을 얻을 수 없었다는 점에서 오늘날 일반적으로 레스토랑이 제공하는 중요한 기능이 수행되었다고 볼 수 없다. 그러나 오늘날의 푸드 트럭이나 노점, 간이식당, 테이크아웃 음식점의 형태로 이어지는 외식 문화의 일부임은 틀림없다.

얀 스텐(Jan Steen) 〈테라스의 즐거운 일행(Merry Company on a Terrace)〉 1670년 캔버스 유화.

마실 거리가 제공되던 커피하우스*, 찻집, 카페는 사람들과 교류하고 지역 소식을 접하는 중요한 장소였다. 이런 곳은 서비스 모델 면이나 다양한 음식이 제공되지 않았다는 점에서 오늘날의 레스토랑과는 다르지만, 레스토랑에서 볼 수 있는 정치 공간적 요소를 발

---

* 　17세기 이후 유럽에 등장한 커피점.

토머스 롤런드슨 〈태번의 모습(Tavern Scene)〉 1780년~1827년 수채화.

전시키는 데 중요한 역할을 했다. 중국 카슈가르나 프랑스 파리 같은 대도시의 찻집과 커피하우스에서는 작은 가십거리에서 큰 정치적 반란에 이르는 일들이 많이 일어났다.**12** 1720년 이탈리아 베네치아에 개업해 지금까지 운영되고 있는 카페 플로리안Caffè Florian은 관광객들에게 여전히 인기가 많다. 1160년 일본 교토 우지시에 설립된 추엔 찻집Tsuen Tea은 에도 막부의 초대 장군인 도쿠가와 이에야스(1543년~1616년) 같은 역사적 인물의 사랑방 역할을 했다. 현재 추엔 집안에서 24대째 운영하고 있다.

근대 초기 유럽에는 고대 그리스만큼 선술집 문화가 발달해 있어서 어디서나 펍과 주점, 맥줏집을 볼 수 있었다. 이런 곳은 다른 음식보다 술이 더 중요했는데, 남자들은 물론이고 여자들도 이런 공개된 장소에서 술을 마셨다. 대표적인 술은 와인, 사과주, 에일, 브랜디, 진 정도를 꼽을 수 있다. 대개 숙박이나 음식을 제공하는 것은 금지되었고, 치즈와 빵 정도만 제공했다.

선술집 문화는 중국에도 있었다. 고대 그리스처럼 중국의 선술집에서도 종종 매춘이 행해졌다. 그런 곳은 특히 화려한 외관으로 사람들의 이목을 끌었다. 붉은 등을 켜고 건물 외벽과 블라인드를 화려한 색으로 꾸몄고, 알록달록한 꽃과 분재, 의자를 비치해 두었다. 좀 더 허름한 술집은 대나무로 지어진 집에 무지 커튼을 달았다. 이런 곳을 이용하려면 어느 정도 정해진 순서를 알아야 했다. 잘 모르고 갔다가는 비웃음을 사고 바가지요금을 물기 일쑤였다.[13]

파리와 항저우에서는 지금과 비슷한 형태로 테이크아웃 음식을 구할 수 있었다. 파리 사람들이 주로 저녁으로 먹던 소시지나 수프, 가금류 음식은 별도의 길드에서 따로 취급했는데, 테이크아웃 음식이나 즉석에서 바로 먹을 수 있는 요리를 제공했다. 스페인에 있는 일부 빵집은 지금도 일요일에 문을 열고 예배 후에 먹는 로티세리 치킨을 판매한다.

클럽이나 공동 회관이 운영되는 곳도 있었다. 가령 독일 일대에는 여러 길드와 클럽이 운영되고 있었는데, 이런 곳은 대개 회원제로 운영되고 규칙도 있었다. 또한 회원 간 친목을 도모하고, 함께 식사할 수 있었으며, 주로 정식 요리사가 요리를 담당했다. 한때 라인강 상류 지역과 스위스 북부 일대에는 클럽과 회관이 265곳이나 운영되었다.[14] 파리와 잉글랜드에서 상시로 운영되던 준 전용 클럽 중에는 현재까지 운영되고 있는 곳도 있다.

북송 휘종 〈문회도(文會圖)〉 1100년~1125년 비단에 수묵화.

로얄 코벤트 가든 극장의 C. 힐이 쓴 '타블도테(Table D'Hote)' 악보 커버 (1900년), 삽화.

완전히 다른 형태의 대중적인 외식 문화도 나타났다. 15세기 유럽에는 정해진 시간, 정해진 가격에 그날의 메뉴를 제공하는 '정식 메뉴table d'hôte*'라는 것이 생겼다. 보통은 식사할 수 있는 시간이 정해져 있었고, 여러 사람이 함께 밥을 먹었다. 이런 종류의 식사는 레스토랑이 생긴 후로 계속 지속하였다. 정식 메뉴가 제공되는 곳에

---

*   타블도트(table d'hôte), 직역하면 '주인의 식탁'이라는 의미로 풀이된다.

서는 테이블 위에 그날의 메뉴가 준비되어 있고, 늦게 온 사람은 맛있는 음식을 맛보지 못할 수도 있었다. 하지만, 많이 먹든 적게 먹든 가격은 같았다. 보통은 고정 손님을 대상으로 운영했고, 가끔 찾아오는 여행자 손님을 위해 따로 음식을 준비해 두기도 했다. 영국에는 노동자 계급의 구미에 맞춰 '정식' 메뉴를 제공하는 곳이 있었다. 이런 곳은 단순하게 꾸며졌고, 요리 종류가 약간 더 많았다. 1714년 런던의 잉글랜드 은행 부근에 처음 문을 연 '심슨스 피쉬 디너 하우스Simpson's Fish Dinner House'가 이런 정식 메뉴를 제공했는데, 2실링짜리 생선 정식을 주문하면 굴, 수프, 꿩고기, 양고기, 치즈가 나왔다.

◍ 여행자들의 식사

지난 수천 년간 우리에게는 여행자를 위한 음식 문화가 있었다. 여행자들의 이동 경로를 보면, 여러 대도시에 나타난 레스토랑의 기원을 찾아볼 수 있다. 고대 중국과 일본의 관료, 멕시코와 중앙아메리카 북부 일대를 이동한 고대 마야인, 잉글랜드에서 에티오피아로 떠난 순례자와 같은 초기의 여행자들은 여행지에서 만나는 낯선 사람들의 집에서 그들이 제공해 주는 대접에 의존해서 식사를 해결했다. 길손을 대접하는 행위는 여러 문화에서 중요한 사회적, 도덕적 의무로 여겨졌다. 그러나 집을 떠나 여행 중에 밥을 먹는다는 것은 언제나 불확실한 일이었다. 그래서 중국에서는 혹시 모를 사고에 대비해 잔치를 열고 여행을 떠나는 사람들에게 배불리 음식을 먹여서

월터 베이스(Walter Bayes) 〈룰스(Rule's)〉 1940년 수채화.

보내는 풍습이 있었다.[15]

북아프리카, 중동, 유럽 남동부, 중앙아시아 및 남아시아 일대에는 향신료와 비단 교역을 위해 중국, 인도, 아라비아, 소그디아나, 로마를 오가는 상인에게 음식을 제공하는 세 가지 형태의 숙소가 있었다. 캐러밴서라이caravanserai*, 칸khan, 여관 이 세 곳은 쿡숍과 마찬가지로 문화적인 이유로 차이점도 있고, 시대와 장소에 상관없는 공통된 특징도 있다. 우선 이런 곳들은 광활한 초원을 가로지르는 여

---

*   '상인들의 숙소'라는 뜻으로 이슬람 문화의 전 지역에서 볼 수 있는 여행자 숙소.

칼 힌트너(Carl Hintner) 〈잘츠부르크의 세인트 페터 스티프츠켈러 레스토랑〉 약 1900년 사진.

행자들의 힘든 여정에 쉼터를 제공했다. 그리고 이야기나 노래, 공연 같은 오락거리를 제공했으며, 대화의 장이나 교역 장소로 이용되었다. 칸과 여관에서는 종종 술을 팔거나 매춘이 이루어졌지만, 캐러밴서라이는 이슬람 지역에 있어서 대체로 그런 서비스가 제공되지 않았다. 대형 마차로 이동하는 상인들은 대부분 음식을 직접 가지고 다녔지만 이런 휴식지에서는 더 다양한 음식을 맛볼 수 있었다. 어떤 곳은 숙박을 제공하면서 음식도 제공했고, 어떤 곳은 간이 찻집, 태번, 쿡숍 같은 곳을 임시로 지어서 장소를 옮겨 다니며 음식을 팔았다.

중세 초기 북유럽과 서유럽을 중심으로 제국주의 기독교가 발생함에 따라 정치, 상업, 순례를 목적으로 사람들이 여행하는 경로에 숙식을 제공하는 곳들이 생겨났다. 이런 곳은 크게 수도원과 개인 여관으로 나누어졌다(동아시아 일대에도 이와 비슷한 형태가 나타났다). 숙식을 제공한 가장 오래된 수도원은 오스트리아 잘츠부르크에 있는 세인트 페터 수도원St Peter's Abbey이다. 803년에 요크 출신의 철학자 알퀸은 샤를마뉴 대제가 그곳에서 정찬을 먹었다고 언급했고, 500년 뒤 독일의 작곡가인 뭉크 폰 잘츠부르크는 그가 쓴 시와 노래에서 그곳 음식을 극찬하기도 했다. 수도원 내부에 있는 '세인트 페터 스티프츠켈러St Peter's stiftskeller'라는 레스토랑은 1760년대까지 부유층이 즐겨 찾는 외식 장소였다.

개인 여관은 캐러밴서라이와 비슷하게 미리 준비된 음식과 먹을 장소, 오락거리를 제공했다. 캐러밴서라이를 이용하던 실크로드 상인이나 여행자가 마차로 같은 시간에 한꺼번에 도착했다면, 개인 여관을 찾는 순례자와 상인은 도착 시각이 제각각이었다. 따라서 식사 시간이 따로 정해져 있지 않고, 정해진 메뉴에 따라 그날그날 요리된 음식이 나왔다. 개인 여관은 보통 음식 맛이 형편없는 경우가 많았다. 소설 《돈키호테》에서도 여관의 모습이 묘사되어 있다.

그들은 시원한 공기를 쐬려고 여관 입구에 식탁을 차렸다. 여관 주인은 형편없는 대구로 형편없이 조리한 대구 요리를 가져왔다. 빵은 돈키호테가 입은 갑옷만큼 거무튀튀했다. 하지만, 돈키호테의 먹는 모습이 더 가관이었다. 머리에 투구를 쓰고 양손으로 면갑面甲*을 받치고 있어서 누군가 음식을 대신 입에 넣어 주지 않으면 아무것도 먹을 수 없었다. 그래

---

*   투구에서 얼굴을 가리는 부분.

서 한 아가씨가 그 임무를 대신해 주었다.**16**

나중에 산초는 다른 여관에서 저녁으로 먹을 수 있는 음식이 뭐가 있는지 여관 주인에게 물어본다. 여관 주인은 뭐든지 말만 하라고 한다. 구운 닭고기를 말하니 닭이 전부 매에 잡아먹혀서 안 된다고 했다. 두 번째 말한 음식도 어떤 이유로 안 된다고 했다. 송아지, 염소, 베이컨, 달걀도 모두 마찬가지였다. 결국 산초는 이렇게 외쳤다.

"맙소사. … 안 된다는 말만 하지 말고 그냥 있는 걸 말해 주시오."
그러자 주인이 이렇게 말했다.
"저희에게 있는 건 송아지 발굽처럼 생긴 소 발바닥인지, 소 발바닥처럼

프랑스 삽화가 구스타브 도레(Gustave Doré)의 작품, 세르반테스의 《돈키호테》 중 〈돈키호테, 돈 페르난도, 도로테아, 카르데니오, 루신다, 목사, 이발사가 여관에서 밥 먹는 장면〉 (1880년 판) 판화.

생긴 송아지 발굽 요리인지 모를 요리가 있습죠. 콩, 양파, 베이컨을 넣어 만든 요리랍니다. 저기 있군요."**17**

여관에서 나오는 요리는 요즘 레스토랑에서 볼 수 있는 요리만큼 종류가 다양했다. 어떤 곳은 치즈에 곰팡이와 벌레가 우글거리고 고기에 구더기가 생길 만큼 형편없었지만, 어떤 곳은 상태도 괜찮고 맛도 훌륭한 송어, 송아지 고기, 딸기, 브로콜리, 디저트가 나왔다.**18** 음식은 주로 주변에서 구할 수 있는 재료로 만들어졌다. 외국에서 들여오는 재료는 대부분 향신료였다. 일반적인 여관에서는 수프와 세 가지 코스 요리, 디저트가 나왔고, 고급 여관에 가면 여섯 가지 코스에 50개가량의 요리가 나왔다. 실내는 여관의 종류에 따라 형태가 다양했지만, 일반적으로 대형 탁자에 큰 그릇을 두고 음식을 나눠 먹었다. 상류층 사람들이 이용하는 곳은 개인 식기나 은으로 된 식기를 제공했다.

🍴 최초의 레스토랑

지금까지 살펴본 쿡숍, 콘비비움, 캐러밴서라이, 칸은 오늘날 우리가 알고 있는 레스토랑의 모습과는 차이가 있다. 오늘날 우리가 생각하는 레스토랑의 기준을 충족하려면, 서비스가 제공되고, 메뉴에 대한 선택권이 있어야 한다. 이런 기준에 부합하는 레스토랑이 생기기까지는 1,000년 이상의 시간이 필요했다. 정식 레스토랑이 나타나기 위해서는 상업 발달로 인한 도시의 성장이 이루어져야 했다. 역사적으로 보면 레스토랑이라고 할 수 있는 곳이 처음 생긴 것은 서기 1100년경 중국 송나라 때다. 이는 파리에서 처음 문을 연 레스토랑보다 700년가량 앞서 있었다.

왜 중국에서 먼저 레스토랑이 나타났을까? 첫째, 가장 확실한 이유로 도시의 규모를 꼽을 수 있다. 송나라 말기, 북송의 수도 카이펑과 남송의 수도 항저우는 인구 100만 명이 넘는 도시였다. 비슷한 시기 파리의 인구는 30만 명에 불과했고, 밀라노는 20만 명, 그라나다는 15만 명, 런던은 10만 명을 넘지 못했다. 둘째, 도시 사람들이 소액 화폐를 사용했다. 셋째, 수많은 문화권의 사람들이 모이는 거대한 무역 중심지였다. 고향을 떠나 대도시에 정착하거나 여행 중인 사람들은 고향의 음식이 아닌, 다른 지역의 음식을 접할 기회가 많았다. 이런 요인이 레스토랑 문화를 만들어 낸 또 다른 자극제가 되었다. 21세기 레스토랑 문화의 특징 중 하나인 '지역 음식'은 확실히 카이펑과 항저우라는 두 대도시에서 형성되었다고 할 수 있다. 넷째, 정치적인 면에서 중국의 사회 질서가 느슨해지면서 세습 귀족 대신 학자 출신의 관료들이 중심이 되는 중앙 관료제 사회가 출현했기 때문이다. 이들 신흥 관료층은 그들이 갖게 된 돈과 권력을 즐길 만한 장소나 수단을 찾기가 마땅치 않았다. 게다가 정치적 수완을 어떻게 이용하느냐에 따라 계층 이동이 가능했기 때문에 레스토랑과 같은 외부 장소에서 다른 사람과 밥을 먹는 문화가 만남의 장소와 기회를 제공했을 것이다.[19]

역사 기록물에 최초로 등장하는 레스토랑은 1127년까지 송나라의 수도였던 카이펑에 있다. 카이펑은 당시 세계적으로 인구 규모가 가장 큰 도시로서 번영을 누리고 있었는데, 그때의 기록을 보면 앞에서 언급한 선술집이나 노점이 이미 상당히 많았던 것으로 보인다. 특히 이 시기 등장한 레스토랑의 큰 특징은 지역 요리를 제공했다는 점이다. 그도 그럴 것이 카이펑의 넓은 평지에 촘촘히 연결된 수로 덕분에 식량을 포함한 물자 공급이 활발히 이루어졌고, 각계각층의 사람들, 특히 상인과 관료의 이동이 활발했다. 고향을 떠나온 사람들이 지역 단위로 무리 지어 살게 되면서 지역 음식을 제공하는 식당이 나타나기 시작했다. 이 시기의 기록에는 남부 요리, 북부 요리, 쓰촨 요리의 이름이 언급되는데, 특히 남부 출신 사람들은 북부 음식이 입맛에 맞지 않아 힘들어해서 남부 사람들을 위한 음식점이 생겼다.[20]

카이펑에 생긴 레스토랑은 오늘날과 같은 노점 형태의 식당과 정식 레스토랑에 가까운 크고 작은 식당이 있었다. 음식의 종류도 다양해서 수프, 스튜, 고기, 채소, 파스타, 빵 등의 음식이 나왔다. 식당은 주로 인구 밀도가 높은 지역에 많이 생겼다. 한 예로 동물 시장에 인접한 어느 거리는 '등불에서 나오는 열기와 연기로 모기와 파리가 한 마리도 없을 정도였다'라고 기록됐다. 1126년 북송 시대 사람인 맹원로孟元老는 1126년에 쓴 동경몽화록東京夢華錄에서 당시 카이펑에 있던 음식점의 모습을 자세히 묘사하고 있다.

마행가馬行街를 따라 북쪽으로 올라가면 옛 봉구문封丘門을 벗어나 배화교拜火敎 사원이 있는 굽은 골목에 번화가가 나온다. … 골목마다 다방과

장택단(張擇端), 〈청명상화도(淸明上河圖)〉의 일부. (1186년) 두루마리 비단에 수묵담채.

주점, 여인숙, 음식점이 다닥다닥 붙어 있다.

시내에서 장사하는 집들은 보통 집에서 요리하지 않고, 요리점에서 조리된 음식을 사서 먹는다. 북방 음식으로는 반루碧樓 앞에 있는 이가李家와 단가段家에서 만드는, 말린 고기를 넣어 끓인 석봉石峰*식 국물 요리가 유명하다. 남방 음식으로는 사원 다리에 있는 김가金家와 아홉 굽이에 있는 주가周家의 음식이 가장 유명하다. 야시장은 보통 삼경三更*이 되어서야 문을 닫고, 오경五更**도 안 되어 다시 문을 연다. 사람들이 많은 곳은 새벽까지도 영업한다. 보통 외진 곳에 있는 야시장은 시큼한 콩이나 돼지고기 안심으로 속을 채운 참깨빵, 야채빵, 오소리나 여우 고기, 순대, 과일 절임 같은 음식을 판다. 야시장은 폭풍우가 쏟아지고 눈보라가 몰아쳐도 문을 연다. 음식의 종류로는 생강과 된장에 버무린 고기, 다진 내장을 넣은 선짓국, 어묵, 튀긴 생간, 조개, 게, 호두, 물엿, 콩, 배, 석류, 일본 모과, 중국 모과, 주먹밥, 두부 된장국이 있다. 차를 파는 사람들은 새벽 1시가 넘으면 항아리를 들고 나와 한밤중에 귀가하는 일꾼과 관료들에게 차를 판다.[21]

음식점에서 제공되는 요리는 주변 환경과 손님에 맞춰지기도 해서 절 근처에 채식 요리를 판매하는 다방식 식당이 생겼고, 사창가가 많은 지역에는 남부식 식당이 많았다.[22] 중국 연구학자인 스티븐 H. 웨스트Stephen H. West의 주장에 의하면 사창가와 지역 식당 간의 관계를 설명할 수 있는 실제적인 정보는 없지만, 사람들이 많이 몰리는 도시에는 오락적인 측면이 중시되어 사창가가 나타날 수 있다고 한다. 식당은 주로 번화가에 있었고, 많은 경우 노래와 공연 같은 오락거리가 제공되었다.

식당 중에는 규모가 아주 큰 곳도 꽤 있었다. 스티븐 H. 웨스트

---

* 하룻밤을 다섯 등분한 셋째 부분으로 밤 11시에서 새벽 1시 사이를 말한다.
** 새벽 3시에서 5시 사이를 말한다.

에 따르면, 어느 만둣가게에는 화덕이 50개가 넘고, 화덕마다 네다섯 명의 일꾼이 붙어서 음식을 준비했다. 1147년에 쓴 맹원로의 글에 이런 식당의 모습이 자세히 설명되어 있다.

> 보통 규모가 큰 음식점은 '분차分茶'라고 한다. 이곳은 머리 고기 찌개, 눌린 고기, 참깨빵, 양 고기, 염소 고기, 잡뼈, 내장, 생강을 넣어 만든 국수, 냉국수, 구운 밀가루 요리 같은 음식을 판다. 전차全茶를 주문하면 절임 채소와 머리 고기 찌개가 나온다. …
>
> 또, 호박국을 파는 음식점은 무거운 상인방上引枋[*]과 꽃으로 장식한 기둥을 산붕山棚[**]처럼 설치해 두고, 그 위에 잡아 놓은 돼지와 양을 통째로 20~30마리나 걸어 놓았다. 가게 앞문과 덧문은 주홍색과 녹색으로 칠하고, '손님을 환영하는 문'이라는 뜻으로 환문驩門이라 불렀다.
>
> 가게에는 안뜰이 있고, 안뜰 양쪽으로 난 회랑에 좌석이 놓여 있다. 손님이 자리에 앉으면, 젓가락과 종이를 든 종업원이 손님에게 주문을 받는다. 당시 카이펑 사람들은 허영기가 많고 요구사항이 까다로웠다. 어떤 이는 차갑게, 또 어떤 이는 뜨겁게, 또는 따뜻하게, 미지근하게, 혹은 아주 차갑게 만든 음식을 요구했다. 고명에 올리는 고기는 살코기만 요구하거나 비계가 많은 고기를 요구하는 등 손님마다 요구 사항이 다양했다. 종업원은 주문을 받고 나면 주방 앞으로 가서 줄을 섰다. 그리고 자

---

[*]   건축물에서 입구 위에 수평으로 가로질러 놓인 석재로, 창이나 출입구 등 건물 입구의 각 기둥에 수평으로 걸쳐 놓음으로써 창문틀의 상하벽 사이에서 윗부분의 무게를 구조적으로 지탱해 주는 뼈대의 역할을 한다.

[**]   나무와 비단으로 장식한 가설무대.

기 차례가 되었을 때, 주문받은 음식들을 주방에 외쳤다. 주방 일을 맡은 사람은 '냄비의 달인', '조리대 담당자'라는 뜻으로 '당두鐺頭'나 '착안着案'으로 불렸다. 주문된 음식은 눈 깜짝할 사이에 나왔다. 그러면 종업원이 왼손에 접시 세 개, 오른손에서 어깨까지 약 20개의 접시를 쌓아 손님 앞에 들고 왔다. 종업원은 한 치의 오차도 없이 주문받은 대로 손님 앞에 음식을 내려놓았다. 만약 하나라도 잘못된 것이 있으면 손님은 주인에게 이를 알렸고, 주인은 종업원을 질책하거나 품삯을 깎거나 심하면 쫓아내기도 했다.[24]

음식의 종류가 이만큼 다양한 것도 신기하지만, 이 글에서 가장 눈길을 끄는 대목은 숙련된 종업원의 모습이다. 주문받은 음식명을 주방 앞에서 외치고, 한 손에 여러 개의 접시를 들고 가는 모습은 1,000년에 가까운 시간 차이에도 불구하고 매우 익숙하게 느껴지는 장면이다.

초기 레스토랑의 모습은 항저우에서도 찾아볼 수 있다. 송나라는 1132년 카이펑에서 항저우(당시에는 임안臨安으로 불렸다)로 수도를 이전했다. 1275년 몽골의 침입으로 송나라가 멸망하기 직전에 이탈리아인 여행가 마르코 폴로가 항저우에 도착했는데, 그는 '수도'라는 의미의 페르시아어로 항저우를 퀸사이Quinsai로 불렀다. 중국 연구학자인 자크 제르네Jacques Gernet가 쓴 《전통 중국인의 일상생활Daily Life in China on the Eve of the Mongol Invasion》에는 마르코 폴로가 항저우를 지상의 천국이라며 세계에서 가장 아름다운 도시로 극찬했다는 내용이 있다.[25] 카이펑과 마찬가지로 항저우에도 중심가가 있었고, 중동과 동

남아시아 같은 먼 나라에서 많은 물자가 들어왔다.

항저우에는 음식, 술, 식기류, 실내장식 등 식당 운영에 필요한 모든 물품을 제공하는 업자가 있었고, 대형 식당도 있었다(프랑스에서는 식당 운영자를 뜻하는 레스토라퇴르restaurateur의 전신으로 트레퇴르traiteur가 있었다). 마르코 폴로는 그런 장소를 다음과 같이 묘사하고 있다.

> 호수 가운데에 섬 두 개가 있었는데, 각 섬에는 수많은 방과 정자가 딸린 대궐 같은 큰 건물이 있었다. 연회나 결혼 잔치는 모두 이곳에서 열렸다. 접시, 냅킨, 식탁보 같은 물품이 모두 갖추어져 있고, 비품은 그곳 사람들이 공동 비용으로 구입해서 관리했다. 어떤 때는 연회와 잔치, 결혼식이 건물 여기저기서 동시에 열렸다. 하지만, 모두 다른 방과 정자에서 열려 서로 방해되는 일이 없었다.[26]

카이펑과 마찬가지로 항저우의 식당과 찻집은 꽃과 분재로 가게 안팎을 꾸미고 유명 화가와 서예가의 작품을 걸어 행인의 눈길을 사로잡았다. 음식은 멋진 자기 그릇과 칠기 그릇에 담겨 나왔고, 실내에서 음악이 흘러나왔다(그리스에서는 소녀들이 피리를 불었다면, 항저우에서는 노래를 불렀다).[27] 1300년경에 쓰인 몽량록夢粱錄*에는 식당에 관한 설명뿐 아니라 식당에서 음식 주문하는 방법을 모르는 사람들에 관한 이야기도 나온다.

---

* 남송의 오자목(吳自牧)이 쓴 항저우에 관한 지리, 풍속을 기록한 수필집.

손님들의 좌석이 정해지고 나면, 주인이 '맛보기 음식'을 식탁에 내놓고 술을 얼마나 주문할지 물어본다. 주문이 끝나면 종업원이 맛보기 음식을 가져가고 진짜 요리를 가져온다. 가끔 식당에서 행해지는 절차에 무지한 손님들이 젓가락을 곧장 들기도 하는데, 그러면 웃음거리가 된다.[28]

　　새로운 문화를 접하고 당황해하는 시골내기에 관한 이야기는 정식 레스토랑이 나오기 전부터 19세기 초반까지 유럽에서도 자주 등장하는 소재였다. 파리 시민들이 여행 안내서나 식당 안내서로 식당 예절을 배웠듯이, 18세기 중국에서 쓰인 여행기들도 식당을 찾는 젊은 세대에 그런 역할을 했다.

　　중국에서 거의 1,000년 전에 레스토랑의 모습을 갖춘 곳이 형성되었다면, 유럽에서는 700년이 더 지나서야 그런 곳이 나타났다. 1,000년 동안 다양한 음식 문화가 유럽과 아시아를 오갔지만, 종업원과 메뉴 선택권, 오락거리, 실내장식이 포함된 레스토랑 문화는 유럽으로 전해지지 않았다. 사실 유럽식 레스토랑은 어느 날 갑자기 나타났다고 할 수 있다. 유럽식 레스토랑은 여관, 선술집, 클럽, 찻집 같은 여러 형태의 음식점이 나타났다는 점에서는 중국과 비슷했지만, 메뉴 선택권이나 종업원, 독립된 공간, 식사 예절 같은 요소가 거의 없었다는 점에서 차이가 있다.

2장

프랑스의
초기 레스토랑

오늘은 금요일 밤, 당신은 밖에서 밥을 먹기로 한다. 미리 계획하고 예약을 했더라면 좋았겠지만 그러지 못했다. 그래서 그냥 처음 보는 레스토랑에 가 보기로 한다. 레스토랑에 도착하니 종업원이 와서 자리를 안내하고, 메뉴를 건넨다. 당신은 크림 파스타를 주문하고, 일행은 샐러드를 주문한다. 이제 음식이 준비된다. 아주 처음부터는 아닐지라도 당신만을 위한 요리가 준비되고 접시에 담겨 테이블 앞에 놓인다. 식사를 마치고 나면(혹은 다 안 먹어도) 주문한 음식 가격에 따라 웨이터가 계산서를 가져온다.

레스토랑에서 밥을 먹을 때 우리는 이런 과정을 깊이 생각하지 않는다. 이런 내용은 기본적으로 우리가 잘 알고 있는 레스토랑의 특징이다. 먼저 중국에서 형태가 갖춰졌고, 유럽에서는 1760년대 프랑스 파리에서 첫선을 보인 이후 전 세계로 전해졌다. 레스토랑은 영업시간이라는 정해진 시간 안에 다양한 메뉴 중에서 손님이 먹고 싶은 음식을 골라서 먹는 장소로 규정되어 왔다. 레스토랑의 종업원은 손님에게 서비스를 제공한다. 주문을 받고 음식을 가져오고 시중을 든다. 적어도 초반에는 그렇다. 또한 레스토랑은 함께 온 사람들과 같은 테이블에 앉아 밥을 먹는 곳이고, 식사가 끝나면 계산서에 나온 대로 음식 값을 계산한다. 레스토랑의 가장 큰 특징 중 하나는 식사를 하는 사람, 바로 '나'에게 초점이 맞춰진다는 것이다. 그것이 레스토랑을 경영하고 음식에 관한 글을 쓰는 사람들이 레스토랑을 바라보는 큰 틀이다.

🍴 프랑스 레스토랑의 기원

생오노레가에 있는 알리그레 호텔의 1대 경영자인 로즈는
1인당 3~6리브르에 훌륭한 고급 요리와
좋은 레스토랑에서 기대할 수 있는 여러 가지 서비스를 제공한다.
- 1769년 《연감》[1]

레스토랑*이라는 단어가 처음 사용되었을 때는 밥을 먹는 장소가 아니라, 보양식 수프를 의미했다. 18세기 요리책과 의학용 문헌에 종종 그 조리법이 등장하는데, 어떤 책에는 고기와 뼈에 보석과 금을 넣어 끓인다는 터무니없는 설명도 있지만, 일반적으로 고기와 뼈를 넣고 오랫동안 진하게 끓여 낸 국물로 묘사된다.

1760년대에 프랑스 파리에서 '레스토랑', 즉 보양식 국물 요리를 파는 가게가 처음 생겼다. 레스토랑의 기원이 되는 식당을 처음 연 사람이 누구인지에 관해서는 약간 논란이 있다. 2000년대 초반까지 약 200년간은 블랑제Boulanger라는 사람이 언급되다가, 그 후로 마튀랭 로즈 드 샹투아조Mathurin Roze de Chantoiseau라는 인물이 거론되기 시작했다. 누가 됐든 레스토랑이라는 새로운 비즈니스의 특징이 드러난다는 점에서 두 사람의 이야기는 크게 다르지 않다.

블랑제라는 인물은 저널리스트인 프란시스 윌리엄 블래그던

---

*   프랑스어에서 시작된 '레스토랑(restaurant)'이라는 단어는 원래 '회복하다'라는 의미의 레스토레(restaurer)에서 유래했다.

Francis William Blagdon이 쓴《과거의 파리, 현재의 파리Paris As It Was and As It Is》라는 책을 통해 영어권 독자들에게 알려졌다. 1765년, 파리에 살던 블랑제는 다양한 재료를 넣어 만든 보양식 음식이 기력 회복에 좋다고 생각했다. 그에게는 음식 공급업자 면허가 없었기 때문에 대신 비싼 수프 가게를 열었다. 추가 요금을 내면 대리석 테이블에 수프가 고급스럽게 차려져서 나왔다. 블래그던의 표현에 따르면, 그때부터 새로운 경험과 상류사회의 관습, 무엇보다 고급스러운 가치가 유행하기 시작했다.[2]

실제로 블랑제라는 인물이 존재했는지, 음식 공급업자 면허가 없었는지와 같은 세부적인 내용을 확인할 수 있는 기록은 없다. 그러나 이 이야기에는 유럽 최초의 레스토랑이 어떤 모습이었는지에 관한 중요한 정보가 담겨 있다. 즉 음식 가격이 비싸고, 실내가 잘 꾸며져 있고, 돈 많은 손님들이 찾는 가게였다는 것이다.

한편 역사가인 레베카 스팽Rebecca Spang은 실제 기록을 토대로 샹투아조라는 사람이 파리에서 최초의 현대식 레스토랑을 열었다고 주장한다. 샹투아조에 관한 스토리도 블랑제의 스토리와 유사한 점이 많다. 샹투아조는 한때 신문사를 경영하고 정치 개혁에 가담했던 사업가 출신으로, 전문 요리사도 아니고 요리점을 운영한 경험도 없었다. 그러다가 처음으로 자신을 음식점 주인으로 표현한 것은 1765년에 쓴《연감年鑑》에서였다. 그가 시작한 사업은 '건강을 회복하고 유지하는 데 도움을 주는 특별한 음식'을 파는 것이었다.[3] 그래서 초기의 레스토랑들은 보통 '건강의 집maisons de santé'이라는 표현을 사용했다. 1770년대의 레스토랑 광고는 신문 기사나 간판에 이르기까지 몸이 허약하고 자주 피곤한 사람들에게 도움이 된다는 말로 광고하고, 라틴어 표어나 음식 섭취에 관한 논문을 토대로 음식 사업에 도움이 될 만한 과학적, 의학적 근거를 찾았다.

초기의 레스토랑은 건강을 목적으로 찾는 휴양 시설에 가까웠다. 그래서 외관이나 이미지, 어떤 질환이 유행하는지가 광고의 중심을 차지했다. 선술집을 찾는 손님과 비교하자면, 섬세하고 까다로운 집단으로 여겨지던 여성을 포함해서 부유층이 많았다. 당시에는 남자들도 감성적이고 세심한 면이 많아야 의식 수준이 높고 지적이고 유능하다고 여겨졌다.

어쨌든 이런 곳은 건강을 위해 찾는다는 의미가 중요했기 때문에 공간을 설계할 때도 음식만큼 '경험'이 중요하다는 생각이 반영되었다. 가령, 손님마다 따로 테이블을 비치하고, 식사 시간이 이전보다 자유로웠다. 실내 공간을 보기 좋게 꾸미고, 화려한 도자기 그릇을 사용했으며, 개인의 기호에 맞춘 서비스를 제공했다. 이런 형태의 레스토랑이 지속한 것은 10여 년에 불과했지만, 그곳에서 발전된 개별 서비스와 미적인 특징은 오늘날의 레스토랑에 계속 영향을 주고 있다. 심지어 패스트푸드 체인점도 이런 초기 레스토랑의 모델을 따라 소비자 기호에 맞춘 메뉴 개발과 인테리어에 많은 돈을 투자한다. 이는 공공성과 실용성으로 대표되던 초기 외식 문화의 특징과는 차이가 있다.

보양식 수프를 판매하던 곳에서 시작된 레스토랑은 두 가지 형태로 갈라졌다. 어떤 곳은 과일, 채소, 간단한 닭고기 요리 같은 가벼운 식사로 메뉴를 추가해 나갔다. 트레퇴르가 운영하던 식당은 공

프랑스 파리 7구 유니벡시떼 15번가에 위치한 알리그레 호텔 또는 호텔 드 보아르네, 2011년, 사진.

동 식탁을 개인 식탁으로 바꾸고, 일품요리*와 일반 음식을 제공하는 방식으로 레스토랑의 특징을 이어 갔다.

　1780년 후반부터 파리에는 레스토랑의 원형이 되는 고급 레스토랑이 들어서기 시작했다. 레 트루아 프레르 프로방소Les Trois Frères Provençaux, 라 그랑 타베른 드 롱드르La Grande Tavene de Londres, 뵈프 아라 모드Boeuf à la mode, 카드랑 블루Cadran bleu, 메오Méot, 로베르Robert 같은 초기 레스토랑들이 1789년에서 1793년 사이 문을 열었다. 주방은 요리사들로 북적거렸고, 홀에는 고급 식기와 대형 거울이 번쩍거렸다. 분명한 것은 여관, 선술집, 카페에서 시작된 변화가 오늘날 우리가 아는 다양한 형태의 레스토랑을 탄생시켰다는 사실이다. 그 변화

---

*　일품요리(à la carte)_요리마다 값을 매겨 놓고 손님의 주문에 따라 내는 방식.

의 원동력은 많은 부분 여가생활과 미적 감각에 관한 개념, 노동 환경과 주거 환경의 변화에서 왔다. 하지만, 지금처럼 레스토랑이 세계적으로 확산하게 된 데에는 프랑스 초기 고급 레스토랑의 대중성과 화려함이 가장 큰 비중을 차지한다.

● 팔레 루아얄과 고급 식당의 출현

파리의 초기 레스토랑은 궁전처럼 묘사된 글을 쉽게 찾아볼 수 있다. 레스토랑을 묘사하는 단어에는 대형 거울, 고급 자기, 세련된 조명, 호화로운 가구가 자주 등장했다. 보양 음식을 팔던 식당에서 시작된 유럽 초기의 레스토랑은 약 10년 만에 제대로 된 정찬 요리를 제공하는 고급 식당으로 변모했다. 그런 특징이 가장 잘 드러나는 곳은 초기 레스토랑이 즐비하게 들어섰던 팔레 루아얄Palais-Royal이다.

루브르궁전 북쪽 옆에 있는 팔레 루아얄은 1633년에 리슐리외 추기경의 궁전으로 지어진 건물로, 원래는 팔레 카디날Palais-Cardinal로 불렸다. 1642년 추기경이 사망하자 프랑스 왕실의 소유가 되어 이후 150년간 왕족의 주거지로 사용되었다. 1780년대에 이르러 귀족 전용 궁전에서 공공건물로 변모하여 카페와 식당이 들어섰고, 정원이 개방되어 일반 사람도 산책을 즐길 수 있는 곳이 되었다. 이 시기 파리의 레스토랑은 팔레 루아얄을 중심으로 급속히 확산하는 시기를 맞았다.

팔레 루아얄에서 1782년에 문을 연 '라 그랑 타베른 드 롱드르'는

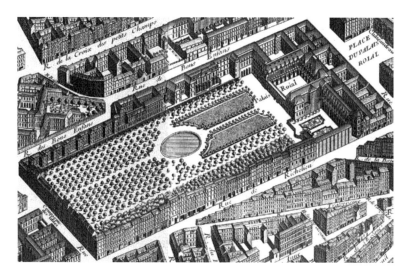

클로드 루카스(Claude Lucas), 루이스 브리츠(Louis Bretez) 〈파리 터고트 지도(Turgot map of Paris)에 묘사된 팔레 루아얄 전경〉 1739년, 종이에 잉크.

—미식 평론가인 장 앙텔름 브리야-사바랭Jean Anthelme Brillat-Savarin의 말을 빌리면— '품격 있는 살롱과 멋진 웨이터, 훌륭한 와인 저장고, 뛰어난 요리법이라는 네 가지 필수 요소를 최초로 결합'한 곳이다.**4** 블래그던은 이런 전형적인 프랑스 고급 레스토랑의 실내를 이렇게 묘사한다.

징세 도급인이 사용했던 것으로 알려진 대형 호텔 1층에는 아라베스크와 대형 거울로 장식된, 화려하면서도 우아한 스타일의 작은 방들이 있고, 단체 손님을 위한 크고 작은 테이블이 완벽하게 정리되어 있다. 겨울에는 장식용을 겸한 고풍스러운 난로로 온도를 높이고, 일종의 아르강 램프인 켕케식 등불로 실내를 밝혔다. 한 번에 최대 250~300명의 인원을 수용할 수 있는데, 매년 이맘때면 하루에 200명가량의 손님이 찾아온다. 여름에는 사람들이 다른 관광지로 몰려 찾는 손님이 줄어들고, 파리 외곽에 번화가가 형성된다.[5]

라 그랑 타베른 드 롱드르가 다른 레스토랑에 비해 실내장식이 더 특별하다거나 더 많은 요리를 선보였던 것은 아니다. 그러나 그곳을 운영한 주인은 좀 특별했다. 라 그랑 타베른 드 롱드르를 설립하고 운영한 궁정 요리사 출신의 앙투안 보빌리에Antoine Beauvilliers는 훗날 프랑스 요리법의 기본서가 되는 책을 쓴 사람이다. 루이 18세의 파티시에로 일했던 그는 귀족들의 전유물로 여겨지던 식사 방식과 태도를 중산층 계급의 식탁으로 가져온 대표적인 레스토랑 경영자로 여겨진다. 사실 그는 프랑스 혁명 이후 궁정과의 유대 관계로 처형 위기에 처하기도 했지만, 레스토랑 경영자로서 대중에게 보여준 모습 덕분에 목숨을 구할 수 있었다(그의 레스토랑에서 밥을 먹은 적이 있는 간수가 그의 목보다는 그의 고기 요리를 더 원했다). 그는 그동안 귀족들만 사용했던 소스류와 음식 재료, 요리법을 새로운 상류 계급인 상인과 사업가, 예술가, 지식인, 미국인 여행자 등에게 전파하며 프랑스 음식 문화에 큰 변화를 가져왔다. 사업 수완이 뛰어났던 그는 언제나 제복 차림에 왕에게 하사받은 칼을 허리에 차고 레스토랑 안을 돌아다니며 각국 손님들에게 그 나라 말로 인사를 건넸다. 또, 손님들이 좋아한 음식을 기억했다가 다음에는 다른 메뉴와 와인을 추천하여 손님들의 지갑을 열었다.

보빌리에의 레스토랑이 생긴 지 3년 만에 팔레 루아얄 근처에는

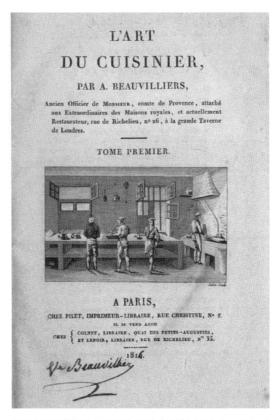

양투안 보빌리에(1754~1817)의 《요리사의 예술(L'Art du cuisinier)》
표지, 1814년.

레 트루아 프레르 프로방소라는 또 다른 부류의 레스토랑이 문을 열
었다. 레스토랑 이름은 '세 명의 프로방스* 형제'를 뜻하지만, 레스토
랑을 운영한 세 요리사는 프로방스 출신이 아니고, 형제 관계도 아
니다. 사실 그들은 마르세유 출신으로, 한 집안의 세 자매와 결혼했

---

*   프랑스 남동부에 있는 옛 지방명.

고, 프로방스 지방의 요리인 브랑다드 드 모뤼brandade de morue라는 대구 요리를 파리 사람들에게 선보였다. 이 레스토랑이 처음 생겼을 때는 특별히 화려한 분위기가 아니어서 흰 식탁보를 쓰지 않고, 은 식기류도 거의 없었다. 하지만, 19세기 초부터는 유럽을 순회하는 관광객이 가장 먼저 들르는 장소가 되었다. 특히 미국 여행자들에게 인기가 많았는데, 이들은 이 레스토랑에서 나오는 요리만큼 실내 분위기를 좋아했다. 아마 이곳을 찾는 사람들은 유적지나 박물관보다 더 가벼운 마음으로 프랑스를 경험할 수 있다고 생각했던 것 같다. 다른 여행자들처럼 이곳을 방문한 미국 작가, 캐롤라인 마틸다 스탠스베리 커클랜드Caroline Mathilda Stansbury Kirkland는 이런 글을 남겼다.

> 최고의 레스토랑으로 손꼽히는 트루아 프레르 프로방소에서는 왕족이 사용할 만한 새하얀 다마스크직 테이블보와 그 테이블보에 어울리는 냅킨을 쓴다. 테이블 위에는 다양한 크기의 은수저와 포크가 가지런히 놓여 있다. 모든 요리는 은접시에 따뜻하게 데워져 나오고, 맛도 훌륭하다. 레스토랑 실내는 꽃과 거울, 조각상으로 장식되어 있고, 고풍스러운 도자기 그릇에 각종 과일이 담겨 있다. 이 레스토랑을 찾는 손님은 식사의 즐거움을 누릴 수 있는 사치라는 사치는 모두 즐길 수 있다.[6]

프랑스 초기 레스토랑의 특징을 잘 보여 주는 트루아 프레르 프로방소는 미국 독립 100주년을 기념하여 1876년 미국 필라델피아에서 열린 미국 최초 만국박람회에 소개되었다. 한편 파리에는 트루아 프레르 프로방소와 경쟁해도 뒤지지 않을 만한 고급 레스토랑과

외젠 라미(Eugene Lami) 〈레 트루아 프레르 프로방소 레스토랑 내부〉 1842년 판화.

카페, 식당들이 속속 생겨났다. 그에 따라 이 새로운 트렌트를 탐색하고 홍보하기 위한 새로운 스타일의 글쓰기가 등장했다.

❶ 잘 먹는 법을 위한 안내서

레스토랑 문화가 프랑스 문화의 특징으로 자리 잡게 된 배경 중 하나는 언론 산업이 발달하면서 레스토랑에 대한 좋은 이미지를 대중에게 심어 주었다는 것이다. 우리가 지금 음식에 관한 글이라고 말하는 것들, 즉 요리사, 음식, 음식 문화에 관한 기사와 비평, 책은 레스토랑의 역사와 함께 발달했다. 프랑스에서는 18세기 후반에서 19세기 초반까지 음식에 관한 글이 두 갈래로 갈라져서 한편으로는 전문적인 글쓰기가 증가했고, 다른 한편으로는 개인적인 글들이 쏟아져 나왔다. 개인적인 글은 주로 편지에서 많이 다뤄졌는데, 오늘날로 치면 개인 블로그나 인스타그램에 남기는 글과 비슷했다. 특히 이 시기에는 레스토랑과 관련된 안내책과 목록, 비평이 쏟아져 나왔다. 미식과 관계된 글쓰기의 종류는 다양했지만, 관찰에 따른 논평과 인상적인 묘사를 포함하는 공통된 특징을 보였고, 이는 파리의 화려한 요리 세계에 관해 매혹적인, 때로는 상충하는 묘사로 이어졌다.

우리가 레스토랑에 대해 가지고 있는 이미지의 많은 부분은 미식 비평이라는 장르를 낳은 알렉상드르 그리모 드 라 레니에르Alexandre Balthazar Laurent Grimod de La Reynière라는 비평가의 손에서 나왔다. 로즈 드 샹투아조가 《연감》을 통해 레스토랑을 묘사하고 목록을 만들었다면, 그리모는 먹는 사람의 관점에서 음식의 맛에 관한 관심을 다루는 미식학의 세계를 발전시켰다(고대 그리스의 향연에서 생선에 관한 담론이 연상되는 대목이다). 1803년 그리모는 《미식가 연감Almanach des gourmands》을 발간하면서 부제로는 '아주 잘 먹는 법을 위한 안내서'라고 썼다.[7] 연감에는 익명의 심사단과 함께한 시식 경연 결과를 토대로 작성된 비평이 포함되어 있으며, 레스토랑을 평가하는 리뷰도 출간했다. 그의 글은 풍자와 과장된 표현, 통찰력 있는 비평이 묘하게 혼재한다. 이후 브리야-사바랭 같은 유명 미식가들은 그리모에게서 영향을 받아 음식을 먹는 방식과 음식의 의미에 대한 그의 주장을 이어 갔다(특히 브리야-사바랭은 그리모의 글을 거의 표절한 수준인데, 다만 문체가 그리모보다 좀 더 설득력 있고, 덜 비판적이다).

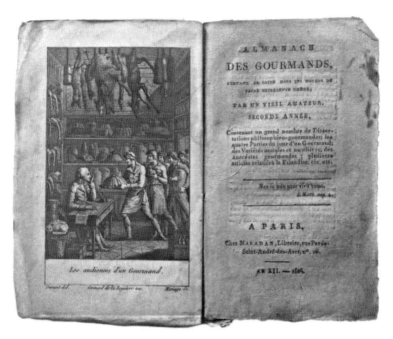

그리모 드 라 레니에르《미식가 연감(Almanach des gourmands)》표지, 1804년.

　　그리모는 앙투안 보빌리에와 마찬가지로 앙시앵 레짐ancien régime[*]
이라 불리던 프랑스의 구체제와 혁명 이후의 신체제를 동시에 경험
한 세대다. 그는 손가락이 붙은 채로 태어난 장애 때문에 귀족 출신
임에도 평탄하지 않은 어린 시절을 보냈다. 어린 시절 돼지에게 손
이 먹혔다는 이야기도 있고, 가난한 농부들의 대자代子^{**}로 세례를 받
기도 했다. 여러 학교를 옮겨 다니고 이곳저곳 전전하며 살았던 그

---

*　　프랑스 혁명 이전의 절대 왕정 시대의 사회체제.

**　기독교에서 대부나 대모가 세례식을 통해 종교적 가르침을 주기로 약속하는 아이.

그리모 드 라 레니에르가 주관한 일종의 장례식 만찬.

는 어린 시절의 이런 특수한 경험 때문에 엘리트 의식에 대한 분석과 비판을 직업으로 삼는 독특한 이력을 갖게 되었다. 한번은 그가 어렸을 때 돼지에게 옷을 입히고 식탁에 앉혀 밥을 먹였다. 그러곤 그 모습을 구경하러 온 소작농들에게 돈을 받았다. 그 광경을 목격하게 된 그리모의 아버지는 그를 강제로 수도원에 보내 버렸다. 이후 그리모는 수도원 생활을 통해 음식에 관한 지식을 얻었고, 손가락을 움직일 수 있게 고안된 장갑을 얻게 된 후로 글을 쓰기 시작했다. 그는 프랑스 혁명을 전후로 격동의 시기를 보내는 동안 상류사회의 내부자이자 외부자라는 위치를 이용해 사람들에게 새로운 음식 문화를 소개하는 일을 발전시켜 나갔다.

그리모가 이룬 업적 중 하나는 훌륭한 레스토랑에 대한 판단 기준을 마련했다는 것이다. 그가 볼 때 좋은 레스토랑은 개인의 환상과 욕망을 동시에 만족시켜야 했다. 그는 레스토랑이라는 장소가 그곳만의 규칙이 필요한 독립된 공간이며, 레스토랑에서 메뉴를 보고, 음식과 와인을 알맞게 주문하는 것을 배우는 것이 잘 먹기 위한 노력인 미식 행위로 발전한다는 사실을 사람들에게 각인시켰다.《미식가 연감》1호는 파리의 식당과 식품 공급업자들을 소개하는 정도의 정보 제공에 그쳤지만, 2호부터는 단편적인 정보보다는 영역별로 유형화된 정보를 제공했다. 예를 들면 음식을 주문하고, 순서에 맞게 음식을 먹고, 식기 도구를 올바르게 사용하는 법을 안내했다. 또 와인 감정법을 배울 때처럼 요리한 사람의 관점에서 음식 맛을 보는 법을 소개했다. 요리나 레스토랑에 등급을 매기기도 했는데, 이런 평가는 그가 선발한 '미식 심사 위원회'에서 나온 결과를 토대로 했다. 지금 활동하고 있는 '다이너스 클럽 월드 50대 베스트 레스토랑 아카데미Diners Club World's Fifty Best Restaurants Academy' 같은 조직은 그리모의 모델에서 출발했다고 할 수 있다. 특히 그리모는 오늘날의 레스토랑 비평가들에게서 자주 볼 수 있듯이 혹독한 비평으로 유명했다(애니메이션 영화 『라따뚜이』에 나오는 '안토 이고' 같은). 그 유명한 보빌리에의 레스토랑이 그리모의 심사 결과에 굴복하지 않자 레스토랑 안내지에서 명단을 빼 버린 일도 있었다. 그리모의 글은 다음 세기에 걸쳐서 방대한 요리 서적과 미식 논문, 식품 저널리즘(찰스 디킨스 같은 작가도 이에 해당한다)이 나오는 토대를 마련했다는 점에서 큰 의의가 있다.

◑ 조명, 테이블, 그 외 발명품

18세기 후반에서 19세기 초는 최신 자동 장치와 발명품을 숭배하던 시기이자 인간이 기술의 도움을 어디까지 받을 수 있을 것인가에 관심이 높아지던 시기였다. 도시 발전, 산업 혁명, 새로운 소스 개발, 메뉴판 인쇄 등 레스토랑의 탄생과 발전을 이끈 많은 요인은 기술 혁신에 대한 당시의 열정과 집념에서 나왔다. 레스토랑이 발전하게 된 데는 자유사상과 기업가 정신 못지않게 가스등의 발명이 중요한 역할을 했다. 현대 도시 건설을 앞당기고 저녁 시간에 어떤 활동이든 가능하게 된 것은 조명 기술이 어느 정도 큰 부분을 차지한다. 초창기의 레스토랑은 석유램프와 양초, 거울을 사용해서 실내를 밝

작자 미상, 〈아르강 램프〉 1800년~1900년 펜 앤 워시.

했다. 윌리엄 월튼William Walton의 소설을 보면, 이런 '조명'에 주목해서 18세기 말 파리 레스토랑의 모습이 묘사된다.

[파리는] 카페로 가득하다. 디 카부the Caveau, 디 그로뜨 플라망드the Grotte Flamande, 프아Foi, 디 카페 이탈리아the Café Italien, 디 카페 폴로누아the Café Polonois, 보졸레Beaujolais, 디 카페 메케니크the Café Mécanique 등 거의 모든 카페가 저녁이 되면 켕케식 램프로 환하게 불이 밝혀진다. 켕케식 램프가 밝기는 아주 밝아 좋은데, 종업원의 편에서 보면 다루는 데 주의가 요구된다.[8]

켕케식 램프는 1765년에 처음 등장한 레스토랑처럼 동시에 파리와 세계 무대에 등장해 조명 장치의 역사에 큰 변화를 가져왔다. 이전까지 사용되던 램프는 빛이 자주 흐릿해지고 그을음이 많이 났다. 켕케식 램프는 아미 아르강Aimé Argand이라는 스위스의 화학자가 새로운 형태의 램프 심지와 등피를 개발하고, 그의 친구 켕케Quinquet가 이를 상용화하면서 사용되기 시작했다. 이전에 사용되던 램프보다 그을음이 적으면서 밝기가 더 밝아서 켕케식 램프가 등장한 이후로 카페와 레스토랑을 포함한 파리의 밤거리가 과거보다 훨씬 밝아졌다. 1912년에 출판된 헨리 스미스 윌리엄스Henry Smith Williams의《현대 생활 속 과학의 기적The Wonders of Science in Modern Life》에는 '밤의 추방'이라는 장에서 램프에 관해 설명했는데, '밤의 추방'이라는 제목에서도 알 수 있듯이, 램프는 파리의 밤 문화를 크게 변화시켰다. 1820년 무렵에는 파리 전역에서 가스등이 사용되고, 1900년 무렵에는 5만 개의 가스 가로등과 전기 가로등이 설치되었다. 밝은 조명 덕분에 밤거리가 안전해졌고, 레스토랑이나 카페 같은 공공시설의 환경이 더 쾌적해지면서 밖에서 저녁을 먹는 일이 하나의 여가 문화가 되었다. 게다가 밝은 불빛으로 인해 레스토랑이라는 공간은 다른 사람이 나를 보고, 나도 다른 사람들을 볼 수 있는 장소가 되었다.

레스토랑과 카페의 조명이 밝아지면서 손님들은 개인 테이블에 앉기 시작했다. 개인 테이블은 레스토랑이 발달하는 과정에서 가장 빨리 변화된 신문물일 것이다. 이전까지는 커다란 공용 식탁에서 여러 사람이 함께 밥을 먹는 것이 공공장소에서 음식을 먹는 일반적인 형태였다. 그러나 18세기 이후로 프랑스 식당을 묘사하는 대표적인 단어로 개인 테이블이 등장했다. 멋진 카페에는 항상 자그마한 대리석 테이블이 있었고, 고급 레스토랑에는 흰색 테이블보가 사용되었는데, 그중에서도 '카페 메케니크'는 테이블 덕분에 많은 이야깃거리를 낳은 곳이다.

카페 메케니크는 1786년 팔레 루아얄에 문을 열었다. 각종 공연장과 카지노, 레스토랑 사이에 자리 잡은 이 카페는 그 자체가 사람들의 눈길을 사로잡은 큰 구경거리였다. 카페 메케니크는 종업원이 음료를 가져오는 대신, 기계화된 테이블이 자동으로 음식을 배달했다. 자동판매기나 자동 판매식 식당의 전신인 이 자동 테이블은 20세기까지도 파리의 많은 여성과 토머스 제퍼슨Thomas Jefferson 같은 정치가와 작가들의 상상력을 자극했다. 자동 테이블을 묘사하는 방식은 사람마다 조금씩 차이가 있는데, 먼저 블래그던의 《과거의 파리, 현재의 파리》에서는 이렇게 설명하고 있다.

나는 혁명이 일어나기 전 팔레 루아얄에 있는 카페 메케니크라는 커피하우스를 기억한다. 카페 메케니크라는 이름은 그 카페에서 사용된 특수한 테이블 때문에 지어졌는데, 이 테이블의 작동 원리는 알고 보면 간단하다. 테이블은 속이 빈 원통 위에 놓여 있고, 쟁반처럼 생긴 원통 윗부분이 테이블의 평평한 면과 나란히 놓여 있다. 이 원통 윗부분은 원통 아래에 있는 조리실과 연결되어 있다. 바에 앉아 있는 화려한 옷차림의 아가씨가 확성기로 손님이 주문한 음식을 조리실에 있는 점원에게 말하면, 잠시 후 쟁반의 윗부분이 원통 아래로 내려갔다가 주문한 음식을 가지고 올라왔다.[9]

이 글은 카페 메케니크의 테이블을 상당히 정확하게 묘사한 것으로 보인다. 반면 다른 작가의 글에서는 이 테이블이 점점 더 공상적으로 그려지는데, 특히 마저리 코린Marjorie Coryn의 1945년 소설인 《조제핀의 결혼The Marriage of Josephine》에서 절정에 이른다(나폴레옹 보나파르트의 아내, 조제핀 드 보아르네를 말한다).

카페 메케니크에서는 동전을 넣고 고기 파이나 파테*를 살 수 있는데, 종이에 깔끔하게 포장되어 나왔다. … 그는 200프랑 아시냐**만큼 은銀프랑 크기의 동전을 교환했다. 그리고 칸막이로 구분된 선반같이 생긴 물체를 찬찬히 살펴보았다. 칸막이마다 내용물의 종류와 가격이 적힌 종이가 붙어 있었다. 대부분 비어 있고, 샌드위치용 빵도 구할 수 없었다. 고기 파이가 가격 대비 가장 좋지만, 뒤에 가면 좀 물릴 수 있었다. 그는 여러 구멍 중 하나에 동전을 넣었다. 기계에서 윙 하는 소리가 났다. 잠시 후 선반 아래에 달린 바구니로 종이로 싸인 작은 꾸러미 두 개가 툭 떨어졌다. 그는 꾸러미를 집어 올려 주머니에 넣었다.[10]

코린의 글은 19세기 카페를 묘사한다고 하기에는 상당히 부정확하다. 거의 스팀펑크***식 묘사에 가까워 18세기 계몽주의 시대라기

---

*   프랑스 전통 요리로 잘게 썬 고기를 양념하여 파이 껍질로 싸서 구운 음식.

**   프랑스 혁명 정부 때 발행된 지폐.

***   사이언스 픽션(SF)의 하위 장르인 사이버펑크(Cyberpunk)에서 파생된 문학 장르로, 증기기관의 발명으로 산업 혁명이 진행 중이던 19세기 전후의 영국 등을 무대로 공상과학적, 환상적 요소를 도입하여 역사를 재해석하는 문학 장르를 말한다.

보다 20세기에 등장하는 자동판매기같이 그려져 있다.

카페 메케니크를 가장 자세하고 정확하게 설명한 글은 셸비 토마스 맥클로이Shelby Thomas McCloy의 《18세기의 프랑스 발명품들French Inventions of the Eighteenth Century》이라는 책에서 찾아볼 수 있다. 맥클로이는 발명가 벨빌Belleville과 카페 메케니크를 유명하게 만든 기업가인 탕트Tantes를 중심으로 카페 메케니크의 역사를 살펴본 뒤, 카페 메케니크를 다음과 같이 묘사했다.

카페 메케니크는 여름에는 손님이 별로 없지만, 겨울이 되면 남녀노소, 계층에 상관없이 밤마실 삼아 모여드는 손님이 많았다. 애석하게도 공간이 협소해서 오는 사람을 다 수용하지는 못했다. 당시 다른 카페들처럼 신문을 비치해 두었는데, 신문을 읽고 싶은 사람은 저녁 일찍 와야 한다. 일요일에는 손님이 너무 많아서 주인이 신문을 아예 꺼내 놓지 않았다. 이 카페에는 대리석 테이블이 여러 개 놓여 있었는데, 각 테이블은 음식이 나오는 지하실과 연결된 두 개의 둥근 원통 위에 놓여 있다. 음식을 주문하려면 테이블 다리나 원통에 달린 줄을 잡아당겨 지하실에 있는 벨을 울렸다. 그러면 테이블에 있는 판이 열렸는데, 일종의 통화관*에 대고 주문하고 싶은 음식을 말하면 된다. 주문한 음식은 자동 운반대에 담겨 원통을 타고 올라왔다. 홀 계산대에 앉아 있는 여주인은 통화관으로 지하실에 있는 종업원들에게 언제든지 지시사항을 전달했다. 판매되는 음식은 지금의 프랑스 카페처럼 술이나 음료 위주였다.[11]

---

*   공기로 소리가 전달되게 만든 관으로, 주로 큰 선박에서 이용되는 장치.

여기서 가장 흥미로운 대목은 카페에 손님이 너무 많아서 일요일에는 신문을 치워 놓았다는 부분일 것 같다. 밖에서 기다리는 손님이 있었다는 부분도 흥미롭다.

프랑스의 명물로 통했던 카페 메케니크는 프랑스 외 다른 나라 기술자들에게도 영감을 불어넣었다. 가령, 워싱턴 D. C.의 스미스소니언 협회를 설립한 영국인 발명가 제임스 스미슨James Smithson은 18세기 과학 혁명에 관해 설명할 때 이 카페를 언급했고, 토마스 웹스터Thomas Webster는 《국내 경제에 관한 백과사전An Encyclopadia of Domestic Economy》(1815)에서 카페 메케니크의 자동 장치를 설명하며 다음과 같이 말했다.

"이제 런던의 커피하우스와 선술집에서도 사용되는 경우가 많다. 이 장치의 장점은 개인 주택에서도 적용될 수 있다."**12**

미국의 전 대통령 토머스 제퍼슨의 전기 작가에 따르면, 제퍼슨이 직접 설계한 몬티셀로Monticello 사저私邸도 그런 곳 중 하나다. 제퍼슨은 파리에 방문했을 때 이 카페를 보고 영감을 받아 그의 사저에 자동 운반 시스템을 직접 제작했다. 이 장치는 단순히 재미와 신기함을 넘어 노동력 절약 장치에 대한 당시 사람들의 열망을 담아냈다.

카페 메케니크가 가장 간단하게 언급된 글로는 줄리언 반스Julian Barnes의 장편소설 《메트로랜드Metroland》를 꼽을 수 있다.

나는 자신에게 감탄하며 팔레 루아얄로 걸어갔다. … 마치 모든 것이 한꺼번에 다가오는 듯한 느낌이 들었다. 내 주변의 모든 것이 과거라면, 나는 현재였다. 예술과 역사가 바로 여기에 있고, 사랑이나 섹스에 대한 약속도 여기에 있었다. 저기 저 길모퉁이에서 몰리에르Molière[*]가 작품을 썼고, 저기 길 건너편은 콕토Cocteau[**]가, 그리고 저 건너편은 콜레트Colette[***]가 작업한 곳이다. 그리고 저기에서는 블뤼허가 룰렛에서 6백만을 잃고 파리라는 단어가 언급될 때마다 평생 분노에 치를 떨었다. 저곳에서 카페 메케니크가 문을 열었고, 저기 갈리 더 발루아Galerie de Valois에 있는 칼 가게에서 샤를로트 코르데Charlotte Corday[****]가 마라Marat를 죽인 칼을 샀다.[13]

'저곳에 카페 메케니크가 문을 열었다.'
　파리 사람들의 수많은 경험 속에 짤막하게 드러나 있는 저 한 문장은 새로운 발명품과 사람들로 가득한 특정 장소가 우리의 상상력을 어떻게 사로잡는지를 보여 준다.

🍴 초기 레스토랑의 여러 가지 특징
－ 시각적 체험, 볼거리, 별실

맥클로이와 다른 저자들의 글에서 볼 수 있듯이 카페 메케니크의 볼

---

[*]　　17세기 프랑스 극작가·배우.
[**]　　장 콕토(Jean Cocteau), 프랑스 시인·작가·배우·영화감독·화가.
[***]　프랑스 여류 소설가.
[****]　프랑스 혁명 때 자코뱅파의 중진인 장 폴 마라를 암살한 여성이다.

거리는 자동 테이블뿐 아니라 카페를 찾는 손님들이다. 18세기 후반
에서 19세기 초까지 레스토랑 문화의 중심에는 '구경'이라는 시각적
인 요소가 있었다. 젊은 여성은 레스토랑에서 자신의 취향대로 음식
을 주문하고 모르는 사람과 대화를 나눌 필요 없이 혼자 식사를 즐
길 수 있었다. 그러면서 주변 사람들을 관찰하거나 자기 모습을 관
찰할 수 있었다. 다른 사람도 그런 자신의 모습을 구경할 수 있었다.
사람들과 대화를 나누지 않고 혼자 레스토랑에서 사람들을 구경하
는 장면은 그 시대를 설명하고 예중하는 글에 자주 등장한다. 특히
레스토랑 밖에서 안을 들여다보는 사람들의 모습은 애처롭게 그려
지기도 했는데, 프랑스의 극작가 오귀스트 루쉐Auguste Luchet는 그런
사람들을 이렇게 묘사하고 있다.

> 그들은 길을 걷다가 베푸나 베리 같은 유명 레스토랑 옆을 지나가면, 환
> 풍구 옆에 서서 주방에서 나오는 시큼한 냄새를 맡게 된다. … 그리고 창
> 문 너머로 보이는 푸아그라 파테와 갤런틴galantine*, 랍스터, 자고새, 꿩
> 고기 요리를 뚫어지게 쳐다보았다. … 식탁 위의 생선을 탐내는 고양이
> 처럼.**14**

'구경'은 레스토랑에서 할 수 있는 경험의 일부였다. 블래그던은
보빌리에의 '라 그랑 타베른 드 롱드르' 레스토랑을 언급하며 이를
잘 설명한다.

---

* 　닭고기나 송아지 고기를 뼈를 발라내고 다진 양념을 넣어 삶아 낸 서양 요리.

"안쪽에 자리를 잡으면, 포크와 나이프를 내려놓지 않고도 레스토랑에 찾아오는 손님을 구경할 수 있다."

미국인 작가 캐롤라인 커클랜드가 묘사했듯이 특히 여성들은 레스토랑에서 하는 경험을 흥미롭게 생각했다.

파리를 여행하는 여성들에게 레스토랑에서 하는 식사는 색다른 경험이 될 수 있다. 톰슨 앤 웰러스에서 샌드위치나 굴 요리를 먹는 것은 대단한 모험이다. 집에서만 지내는 숙녀들은 그런 대담함에 눈이 휘둥그레지기도 한다. 하지만, 공공장소에서 한 시간 남짓한 시간 동안 제대로 된 저녁 식사를 한다는 것은 또 다른 문제다. 그렇게 식사하는 동안 남들의 시선을 의식하지 않으려면 정말로 약간의 연습이 필요하다. 그래도 일단 익숙해지기만 하면 아주 즐거운 경험이 될 것이다. 주변 테이블에 다른 사람들이 앉아 있지만, 나를 쳐다보는 사람은 없다. 아무도 내가 거기 있는 것을 신경 쓰지 않는다. 혼자 있는 여성에게는 웨이터가 특히 신경을 많이 써 준다. 음식은 코스별로 여러 가지 요리가 나오는데, 모두 깔끔하고 고급스럽다. 처음에는 뭔가 죄를 지은 듯한 느낌도 들겠지만, 시간이 좀 지나면 진정한 자유를 느낄 수 있다. 그때부터 파리 레스토랑에서 밥을 먹는 일은 아주 자연스러운 일이 된다.[15]

초기의 유럽 레스토랑들은 시각적인 요소와 볼거리를 강조함과 동시에 '카비네 파르티클리에cabinet particuliers'라는 좀 더 사적인 공간을 제공했다. 프라이빗 룸에 해당하는 이런 별실은 주로 레스토랑 위층에 있으면서 식사를 할 수 있게 꾸며져 있고, 따로 문이 달려 있

주간지 〈La Semaine des Familles〉(1863년~1864년)에 실린 '고급 레스토랑의 카비네 파르티클리에' 동판화.

었다. 룸에는 테이블과 긴 의자, 그 외 손님이 편하게 사용할 수 있는 다른 가구들이 있었다. 웨이터는 보통 별실에 들어가기 전 노크를 했다. 이런 룸은 정치나 사업 목적, 또는 연인들의 데이트 장소로 사용되었고, 식사하는 동안 자유롭게 말하고 행동할 수 있다는 장점이 있었다. 기 드 모파상Guy de Maupassant의 《벨 아미Bel Ami》에서도 '카비네 파르티클리에'에 대한 묘사가 등장하는데, 손님들이 자유롭게 대화하고 식사하는 모습이 잘 그려져 있다.

그는 3층에 있는 작은 별실로 안내를 받고 올라갔다. 방에는 창문 하나가 큰길 쪽으로 열려 있었다. 네모난 테이블 위에 니스 칠을 한 듯 반짝이는 새하얀 테이블보가 덮여 있고, 4인용 식기가 놓여 있었다. 커다란 고급 촛대에는 양초 12개가 꽂혀 있었다. 양초 불빛으로 유리잔과 은색 식기류가 밝게 빛났다. 창밖 가로수도 연둣빛 불을 내뿜었다.

뒤루아는 벽지 색에 맞춰 붉은 천을 씌운 낮은 소파에 앉았다. 소파 좌석의 낡은 스프링이 그의 무게를 이기지 못하는지 소파 밑으로 가라앉는 듯한 기분이 들었다. 별실 밖에서 여러 가지 소음이 뒤섞여서 들려왔다. 유리잔과 식기류가 부딪히는 소리, 복도에 깔린 카펫 덕분에 부드럽게 들려오는 웨이터의 빠른 발걸음 소리, 열린 문틈 사이로 들려오는 다른 별실 손님들의 이야기 소리, 큰 레스토랑에 가면 들을 수 있는 그런 소리였다.
…

모두 자리에 앉았다. 종업원이 포레스티에게 포도주 메뉴판을 건네자 드 마렐 부인이 상기된 목소리로 말했다.

"남자분들께는 그들이 원하는 대로 주세요. 우리는 얼음 넣은 샴페인을 주시고요. 순하고 좋은 걸로. 그거면 됐어요."

종업원이 나가자 드 마렐 부인이 다시 기분 좋게 웃으며 말을 이었다.

"오늘 밤은 좀 취하고 싶어요. 우리 실컷 즐겨요. 제대로 즐겨 보자고요."

…

오스탕드산 굴이 나왔다. 조개껍데기에 넣어 놓은 자그마한 귀처럼 생겼는데, 짭조름한 맛이 나는 사탕처럼 입에서 사르르 녹았다. 그다음 수프가 나오고 어린 소녀의 볼 같은 분홍색 송어 요리가 나왔다. 사람들은 다시 이야기를 시작했다.

그들은 먼저 떠도는 소문에 관해 말했는데, 어느 사교계 부인이 식당에 갔다가 그녀의 남편 친구 중 한 사람이 외국 귀족과 별실에서 밥을 먹고 있는 모습을 목격했다는 이야기였다. 포레스티에는 그 말에 크게 웃었다. 두 여자는 남의 이야기를 함부로 하는 것은 비겁하고 야비한 짓일 뿐이라고 말했다.

…

대화는 점점 사랑에 관한 고상한 이야기에서 음담패설이 가득한 주제로 들어섰다. 교묘하게 이중적인 의미를 담은 단어와 문장으로 마치 바람이 여성의 치마를 들치듯, 숨겨진 의미를 살짝살짝 드러내고, 대담한 이야기를 아무렇지 않은 듯 점잖게 표현했다. 그런 대화는 입에 담기 어려운 모든 환상을 눈과 마음에 떠오르게 하고, 사교계 사람들에게 일종의 미묘하고 신비한 연애 감정을 들게 했다. 그리고 오랫동안 갈망해 온 음란한 쾌락으로 정신적 연애를 즐길 수 있게 했다. 그때 음식이 나왔다. 메추리를 곁들인 구운 자고새 구이, 완두, 푸아그라와 움푹한 그릇을 가득 채운 샐러드가 나왔다. 그들은 사랑이라는 욕조에 빠진 듯 이야기에 푹

빠져서 아무 생각 없이 음식을 먹어 치웠다.

두 부인은 이제 더 대담하게 이야기를 이어 갔다. 드 마렐 부인은 타고난 대담함으로 도발적인 말을 서슴없이 꺼냈다. 목소리나 말투, 웃는 표정에서 조심스럽고 얌전한 태도를 지닌 포레스티에 부인은 오히려 그 부드러움 때문에 그녀의 입술에서 나오는 대담한 말들이 더 강조되는 효과를 일으켰다. 쿠션에 기대 누운 포레스티에는 쉬지 않고 술을 마시고 음식을 먹으며 여자들의 이야기에 웃어 댔다. 간혹 지나치게 노골적이고 상스러운 말을 던져서 여자들을 잠시 난처한 척하게 만들면 잠시 어색한 분위기가 감돌았다. 그는 음란한 농담을 던지고 나서는 꼭 이런 말을 덧붙였다.

"좋아요. 좋아. 잘하고들 있어요. 이러다가는 정말 큰일 나겠는데요."**16**

'어느 사교계 부인이 식당에 갔다가 그녀의 남편 친구 중 한 사람이 외국 귀족과 별실에서 밥을 먹고 있는 모습을 목격했다'라는 말에서 볼 수 있듯이 레스토랑의 별실은 남녀의 부적절한 만남에 자주 이용되었다. 당시 프랑스에서는 남자들이 법적으로 정부를 둘 수 없었고, 공개적인 불륜이 허용되지 않았으며, 정부를 두기 위한 별장도 허용되지 않았다. 그러나 법의 손길이 레스토랑까지는 미치지 않았다. 레스토랑에 있는 이런 별실은 두 사람이 따로 올 수 있게 비상계단을 두기도 해서 불륜관계로 만나는 사람들에게 만남의 장소로 이용되기도 했다. 블래그던은 이를 다음과 같이 설명하고 있다.

기적이 일어나는 신의 성지이자 도피처에서 사랑의 신은 그의 법에 따라 많은 개인이 희생을 의심하지 않게 일을 처리한다. … 또한 그런 공간에서 젊은 연인들은 영원한 사랑의 맹세를 나눈다. 그 공간 덕분에 많은 남편이 행복을 느끼며, 그 공간이 없다면, 동성애자의 아내는 질투심 많은 그녀의 아르고스*를 속이기 힘들 것이고, 그녀의 젊은 애인이 열정적인 연설을 들려줄 때 귀 기울여 들어 줄 만한 장소를 찾기 힘들 것이다.[17]

레스토랑의 이런 별실은 프랑스 법에서 공적인 모임을 허용하지 않는 정치 집단, 스파이 활동을 하는 사람들, 집 외부의 사적인 공간이 필요한 사람들에게 만남의 장소가 되었다. 사실상 국가의 감시 체계가 카페와 극장에서만 작동하고 레스토랑에서는 그렇지 않았기 때문에 나중에는 레스토랑이 시위 장소로 이용되기도 했다.

🌑 메뉴와 계산서

18세기 후반에서 19세기 초에 이르러 레스토랑에서는 메뉴의 선택권이 다양해졌다. 그전까지는 오늘날과 같은 메뉴판이라고 하는 것이 없었고, 손님이 그날 먹게 될 음식 이름이 적힌 종이가 그냥 메뉴였다. 그러다가 선택할 수 있는 음식의 종류를 적어서 제공하기 시작한 것이 지금의 메뉴가 되었다. 메뉴에 관한 아래의 설명은 특이

---

*   그리스신화에 나오는 눈이 백 개 달린 괴물. 헤라의 눈을 피해 제우스와 관계를 맺은 이오를 감시하는 역할을 한다.

하거나 특별한 사례가 아니다. 이 설명글을 보면 당시 레스토랑의 메뉴가 선택의 폭이 매우 다양했음을 알 수 있다. 또한, 메뉴에는 손님이 가진 돈에 맞게 요리를 주문할 수 있도록 품목마다 가격이 적혀 있었다.

맙소사! 레스토랑의 메뉴는 영국 신문 크기인 2절판 종이에 인쇄되어 있다. 적혀 있는 목록을 다 읽으려면 꼬박 30분은 걸릴 것이다. 수프류 13개, 전채 요리 22종류, 11가지 다른 방식으로 조리된 소고기 요리, 고기, 생선, 닭고기가 든 페이스트리 11종류, 부위별 송아지 고기 요리 22종류, 양고기류 17가지, 생선 요리 23가지, 구운 고기와 엽조獵鳥, 가금류 15종류, 앙트르메Entrements*, 또는 곁들이 음식 41가지, 디저트 39가지, 에일, 흑맥주, 리큐어류가 포함된 포도주 52종류, 커피와 얼음을 포함한 리큐어liqueur**는 12가지 종류가 있다.**18**

메뉴를 보고 음식을 주문하려면 어느 정도의 학습이 필요했다. 당시에 쓰인 문학작품에는 레스토랑에서 벌어지는 재미있는 이야기가 많았다. 메뉴를 읽느라 거의 반 시간을 보낸다거나 어떤 음식인지 모르고 이상한 요리를 주문한다거나 심지어 어떻게 주문해야 할지 모르는 사람도 많았다. 그래서 종업원의 역할 중 손님의 주문을 돕는 일이 포함되었지만, 음식을 주문하는 법에 관한 안내서도

---

*   서양 요리의 식사 코스 마지막에 내는 디저트 중 단맛이 나는 과자.
**   알코올에 설탕과 식물성 향료 따위를 섞어서 만든 혼성주.

토머스 롤런드슨(Thomas Rowlandson) 〈깔끔한 저녁 준비〉 1811년 다색동판화.

있고, 미식가가 쓴 글들을 참고할 수도 있었다. 당시 여행 작가들의 글을 보면 레스토랑의 메뉴판이 신기하면서도 당혹스럽다는 반응이 많다.

초기 레스토랑에서 메뉴판에 있는 그 많은 요리를 다 만들 수 있었는지도 의문이지만, 냉동 기술이 발달하기 전인 그 시대에 어떻게 그 많은 식품을 비축해 둘 수 있었을까? 한 가지 답을 말하자면 비축해 두지 않았다는 것이다. 그래서 메뉴판에는 재료 수급 문제로 어떤 시기에는 특정 요리가 제공되지 않는다는 일종의 표시가 되어 있었다. 예를 들면 12월에는 딸기가 들어가는 요리가 제공되지 않는다고 적혀 있었다. 혹은 레스토랑 종업원이 알려 주기도 했다. 특히 프랑스 고급 요리가 발달함에 따라 같은 재료로 요리법을 다양화해서 기존 메뉴에 변화를 주는 경우가 많았다. 레스토랑 고객 중에는 미식가도 일부 있었겠지만, 대부분은 평범한 일반인 손님이었다. 오늘날 레스토랑에서도 생선 요리를 주문하면, 대구가 나올지 가자미가 나올지 알 수 없을 때가 있듯이, 일부 레스토랑에서는 정확히 어떤 음식을 먹게 될지 의문스러울 때가 있었다. 그래서 19세기 시사만화와 소송 사건에서 파리 레스토랑 주방의 고양이 고기에 관한 이야기가 자주 등장했다.

메뉴판에 이어 계산서도 레스토랑에 관한 논의의 중심 소재로 떠올랐다. 프랑스 혁명 이후 파리의 몇몇 주요 레스토랑에 관한 이야기를 보면, 특히 레스토랑 소유주의 아내들이 돈 관리를 주로 담당했음을 알 수 있다. 이와 관련해《과거의 파리, 현재의 파리》에 묘사된 라 그랑 타베른 드 롱드르에 관한 글을 살펴보자.

> 첫 번째 룸을 지나 왼편을 보면 일종의 왕좌처럼 생긴, 스페인 총독의 접견실에서나 볼 법한 단상이 솟아 있다. 이 단상은 아무나 들어오지 못하도록 보호대가 막고 있다. 단상 위에는 한 여성이 앉아 있는데, 그녀의 위풍당당한 태도와 위엄 있는 자세로 보건대 여제女帝 같다는 생각이 자연스럽게 든다. 이 대단한 여성은 보빌리에 부인으로, 그녀의 가장 큰 관심사는 계산대 앞에 서 있는 남자들로부터 그들이 다른 곳에서 벌어들인 돈을 걷는 일이다.[19]

프랑스 소설가이자 극작가인 오노레 드 발자크Honoré de Balzac는 그의 문학 작품에서 메뉴와 청구서에 관해 매우 자세히 묘사했는데,

루이 브리옹 드 라 투르(Louis Brion de La Tour)
〈미쉘 르 펠레티에의 암살〉 1793년 점묘 판화.

프랑수아 에메 루이 뒤물랭(François-Aimé-
Louis Dumoulin) 〈르 펠레티에의 죽음〉 1793
년 판화.

그 유명한 베리 레스토랑의 베리 부인과 일종의 계약을 맺어서 레스
토랑에서 밥을 먹고 나면 자신이 직접 계산하지 않고, 계산서에 자
신의 이름을 적어서 출판업자에 보냈다고 한다.

　발자크의 작품에 등장하는 인물들은 대부분 좋은 배경을 가지지
못했다. 그래서 청구서로 괴로워하는 장면이 종종 등장한다. 예를
들어《잃어버린 환상Lost Illusions》에서 젊은 시인으로 등장하는 주인
공 뤼시앙 드 뤼뱅프레는 프랑스 지방 도시에 살다가 파리로 상경했
는데, 그동안 쫓아다닌 여성에게 거절을 당한다. 그리고 베리 레스
토랑에서 밥을 먹는다.

'보르도 와인 한 병, 오스탕드산 굴, 생선 요리, 자고새 요리, 마카로니와
디저트.'

그 요리들은 그가 가진 욕망의 정점을 보여 주었다. 그는 이 작은 방종을

즐기는 동안 데스파르 부인에게 어떻게 하면 자신의 지적인 면을 보여주어 우스꽝스러운 자신의 옷차림에서 풍기는 초라한 모습을 만회할 수 있을지 고민했다. 그러나 계산서에 적힌 금액으로 정신이 번쩍 들었다. 순식간에 50프랑이 날아가 버린 것이다. 그 돈이면 앙굴렘에서는 한 달 동안 먹고 살 수 있었는데. 그는 다시는 그곳에 발을 들여놓지 않겠다고 다짐하며 무거운 마음으로 레스토랑을 나왔다.[20]

한편, 계산서는 루이 미셸 르 펠레티에Louis-Michel Le Peletier의 살인사건에서 볼 수 있듯이 정치 담론의 중심에 서기도 했다. 1793년 1월 20일, 펠레티에는 레스토랑에서 식사하던 중 프랑스 혁명의 첫 순교자가 되었다. 재산가이자 정치가, 자코뱅당의 당원으로 일했던 그는 팔레 루아얄에 있는 페브리에Fevrier's라는 레스토랑을 자주 이용했다. 그는 프랑스 왕 루이 16세의 사형 선고에 찬성표를 던진 후 페브리에 레스토랑에 저녁을 먹으러 갔다가 과거 왕의 호위대 소속으로 일했던 군인이 휘두른 칼에 찔려 죽고 만다.

레스토랑 주인인 도미니크 페브리에와 종업원인 르핀과 듀랜트는 이 살인사건의 목격자로 법정에 서게 된다. 그들은 르핀이 주방에 음식을 가지러 간 사이 암살범이 레스토랑에 난입해 르 펠레티에의 가슴에 칼을 꽂았다고 증언했다. 레스토랑 주인이 뒤늦게 현장을 보고 암살범을 막아섰지만 암살범은 그대로 달아나 버렸다. 이 사건은 사람들의 입에서 입으로 전해지며 점점 이야기가 부풀려지고 상징적인 의미가 부여되었다. 예를 들면, 르 펠레티에는 그날도 평소처럼 검소한 식사를 즐기다가 마지막 순간에 영웅다운 의미심장한

작자 미상 〈1793년 1월 20일 일요일 르 펠레티에의 죽음〉 1793년 판화.

말을 남기고 죽었다는 말이 떠돌았다. 또 그를 죽인 암살자가 한 사람이 아니라 여러 사람으로 늘기도 했다.

그중 가장 흥미로운 이야기는 르 펠레티에가 암살자의 공격을 받을 때 식사하던 중이 아니라 밥값을 계산하던 중이었다는 것이다. 하지만, 이는 사실이 아닐 가능성이 크다. 그는 페브리에 레스토랑의 단골손님이었기 때문에 아마 주 단위나 한 달 단위로 밥값을 계산했을 것이다. 레스토랑 주인과 두 종업원도 그가 칼에 찔릴 당시 식탁에 앉아 있었다고 증언했다(레스토랑 주인은 살인이 벌어질 당시 다른 손님의 계산서를 처리하고 있었다). 그렇다면 이런 이야기가 왜 나오게 되었을까? 그것은 정치 문제와 관련이 있다. 이 이야기로 누가 손해

뉴욕 5번 도로와 44번가 북동쪽 골목에 있는 델모니코 주방에서 요리사들이 음식을 준비하고 있는 모습, 1902년.

를 보고, 누가 이득을 보았을까? 루이 16세의 처형에 앞장선 자코뱅파로서는 프랑스 국민을 궁지에 몰아넣은 사치의 대명사인 루이 16세와 대조되는 모습을 강조함으로써 자코뱅파의 책임감과 도덕성을 강조하고 싶었을 것이다. 하지만, 레스토랑의 역사라는 관점에서 보면, 계산서가 살인사건에 관한 이야기에 엮일 만큼 레스토랑 문화와 깊이 관련되어 있었다는 사실이 본 이야기만큼 흥미롭다.

◑ 파리를 넘어 세계로

라 그랑 타베른 드 롱드르, 레 트루아 프레르 프로방소, 베리, 르 그랑 베푸 같은 레스토랑은 프랑스 파리의 대표 관광지이자 주요 수출품으로 자리매김하는 상징적인 장소가 되었다. 어떤 점에서 프랑스 레스토랑은 다른 나라로 전파되는 과정, 특히 영국으로 전파되는 과정에서 프랑스 레스토랑의 특징을 확립하게 되었다고 할 수 있다. 라 그랑 타베른 드 롱드르는 영국 선술집 문화에 매력을 느낀 프랑스인을 위해 탄생했고, 파리 레스토랑에서 훈련받은 요리사가 영국 레스토랑에서 프랑스 요리를 선보이며 양국의 매력을 초월하는 레스토랑 문화가 탄생했다.

　프랑스 레스토랑은 세계 여러 나라로 빠르게 전파되기 시작했다. 벨기에의 수도 브뤼셀의 경우, 1812년에 한 개였던 레스토랑이 1819년에는 일곱 개로 늘어났다. 하지만, 가장 먼저, 그리고 가장 인상적으로 프랑스 레스토랑이 전파된 지역은 유럽이 아니라 미국이다. 1788년 스위스 티치노주에서 태어난 지오바니 델-모니코 Giovanni Del-Monico는 선장으로 일하며, 쿠바에서 카디스로 담배를 나르고, 카디스에서 뉴욕으로 와인을, 그리고 다시 뉴욕에서 쿠바로 목재를 운송했다. 1824년부터 뉴욕에 정착해 와인 소매업으로 자리를 잡았고, 이름을 존으로 개명했다. 1826년 베른에서 파티시에로 일했던 그의 형제 피에트로도 뉴욕으로 건너왔는데, 그는 이름을 피터로 바꾸고 존 델-모니코와 같이 사업을 시작했다. 현금으로 약 2만 달러를 보유한 자산가였던 두 형제는 먼저 작은 카페와 빵집을 열었다. 그때 가게 간판을 제작한 사람이 실수로 델-모니코가 아닌, 델모니코라고 이름을 썼는데, 그때부터 가게 이름을 그렇게 쓰기 시작했다.

델모니코 다이닝 룸을 가득 메운 여성들이 만찬을 즐기는 모습, 1902년.

소나무 테이블 몇 개를 두고 커피와 케이크를 팔던 작은 가게는 4년 만에 19세기 미국 레스토랑의 모델이 될 정도로 크게 성장했다. 1830년, 델모니코 형제는 뉴욕 윌리엄가 25번지에 미국 최초의 레스토랑을 열었다. 그리고 이듬해에는 조카 로렌조를 불러들여 함께 사업을 전개했다. 이들이 세운 레스토랑은 이전까지 잘 사용되지 않던 미국산 식자재를 활용해 미국인 손님들에게 프랑스 요리를 선보였다. 특히 레스토랑을 찾아온 손님마다 각별한 주의를 기울여 서비스를 제공했다. 미국 농산물 시장의 재료 수급 상태를 불만족스럽게 여겼던 델모니코 형제는 브루클린에 직접 농장을 만들었고, 그때부터 뛰어난 품질의 다양한 식재료를 조달할 수 있었다. 1838년 제작된 11페이지에 달하는 메뉴판에는 371개의 요리가 적혀 있었는데,

벨지언 엔다이브, 가지, 아티초크로 만든 치커리 오 주스*, 가지 팍시**, 아티초크 바리굴*** 등이 포함되어 있었다. 델모니코 레스토랑은 바쁜 점심시간에 클래식한 분위기에서 훌륭한 요리를 맛보고 싶은 사람들이 즐겨 찾는 장소로 자리매김하며 미국 고급 레스토랑의 모델이 되었다.

1837년 델모니코 형제는 뉴욕 비버가와 사우스 윌리엄가 사이에 새로 3층 건물을 짓고, 폼페이산 대리석 기둥으로 장식한 새 레스토랑에서 뉴욕의 거의 모든 신문사를 초청해 오픈 기념 시식 행사를 열었다. 언론에서는 긍정적인 반응이 쏟아졌다. 델모니코 레스토랑 건물은 고전 양식에 따라 3층 건물로 지어졌다. 3층은 프라이빗 다이닝 룸으로 사용되었고, 와인 저장고에 보관된 와인이 1만 6천 병에 달했다. 델모니코 레스토랑은 뉴욕이 북미 대륙에서 가장 큰 대도시로 발돋움하기 시작할 무렵에 10만 달러라는 막대한 자본을 투자했다. 그러나 가장 유력한 성공 비결은 단연코 훌륭한 요리와 그 요리들이 준비되는 과정에 있었다.

델모니코 형제는 신선한 재료와 최신 프랑스 요리법, 서빙 및 서비스 체계로 미국인들에게 새로운 미식 문화를 선사했다. 그들에게는 제2의 조국인 미국에 파인 다이닝의 세계를 좀 더 쉽게 전파하기 위해 메뉴판에 영어와 불어를 나란히 쓰는 방식도 채택했다. 미국

---

*　　　오 주스(Au Jus)_자연식품 그대로의 즙이나 고기 진국을 가미하여 내는 음식.
**　　팍시(Farcie)_주재료의 속을 다른 부재료의 음식으로 채운 요리.
***　　바리굴(Barigoule)_조림 형태의 아티초크 조리법.

으로 건너온 많은 이민자처럼 꾸준히 고국과 관계를 유지하면서 최신 요리 서적을 탐독하고 현지에서 구할 수 없는 식자재를 수입해서 썼다.

> 오늘 새로 온 보조 요리사가 로셰 드 캉칼Rocher de Cancale과 트루아 프레르 프로방소에서 새로 개발한 요리와 탈레랑의 새 실험작을 가져왔다. 내일은 스트라스부르*나 툴루즈, 앙굴렘에서 파테가 도착할 것이다. 클로 드 부조Clos de Vougeot**나 샹베르탱Chambertin***도 바다에서 별다른 피해 없이 무사히 도착할 것이다.[22]

로렌조 델모니코와 그 후손들은 부유층 고객의 수요에 맞춰 맨해튼 지역에서 레스토랑 네 곳을 더 오픈해 규모를 키워 나갔다. 그들은 찰스 랜호퍼Charles Ranhofer라는 프랑스 출신의 전문 요리사를 고용했는데, 1870년대 후반 잠깐을 제외하면, 1862년부터 1894년까지 그가 델모니코의 주방을 책임졌다. 랜호퍼가 미국에서 처음 일을 시작한 곳은 19세기 후반 뉴욕에서 델모니코의 유일한 라이벌이었던 메종 도레Maison Dorée였다. 그 후로는 델모니코의 요리사로 일하며 요리 서적을 출간하고 미국 최초의 유명 셰프로서 명성을 쌓았다. 랜호퍼는 미국이 알래스카를 매입하게 된 것을 기념하며 베이크드 알

---

*   프랑스 동북부 알자스 지방에 있는 항구 도시.

**   프랑스 부르고뉴산 포도주.

***   부르고뉴산 레드 와인으로 향이 풍부하다.

래스카baked Alaska라는 디저트를 만들었고, 랍스터 아 라 뉴버그lobster à la Newburg라는 메뉴를 개발했으며, 차세대 미국 셰프들을 육성했다. 1865년에는 미국에서 프랑스 요리를 홍보하기 위해 프랑스 셰프들이 모여서 만든 '요리 자선 협회'의 창립 위원이자 회장으로 활동했다. 델모니코는 파리 초기의 레스토랑들처럼 미국 레스토랑의 영감이자 모델이 되었다.

레스토랑 문화가 런던과 뉴욕에서 점점 범위를 확장해 나가는 동안 파리는 여전히 레스토랑 문화의 중심에 있었다. 블래그던 이후 반세기가 조금 지나 어느 미국인 작가는 베리, 레 트루아 프레르 프로방스, 르 그랑 베푸를 가장 훌륭한 레스토랑으로 꼽으며 '이 세 곳은 프랑스 요리의 명성과 지갑의 크기를 시험해 볼 장소'라고 평했다.[23] 19세기 중반에는 레스토랑의 새로운 수요층으로 중산층이 부상했고, 카페 토르토니Café Tortoni, 카페 리세Café Riche, 메종 도레, 카페 앙글레Café Anglais 같은 다른 유명 레스토랑들도 등장했다. 유럽 전역의 많은 레스토랑에서 프랑스 요리를 선보였지만, 요리 자체보다는 '프렌치 서비스French Service[*]에 사용된 도구, 언어, 실내장식 같은 주변적인 요소가 더 큰 인기를 끌었다. 펍, 클럽, 카페가 증가한 것도 19세기 전반에 걸쳐 고급 레스토랑이 계속 발전하는 데 중요한 역할을 했다.

---

[*]   좋은 음식을 원하거나 시간적 여유가 있는 사람들이 즐기는 전형적인 우아한 서비스. 카트를 이용해 고객의 테이블 앞에서 종업원이 직접 음식을 만들기도 하고, 은접시에 요리를 담아 제공하는 서비스를 말한다.

3장

엘리트 계층의 외식 문화와 레스토랑의 대중화

1850년대부터 더 다양한 계층의 사람들이 레스토랑을 이용할 수 있게 되었다. 미국인 저널리스트 제임스 잭슨 자브스_{James Jackson Jarves}는 그의 책에서 당시 프랑스 레스토랑의 모습을 이렇게 묘사했다.

프랑스 사람들의 식사 광경을 보려면 너무 유명하지 않은 작은 레스토랑에 가 보는 것이 좋다. 일요일은 특히 그렇다. 프랑스에는 일요일 저녁에 집에서 밥을 먹는 사람들이 거의 없다. 인기 많은 레스토랑의 경우, 일요일 저녁이 되면 사람들이 너무 몰려 조용한 식사를 좋아하는 사람들에게는 힘든 시간이 된다. 꼬마 아이, 애완견, 보모 할 것 없이 온 가족이 출동하여 테이블 하나를 차지하고, 며칠 굶은 사람들처럼 먹는다. … 한 가족이 레스토랑에 입장한다. 아버지, 어머니, 결혼 안 한 고모, 네다섯 살쯤 되어 보이는 두 아이, 그리고 강아지 한 마리까지. 테이블을 둘러보니 빈자리가 없다. 돌아서서 나가려는데 주인이 달려와 앞을 가로막는다. 바로 자리를 만들어 주겠다고 한다. 주인은 한 일행이 계산서를 요구하는 모습을 보고 얼른 그 자리로 손님들을 안내한다. 좌석은 먼저 식사하던 사람들의 체온으로 아직 따뜻하다. 테이블에는 빵부스러기와 남은 음식 찌꺼기, 물잔이 널브러져 있다. 일단 손님이 옷걸이에 모자를 걸고 나면, 주인은 안심한다. 젊은 웨이터가 와서 테이블 위에 있던 더러운 접시와 테이블보를 순식간에 치우고 깨끗한 테이블보와 새 그릇을 세팅한다. 이제 본격적인 식사 타임이 시작된다. 같이 온 개 한 마리를 뺀 나머지 일행은 테이블보와 같은 천으로 된 냅킨을 턱 밑에 꽂는다. 개는 이런 자리에 익숙한지 낑낑대지 않고 얌전하게 한자리를 차지하고 있다. 여자들은 양쪽 어깨에 냅킨 끝을 고정시켜 옷을 잘 보호한다. 이제 '메

윌리엄 스팔딩과 T. 패커 〈Matilda Gorger; or, Mullicatawny Soup, a Mackerel' and a Sole〉 19세기 석판화.

빈센트 반 고흐 〈아를의 레스토랑 실내〉 1888년 캔버스 유화.

뉴판'을 꼼꼼히 살펴보고 음식을 주문한다. 이런 가족 단위의 식사에서 아이들은 보통 들러리가 된다. 음식들이 모두 어른들의 입에 맞는 요리와 와인으로 채워지기 때문이다. 어쨌든 부모들은 만족스럽게 배를 채운다. … 웨이터는 여러 가지 일을 동시에 처리한다. 어느 테이블에 어떤 음식이 어떤 형태로 주문되었는지 기억하고, 코스별로 때맞춰 음식을 갖다 나르고, 빼 달라고 요청받은 사항은 빼야 한다. 식사가 끝날 때쯤에는 손님이 주문한 요리가 다 나왔는지 확인해야 하는데, 한 테이블에 수십 가지 추가 주문이 있을 수 있으므로 그것도 전부 확인해야 한다. 그래서 가끔 주문이 밀려 너무 정신이 없을 때, 냅킨을 손수건으로 착각해서 이마의 땀을 닦고, 그 냅킨으로 접시를 닦는 일이 벌어질 수 있다. 혹은 주방에서 접시를 양손에 피라미드처럼 쌓고, 겨드랑이에 빵을 끼우고, 마지막에 받은 주문은 입에 물고 허겁지겁 나올지도 모른다.[1]

19세기에 들어 유럽과 미국을 중심으로 격식 있는 레스토랑, 특히 프랑스식 레스토랑이 지배 문화로 자리 잡았다. 하지만, 외식 문화는 다양한 맥락과 사회적 역할 안에서 더 확장된 경험의 형태로 나타났다. 우선 중산층 시민의 경우, 일요일 저녁이 되면 밖에서 밥을 먹을 때가 많아졌고, 일요일 저녁이 아니더라도 사업상 혹은 여가생활의 하나로 자주 외식을 즐겼다. 엘리트 예술가와 정치가를 주 고객층으로 하는 레스토랑이 생겼으며, 태번, 카페, 펍 등이 레스토랑의 서비스 모델을 따라 했고, 노동자 계급을 위한 간이식당, 아이스크림 가게, 피자 전문점 같은 곳도 문을 열었다. 여성은 계산대뿐 아니라 레스토랑에서 필요한 모든 영역에서 직업 능력을 확대하며 주 고객층으로 성장했다. 새로 생겨난 레스토랑들은 프랑스 레스토랑을 이상적인 모델로 삼으면서 동시에 색다른 변화들도 시도했다. 레스토랑이 어떻게 모든 사람을 위한 공간이 되었는지를 이해하기 위해 먼저 상류층 소비자의 판타지를 위한 공간적 측면에서 레스토랑에 관한 이야기를 시작한다.

❶ 유명 인사들의 레스토랑과 호텔 연회

런던의 카페 로얄Café Royal은 프랑스 고급 요리 문화가 어떻게 문화적 특징을 개발하고 유지했는가를 보여 주는 좋은 사례다. 1865년 프랑스계 이민자인 M. 다니엘 니콜라M. Daniel Nicolas와 셀레스틴 테베 농Célestine Thévenon이 설립한 카페 로얄은 호화로운 분위기에서 프랑스 출신 전문 요리사들이 만든 프랑스 요리를 제공하여 엘리트 계층의 수요에 부응한 레스토랑으로, 런던의 지도급 인사들이 즐겨 찾았다. 미국 역사학자 앤드류 P. 헤일리Andrew P. Haley는 그런 현상을 빗대어 적절한 형태의 식사는 '공개적 신분 선언'과 같다고 했다.[2]

카페 로얄은 세 개의 다이닝 룸인 '레스토랑Restaurant', '그릴 룸Grill Room', '브래서리Brasserie'로 이루어져 있었는데, 영국 왕위 계승자였던 에드워드 8세와 조지 6세를 비롯해 영국 전 총리 윈스턴 처칠, 화가 제임스 맥닐 휘슬러, 소설가 겸 극작가인 오스카 와일드, 프랑스 화가 귀스타브 도레 등 많은 유명 인사가 즐겨 찾았다. 이곳을 찾은 유명 인사들의 이름은 거의 한 세기에 걸쳐 이어지지만, 19세기에서 20세기 초 레스토랑에 관한 기록에는 힘 있고, 유능하고, 부유한 단골손님에 관한 이야기가 빠짐없이 등장한다.[3] 고급 레스토랑과 관련해 많은 유명인의 이름이 거론되는 현상은 엘리트층과 엘리트층이 되기를 바라는 사람들을 위한 피드백 고리를 형성하며 레스토랑에 대한 수요가 늘어나는 결과로 이어졌다.

카페 로얄은 많은 사람이 모여 교제와 대화를 나누는 만남의 장소로 이용되었지만, 오스카 와일드의 이야기에서 볼 수 있듯이 그런 만남이 항상 좋은 결과로 끝난 것은 아니다. 오스카 와일드는 카페 로얄의 그릴 룸에서 소박하게 술과 요리를 즐기다가 그의 글이 인기를 끌며 부와 명성을 얻게 되자 다른 고급 룸을 드나들며 술과 음식에 빠져들었다.

"갑자기 얻게 된 금화로 과자 가게를 떠나지 못하는 어린아이처럼 음식에 탐닉했다."

오스카 와일드의 전기를 쓴 아서 랜섬Arthur Ransome은 이렇게 말한다.[4] 와일드는 미식가들이 하듯이, 코스 요리가 나오기 전 셰프와 음식에 대한 의견을 교환하고, 레스토랑에서 가장 좋은 와인을 주문했다.[5] 카페 로얄은 그가 동료들을 만나고, 여가를 즐기고, 때로는 눈앞에서 벌어지는 권투 시합을 구경하기 위해 시시때때로 찾는 곳이 되었다. 그의 동료이자 연인인 알프레드 더글라스 경을 만난 곳도 1892년, 카페 로얄에서였다. 와일드는 퀸즈베리의 후작인 더글라스의 아버지로부터 동성연애를 이유로 고소를 당했다. 와일드도 명예훼손을 주장하며 더글라스의 아버지를 고소했다. 그러나 와일드는 결국 재판에서 지고 감옥에 가게 되었다. 재판이 진행되는 동안 카페 로얄은 와일드가 연인과 편집자, 친구들을 만난 장소로, 더욱이 알프레드 더글라스와 공공연하게 연인관계임을 드러내며 만난 장소로 계속해서 언론에 이름이 거론되었다. 법정에 제출된 자료 중 더글라스가 아버지에게 쓴 엽서가 있었는데, 아버지에게 대한 반항심을 드러내며 그동안 카페 로얄, 버클리, 월리스 룸 같은 레스토랑에서 공개적으로 와일드를 만났고, 앞으로도 그럴 것이라는 내용이 적혀 있었다. 당시 와일드에게 카페 로얄은 친구, 연인, 동료 예술가, 연극 제작자, 연극 관객, 사교계 사람들을 만나기 위한 장소였다. 와일드는 그곳에서 일도 하고, 훌륭한 식사를 즐기고, 때로는 생생한 권투 시합을 즐기며, 언론, 예술, 사교계의 사람들과 친분을 다졌다. 잠시 후 살펴볼 샌프란시스코의 레스토랑에 관한 이야기처럼 레스토랑은 이런 공적 측면 때문에 때로는 사설탐정에게 감시받고, 법정에 소환되는 등 필요 이상으로 공적인 측면이 부각되어 나타나기도 했다.

그러나 레스토랑에 대한 사회적 관심과 매력은 사람들의 사생활이나 자유보다 사회 계층을 어떻게 규정하고, 과시적 소비자가 되는지에 관한 인식에 더 큰 영향을 미쳤다. 과시적 소비로 이어진 이런 변화를 가장 분명하게 볼 수 있는 곳은 고급 대형 호텔이다. 19세기 말에 가까워질수록 유명 셰프, 호텔리어, 호텔 지배인 같은 집단은 레스토랑 요리의 세계를 안내하는 새로운 인도자가 되었다. 1893년, 월도프-아스토리아 호텔Waldorf-Astoria Hotel이 뉴욕에서 문을 열었고, 3년 뒤 스위스 생모리츠에서 팰리스 호텔Palace Hotel이 문을 열었다. 1897년에는 함부르크에 비에르 야흐레자이텐Vier Jahreszeiten 호텔, 나폴리에 그랜드 호텔 엑셀시오르Grand Hotel Excelsior, 런던에 코넛 호텔Connaught Hotel이 문을 열었고, 다음 해인 1898년에 파리에서 리츠Ritz 호텔이 문을 열었다.

그중 레스토랑의 국제적 표준을 마련한 곳은 1889년 리차드 도일리 카트Richard D'Oyly Carte가 런던에 세운 사보이 호텔Savoy Hotel이다. 사보이 호텔은 스위스의 기업인이자 유명 호텔리어인 세자르 리츠César Ritz를 매니저로 고용하고, 마스터 셰프인 오귀스트 에스코피에

윌리엄 오펜 〈런던, 카페 로얄〉 1912년 캔버스 유화.

Auguste Escoffier와 와인의 대가인 루이스 이슈나드Louis Echenard를 호텔 지배인으로 데려왔다. 사보이 호텔은 언제나 화려한 파티로 활기가 넘쳤는데, 그중 가장 유명한 파티는 샴페인의 왕이자 월가의 금융인 인 조지 케슬러가 1905년 7월에 주최한 곤돌라 디너였다. 케슬러는

위베르 클레제(Hubert Clerget) 〈루브르-방돔 광장, 호텔 컨티넨탈〉 1800년대 수채화.

호텔 앞마당에 베네치아 램프 400개를 설치하여 베네치아의 모습을
재현하고, 카네이션 1만 2천 송이와 비단으로 장식한 곤돌라, 1.5미
터 크기의 대형 케이크를 준비했다. 무대 한쪽에서는 테너 가수 엔
리코 카루소의 아리아가 울려 퍼졌다. 대형 호텔의 레스토랑은 20세
기 초 새로운 상업적 효율성에 의존한 거대 기업이 되었다. 사보이
호텔의 경우, 규모가 워낙 커서 자체적으로 전력과 물을 공급하고,
자체 생산한 커피를 직접 볶아 사용했으며, 프랑스, 영국을 포함한
인도, 러시아, 독일 등 세계 여러 나라의 요리를 선보였다.[6]
   사보이 호텔, 리츠 호텔, 월도프-아스토리아 호텔 같은 대형 호
텔이 가진 공통점은 단골손님이 있었다는 것이다. 사보이 호텔의 경
우, 당시 지배인으로 있던 오귀스트 에스코피에는 프랑스 여배우 사

조지프 페넬 〈월도프-아스토리아 호텔, 34번 길 5번가(실제 주소)〉 1904년~1908년 갈색 종이에 크레용과 연필.

라이문도 가레타(Raimundo de Madrazo y Garreta) 〈파리 리츠 호텔의 가장무도회〉 1909년 캔버스 유화.

라 베르나르, 영국의 여배우 릴리 랑트리, 호주의 오페라 가수 넬리 멜바, 에드워드 7세를 위한 특별 요리를 개발했다. 왕족에게서 후원을 많이 받아서 왕족의 도착을 알리는 벨이 따로 있었다. 사보이 호텔에 있던 '사보이 그릴 룸'은 1914년까지 주연 배우, 극단장, 비평가를 위한 만남의 장소로 공공연하게 알려졌다.

이런 대형 호텔들은 집이 아닌 외부의 장소에서 특별한 음식으로 특별한 파티를 여는 장소라는 개념이 자리 잡았는데, 이는 19세기 말이 되기 전까지 부유한 상인들과 왕족, 유명인들이 집에서 열던 파티와 여러 모로 성격이 유사했다. 사실 VIP 손님들에게는 호텔리어나 유명 요리사가 출장 서비스를 제공하거나 호텔 차원에서 원거리 서비스를 계속해서 제공했다.

미국 소설가 마크 트웨인(1835~1910)이 런던 사보이 호텔의 필그림 클럽에서 축하를 받고 있는 장면. 에르네스토 프라터Ernesto Prater〈마크 트웨인〉 *Illustrazione Italiana*(이탈리아 주간지), xxxiv/29 (1907년 7월 21일) 사진.

사보이 호텔 곤돌라 디너파티, 1905년 7월.

맥스 쿠퍼(Max Cowper) 〈런던 사보이 호텔 그란드 포이어〉 1900년대 칼라 삽화.

20세기로 넘어오는 시기, 고급 레스토랑의 개념을 확고히 다진 것은 호텔리어와 요리사의 파트너십 덕분이다. 그 파트너십을 가장 완벽하게 보여 준 인물이 세자르 리츠와 오귀스트 에스코피에였다. 두 사람은 훌륭한 요리와 훌륭한 서비스를 함께 제공하겠다는 공통된 목표가 있었다. 즉 최고의 음식을 준비해서 최상의 서비스로 손님 앞에 내어 놓는 것, 그리고 그 행위가 전 세계 어디에서나 똑같이 재현되는 것이 중요했다. 사람들은 이제 로마에서 뉴욕, 런던, 부다페스트에 이르기까지 같은 조리법으로 만든, 같은 수준의 완성도 있는 요리를 기대했다. 그래서 호텔 레스토랑에서 하는 식사가 재계, 왕족, 예술 분야의 영향력 있는 사람들을 위한 일종의 신성한 경험이 되었다. 세자르 리츠의 아내인 마리 루이스 리츠는 크레이프 수제트*를 서빙하는 쇼를 이렇게 설명했다.

능숙한 몸짓으로 구리잔에 진한 리큐어를 따르는 지배인과 미사를 돕는 복사服事처럼 조용히 파란 불꽃을 응시하고 서 있는 종업원들, 그윽하게 피어오르는 연기를 바라보며 손님들은 완벽하게 대접받는 느낌을 받는다. 그리고 어떤 종교적 열정 같은 감정에 휩싸여 한입 가득 크레이프를 맛본다. 와인도 이와 비슷한 방식으로 즐긴다. 잔의 모양과 크기, 완성도, 그리고 와인을 따르는 웨이터의 자세, 이 모든 것이 궁극적인 맛의

장 콕토 〈1916년 8월, 몽파르나스 105번가 라 로통드 카페에서 즐거운 시간을 보내는 파블로 피카소, 모이즈 키슬링, 파쿠에레테〉1916년 8월 사진.

---

* 오렌지 소스에 팬케이크를 졸이면서 그 위에 알코올을 붓고 불을 붙여 식탁에 내는 요리.

즐거움에 기여한다.[7]

20세기 초에 이르러 로셰 드 캉칼, 레 트루아 프레르 프로방소, 카페 베리 같은 프랑스 1세대 고급 레스토랑들이 문을 닫았다. 그 뒤를 이어 보아장Voisin's, 파이야르Paillard's, 라 투르 다장La Tour d'Argent, 듀란드Durand's, 헨리Henri's, 더 리츠the Ritz 같은 곳들이 문을 열었다. 한 영국인은 가고 싶은 레스토랑 세 곳을 꼽으며 '아침은 헨리 레스토랑, 점심은 리츠, 저녁은 듀란드'라고 답했다. 한편 맥심Maxim's이라는 레스토랑은 음식보다 볼거리에 더 치중해서 가수, 배우, 무용수의 공연을 선보이는 새로운 아이디어를 시도했는데 주로 자정 이후에 등장한 예술가들의 공연이 사람들에게 큰 재미를 선사했다.

레스토랑은 예술가들의 아지트로도 사랑을 받았다. 카페 로얄이 휘슬러와 오스카 와일드의 주 무대였다면, 라 로통드La Rotonde 레스토랑은 파블로 피카소, 거트루드 스타인, 어니스트 헤밍웨이, F. 스콧 피츠제럴드, T. S. 엘리엇의 주 무대였다. 프라하의 카페 몽마르트르Café Montmartre는 프란츠 카프카와 막스 브로트Max Brod[*]가 애용했고, 1816년에 문을 연 상트페테르부르크의 문학 카페는 도스토옙스키와 체르니셰프스키가 즐겨 찾았는데, 알렉산더 푸시킨이 1837년 단테스와 결투로 죽기 전에도 이곳에서 마지막 식사를 했다. 19~20세기 서양의 레스토랑은 극장, 작가, 화류계와도 매우 밀접한 관계가 있었다. 앞서 11~13세기 중국에서 발달한 초기 레스토랑의 특징

---

*   오스트리아계의 이스라엘 작가이자 평론가. 카프카의 친구이기도 했다.

에서 보았듯이 우선 이들은 물리적으로 매우 근접한 위치에 있었다. 그러나 19세기에 이르러 레스토랑이 지식인과 유명인들의 아지트로 사랑받게 되면서 레스토랑의 기능과 역할에 대한 아이디어도 새로운 전환기를 맞았다. 게다가 이러한 상류층 사람들의 특성이나 기호의 영향으로 레스토랑의 모습은 더욱더 복합적인 문화 공간으로 진화하게 되었다.

🍴 만남의 장소

19세기 상류 계급이 그들의 세련미를 과시하기 위해 고급 레스토랑에 드나들었다면, 정치인·사업가·상인·법률가·출판업자 같은 중상류층은 고급 음식점이라는 개념 외에 만남의 장소라는 개념에도 주목하기 시작했다. 특히 그런 사례는 영국의 클럽과 샌프란시스코의 레스토랑, 러시아와 멕시코, 중국의 호텔이나 백화점 레스토랑에서 쉽게 찾아볼 수 있다.

19세기 초까지 영국의 중상류층은 18세기 중반 프랑스의 중상류층들처럼 모임 장소로 이용할 만한 공공장소가 거의 없었다. 펍이 어느 정도 그런 역할을 해 왔는데, 시간이 지날수록 부유층의 이용도는 줄어들었고, 대신 클럽이 그 자리를 이어받았다. 뉴욕도 비슷한 현상이 나타났다. 1886년 뉴욕에는 100개가 넘는 클럽이 있었고, 6만 명 이상의 회원이 활동한 것으로 추정된다. 클럽의 역할과 기원을 방대하게 다룬 《런던의 클럽과 클럽 생활》(1872)에서 존 팀스John

Timbs는 당시 클럽의 역할을 이렇게 설명한다.

> 오랜 경험을 바탕으로 글을 쓰는 훌륭한 수필가는 이렇게 말한다.
> "유명한 클럽은 모두 음식을 먹기 위한 공간으로 만들어졌다. 그것은 대
> 부분 남성이 동의하는 부분이며, 배운 자, 배우지 못한 자, 유행에 민감
> 한 자, 그렇지 않은 자, 철학자, 그리고 광대에 이르기까지 누구나 이용
> 할 수 있다."**8**

팀스에 따르면, 클럽은 정치나 예술에 관한 토론이 주로 이루어
졌다는 점이 특징이다. 초기의 클럽이 대부분 레스토랑이나 태번에
속해 있었다면, 19세기 중반에 나타난 몇몇 클럽은 클럽 자체로 운
영되었고 전용 요리사도 있었다. 좀 더 괜찮은 클럽에서는 프랑스
요리를 전문으로 하는 특별 요리사를 고용하기도 했다. 클럽의 종
류는 다양하게 있었는데, 그중에서도 가장 오랫동안 운영되고 영향
력을 발휘한 클럽은 비프스테이크 클럽Beefsteak club이다. 18세기 초에
시작된 비프스테이크 소사이어티Beefsteak Society는 이른바 지식인으로
자처하는 남성들의 사교 클럽에 속했다. 교회와 국가가 상당한 힘
을 발휘하던 시기에 이런 클럽들은 풍자를 이용한 미학적 유희와 자
유로운 대화를 즐기는 공간으로 이용되었다.**9** 클럽을 이용하는 사
람들은 서로 정치 의견을 교환하고, 생각이 비슷한 사람들끼리 무리
를 이루거나 새로운 사상을 탐구하면서 사람들과 교류했다. 물론 먹
는 경험도 중요한 부분을 차지했다. 1709년 영국의 저술가인 네드
워드Ned Ward는 비프스테이크 소사이어티에 가입하는 사람들에 관해

오노레 도미에(Honoré Daumier), '좋은 부르주아'의 커피하우스
정치학 〈샤리바리(Le Charivari)〉 1864년 4월 21일 신문용지 석판
인쇄.

이렇게 설명했다.

주방장은 몇 가지 괜찮은 비프스테이크 요리를 내 달라는 주문을 받았
다. 새로운 클럽 회원들의 입에 맞을 만한 형태로 어떤 것은 샬롯*이나
양파를 추가하고, 어떤 것은 굽거나, 튀기거나, 스튜로 만들었다. 회원들
은 그 요리를 보고 그들이 선택한 곳이 사람들의 명성을 얻을 만한 자격
이 있는지 판단했다. … 그들은 소고기로 적당히 배를 채우자 그들이 내

---

*   양파의 한 종류, 일반 양파보다 크기가 작다.

린 선택에 매우 만족스러워하며, 그때부터 일주일에 한 번씩 같은 장소에서 모임을 하기로 했다.[10]

이런 클럽들은 영국과 중앙아메리카 연방공화국, 그리고 그 나라들의 식민지까지 퍼져 나가며 레스토랑(혹은 태번)이라는 공간을 이용해 예술 활동과 정치 활동을 펼쳤다. 나중에는 레스토랑의 역사에도 일정 부분 기여하는데, 이에 관한 내용은 5장에서 더 자세히 살펴보겠다.

샌프란시스코에는 1840년에서 1850년 사이 두 개의 레스토랑이 정치적 역할을 알리는 신호탄 역할을 했다. 그중 하나인 푸레도어 Poulet d'Or 레스토랑은 전통 프랑스 레스토랑을 표방하며 1849년 샌프란시스코에 문을 열었다. 이 레스토랑은 생긴 지 얼마 후부터 푸들 도그 Poodle Dog라는 이름으로 불렸는데, 프랑스어를 사용하지 않는 영어권 사람들에게 푸레도어라는 발음이 푸들 도그와 비슷하게 들렸거나 주인이 푸들을 키웠던 것으로 보인다. 레스토랑의 규모는 크지 않았지만 여러 방면에서 델모니코의 사업 모델을 비슷하게 따라갔다. 푸레도어는 수프, 생선, 고기, 채소, 샐러드를 이용한 다양한 프랑스식 코스 요리와 디저트를 선보였고, 지역 고급 와인을 제공했다. 프랑스 레스토랑을 모델로 삼으면서도 현지화 전략에 성공하여 인근 농장에서 닭과 올리브유 같은 신선한 재료를 조달하는 등 지역 농업 경제를 잘 활용했다.[11]

푸레도어 레스토랑은 프랑수아 피오슈 François Pioche라는 자본가의 후원을 받았는데, 그에게는 세계적인 요리로 샌프란시스코를 세계적인 도시로 만들겠다는 야심 찬 목표가 있었다.**12** 델모니코 레스토랑처럼 푸레도어도 몇 번 위치를 옮겨 다니다 마지막으로 화려한 6층 벽돌 건물에 자리를 잡았다. 1층은 '아내와 딸을 데리고 오붓하게 식사를 즐길 수 있는' 일반 다이닝 룸으로 되어 있었고, 6층에는 한 번에 250명을 수용할 수 있는 대형 다이닝 홀과 오케스트라 무대, 좀 더 작은 규모로 운영되는 연회장이 있었다. 그러나 2층부터 5층까지는 침대가 들어 있는 개인 다이닝 스위트룸으로 되어 있어서 스캔들에 휘말리는 일이 종종 벌어졌다. 제임스 R. 스미스에 따르면, 위층을 관리하고 비밀을 유지하는 조건으로 받는 뇌물은 사업 운영에 매우 중요한 부분을 차지했다. 가령 일요일에 남편과 1층에서 식사를 하는 어떤 부인은 어젯저녁 남편이 위층에 왔을 수도 있다는 것을 잘 알고 있었다.**13** 어쨌든 다이닝 룸과 연회장, 심지어 개인 스위트룸도 모임 장소로 이용된 것은 비슷하다.

20세기 초 정치적 뒷거래의 희생양이 되는 푸레도어 레스토랑에 관한 이야기는 레스토랑이 어떤 식으로 정치 공작에 연루될 수 있었는지 하나의 사례를 보여 준다. 프랑스 레스토랑은 주류 판매 허가권을 얻기 위해 시 공무원에게 종종 뇌물을 바쳐야 했고, 정치인들은 주로 정당하지 못한 일을 꾸밀 때 레스토랑을 밀실로 사용했다. 1906년, 샌프란시스코의 시장이었던 유진 E. 슈미츠Eugene E. Schmitz는 푸레도어의 식당 면허를 취소한 뒤 아브라함 루에프Abraham Ruef를 법률가로 고용하라고 권했다. 사실 이 일은 그 두 사람의 공모로 이루어진 것이었고, 루에프가 고용되자마자 식당 면허를 되찾았다. 하지

샌프란시스코 리츠 올드 푸들 도그(Ritz Old Poodle Dog) 레스토랑의 와인 메뉴, 날짜 미상.

만 프랑스 레스토랑을 자주 이용하던 샌프란시스코 신문사의 어느 편집장이 이 일을 전해 듣고 사건의 전모를 파헤쳐서 결국은 루에프르는 처벌을 받았다.**14** 이 이야기는 레스토랑이 정치 공작에 어떻게 이용당하고, 때로는 음모를 밝히고 심지어 힘을 행사할 수 있었는지에 관한 사례를 보여 준다.

푸레도어가 문을 연 같은 해, 또 다른 레스토랑이 샌프란시스코에 문을 열었다. 마카오 앤 우성Macao and Woosung이라는 레스토랑은 중국계 이민자인 노먼 아싱Norman Assing이 세운 곳으로 기록상 미국 최초의 중국 레스토랑이라 할 수 있다. 샌프란시스코에서 이름난 상인으로 활동했던 노먼 아싱은 미국 최초의 중국 상조회인 추익 협회 Chew Yick Association 회장을 역임한 지역 유지였다. 그는 사우스캐롤라이나 찰스턴에서 시민권을 얻었는데, 엄밀히 따지면 당시에는 '백인'만 시민권을 얻을 수 있었다. 일부 법원에서 중국계 이민자들에게도 시민권을 부여하는 경우가 가끔 있었지만, 아싱이 백인에게 부여되는 시민권과 같은 종류의 지위를 획득했는지는 확실하지 않다. 노먼 아싱은 자신의 레스토랑에서 지역 정치가와 사업가, 경찰관을 접대하며 중국계 이민자들의 지위 향상에 힘썼다. 공식적인 자리에서 중국계 미국인을 대표하거나 통역자로 활동하고, 주로 이민자들을 위한 권리와 귀화 관련 문제에 청원을 넣으며 공개적인 자리에서 목소리를 높였고, 성공한 사업가로서 자신의 지위를 이용하여 정치, 사회, 경제적 담론을 형성했다.[15]

프랑스의 혁명적 전통을 따르기라도 하듯, 세계 여러 지역의 레스토랑들이 역사에 남을 만한 정치 활동에 이용되었다. 특히 사보이 호텔에 버금가는 화려한 외관을 자랑하는 모스크바의 메트로폴 호텔Metropol Hotel은 한 세기가 지나도록 반향을 일으킨 러시아 혁명에서 큰 역할을 했다. 그중 메트로폴 호텔의 레스토랑은 20세기 초 레스토랑 문화의 여러 특색이 골고루 녹아 있는 곳이었다.

메트로폴을 건립한 사바 마몬토프Savva Mamontov는 예술인들의 후원가로도 유명했는데, 그는 메트로폴 호텔을 지을 때 단순한 호텔이 아닌 하나의 복합 문화 공간으로서 객실을 비롯해 극장, 전시관, 체육시설, 레스토랑이 골고루 갖춰진 대형 호텔을 건립하기로 계획했다. 러시아 최고의 건축가와 화가, 조각가가 참여한 이 프로젝트는 완성되기까지 총 6년이 걸렸다. 1905년 3월, 마침내 완공된 메트로폴은 서유럽 초기의 고급 대형 호텔에서 볼 수 있던 모든 과시적인 요소가 다 들어 있었다. 아르누보 양식으로 지어진 건물에 전기, 온수 시설은 물론, 방마다 냉장고와 전화기가 설치되었고, 엘리베이터도 있었다. 많은 러시아 상류층 인사들이 메트로폴 레스토랑을 즐겨 찾았는데, 특히 러시아 황제 니콜라이 2세가 의회 소집과 민권을 약속한 1905년 10월 17일 저녁에는 구름처럼 사람들이 몰려들었다.

> 한껏 고조된 분위기에서 사람들은 자유를 외치며 축배를 들고, 서로에게 축하 인사를 건넸다. 무리에 섞여 있던 오페라 가수 표도르 샬리아핀은 흥분한 사람들의 요청에 따라 테이블 위에 올라 당시 선동적이라는 이유로 금기시되던 러시아 민요 두비누시카Dubinushka를 힘차게 불렀다. 노래를 끝낸 후 모자를 벗고 인사하자 사람들이 하나둘 성금을 냈는데, 그 액수가 상당했다. 샬리아핀은 그 돈을 모아 나중에 혁명가들에게 건넸다.[16]

1917년 10월 혁명이 터졌을 때, 메트로폴 호텔은 볼셰비키 정부가 국유화해서 소비에트 지도부의 숙소로 사용했다. 얼마 전까지 상류층 인사들이 고급 프랑스 요리를 즐기기 위해 찾던 메트로폴 레스토랑은 정부군의 회의실로 변했다. 그러다 1925년 국제 체스 토너먼트가 모스크바에서 처음 열리게 되면서 외부 세계와의 통로를 되찾았다.

레스토랑이 정치적으로 이용된 사례는 20세기에 이르러 매우 증가했다. 멕시코에서는 사파티스타 민족 해방군이 산본스Sanborns 호

아구스틴 카사솔라(Agustín Casasola) 〈멕시코시티 산본스 레스토랑에 있는 사파티스타 민족 해방군의 모습〉 1914년 사진.

텔의 음료 판매대 앞을 회의 장소로 사용했는데, 멕시코 혁명을 이끈 농민군 지도자였던 에밀리아노 사파타Emiliano Zapata와 그의 동지들이 그곳에서 총격을 당해 상징적으로 중요한 의미를 지닌 장소였기 때문이다. 1929년 중국에서는 상하이 와이탄 거리에 지금의 피스 호텔Peace Hotel인 캐세이 호텔Cathay Hotel이 문을 열었다. 동서양을 섞어 놓은 듯한 이 호텔은 영국 출신의 한 유명한 사업가인 빅터 사순 경Sir Victor Sassoon에 의해 지어졌다. 다른 대형 호텔과 마찬가지로 피스 호텔은 찰리 채플린, 조지 버나드 쇼, 노엘 카워드 같은 유명인들에게 성지 같은 역할을 했다. 이 호텔 9층에 있는 레스토랑은 2차 세계 대전 이후 아시아 여러 지역의 경제와 정치적 운명을 쥐락펴락

하는 장소로 사용되었는데, 특히 문화 혁명기 때 과격파 4인방인 장칭, 장춘챠오, 야오원위안, 왕훙원이 계획을 실행하는 장소로 사용되었다. 1970년대의 장칭 같은 인물처럼 여성들도 레스토랑에서 남자들과 식사를 즐기며 정치 무대에 등장하게 되지만, 그 여성들이 어떻게 그런 자리에 앉게 되었는지를 이해하려면 또 다른 이야기가 필요하다.

● 레스토랑의 점심시간과 여성

남성들은 일과를 끝내고 다른 용무들을 처리하기 위해 고급 레스토랑을 이용해 왔다. 그러나 레스토랑에서 일어난 혁명은 힘 있는 위치의 남성들이 찾는 저녁이 아닌, 점심시간, 그리고 여성의 역할 변화에서 그 인과관계를 찾을 수 있다. 여성은 19세기 이후 레스토랑의 주 고객층으로 등장하기 시작한다. 그중에서도 도시에 거주하는 여성들이 외식 문화의 외형적인 변화를 주도했다. 유럽과 미국을 중심으로 레스토랑이 처음 발달하던 시기에는 여성들이 대부분 레스토랑에 자유롭게 출입하지 못했고, 출입하게 되면 좋은 평판을 얻지 못했다. 그러나 19세기 전반에 걸쳐 도시에서 생활하는 부유층을 중심으로 쇼핑과 모임을 즐기는 여성들이 증가하기 시작했다. 점심시간이 되면 남자들은 시내 곳곳에 늘어선 태번과 클럽, 식당을 이용할 수 있었지만[17], 여자들에게는 그런 선택지가 없었다. 고급 레스토랑과 클럽, 태번 같은 곳들은 일반적으로 남자들을 위한 공간으로 운영되었다. 메뉴든 실내장식이든 남자 고객의 취향에 맞추거나 아예 출입 자체를 허용하지 않았다. 1907년 〈뉴욕타임스〉는 블래치 부인이 뉴욕의 호프만 하우스Hoffman House에서 입장을 거부당한 사건을 보도했는데, 그녀가 제임스 C. 클랜시라는 웨이터와 나눈 대화를 보면 당시 레스토랑에서 어떻게 여성들을 배제해 왔는지 잘 알수 있다.

"부인, 죄송하지만 저희 레스토랑은 규정상 여성분의 출입이 허용되지 않습니다. 이 규정은 예외가 없습니다. 부인과 같은 여성분들을 보호하려는 것이니까요. 저희는 다른 사람에게 불쾌감을 줄 수 있는 여성들의 출입을 막고 있습니다. 그런 여성들 때문에 부인 같은 분이 식사하면서 불편하실 수 있으니까요."

"저는 불쾌감을 준다는 여성들 때문에 불편함을 겪은 적이 한 번도 없어요."

블래치 부인은 이렇게 말했다.

"제가 불쾌감을 느낀 건 남자들 때문이었죠. 그런데 여기서 그런 남자들을 막는 것 같지는 않군요."[18]

블래치는 호프만 하우스를 고소했다. 그러나 법정에서 그녀의 증언은 받아들여지지 않았고, 사람들에게 비웃음만 사고 패소했다. 이 사건을 맡은 제5지방 법원의 스필버그 판사는 호프만 하우스 측에 여성들을 위한 공간을 제공하라고 지시하면서도 여성 손님에게 남성의 동반을 요구할 수 있다고 판결했다.[19]

푸가스(Fougasse) (사이럴 케네스 버드(Cyril Kenneth Bird)), 2차
세계 대전 당시 영국 정보부에서 발행한 '경솔한 말 한마디가 생명
을 앗아 간다' 포스터 시리즈 중 '물론 안다고 해가 되지는 않는다!'
1940년 컬러 석판화.

　　미국과 유럽에서는 1870년에서 1900년 사이 중산층 여성들
이 이용할 수 있는 식당의 옵션이 많아졌다. 동시에 여성 고객층이
급속히 증가했는데, 대중 시장을 소개하는 〈먼시스 매거진Munsey's
Magazine〉에는 이런 글이 실렸다.

외젠 앗제(Eugène Atget) 〈블라 망토(*Blancs Manteaux*) 카페〉 1900년, 알부민 프린트.

 "남성은 많지 않고, 오히려 여성이 훨씬 많다. … 점심시간이 되면 여성들이 우르르 몰려들어서 남자들은 그 사이에서 자신이 이방인처럼 느껴질 수 있다."[20]
 찻집, 아이스크림 가게, 구내식당 같은 곳들은 부유층 여성뿐 아

줄스 알렉상드르 그륀(Jules-Alexandre Grün) 〈카페의 모습〉 19세기 말~20세기 초, 고급지에 펜, 붓, 잉크, 크라쉬스(crachis), 연백 안료.

찰스 레니 매킨토시가 디자인한 글래스고의 룸 디럭스에 있는 웨이트리스.

아장스 롤(Agence Rol) 〈1912년, 레스토랑의 저녁 파티〉 1912년 사진.

니라 전문직 여성들을 주요 고객층으로 겨냥했다. 여성들은 이전까지 서비스직, 농업, 제조업 분야에서 주로 일해 왔지만, 이 시기 특히 사무직에서 일하는 여성들이 급격히 증가했다. 이때부터 도시 내에 여성 인구를 위한 시설이 많이 등장했다. 여성들에게는 사회적 위험을 느끼지 않고 즐거운 분위기에서 식사할 수 있는 장소가 필요했다. 카페테리아, 찻집, 아이스크림 가게는 남녀 모두 이용할 수 있고, 어떤 곳은 아이들도 이용할 수 있었다. 무엇보다 비용이 부담스럽지 않고, 이용하기 편리하였으며, 깨끗하고, 실내조명이 밝아 안전하게 이용할 수 있다는 장점이 컸다. 일부 가게에서는 남녀 공간을 분리해서 사용하기도 했는데, 예를 들면 혼자 온 남자 손님은 카운터에서 서서 식사하고, 여자 손님이나 남녀가 함께 온 경우 테이블에 앉아서 식사했다.[21]

여성들이 주로 이용한 음식점들은 미적인 요소와 메뉴 선택지 면에서 좀 더 현대적인 분위기에 가깝게 친근한 형태로 변화했다. 고급 레스토랑들이 거울, 창문, 높은 천장을 이용해서 채광 효과를 높이고, 짙은 색 목재나 벨벳 소재로 화려한 스타일링을 강조하여 무게감을 주었다면, 여성 고객을 주로 상대하는 곳들은 밝은 분위기를 선호해서 거울, 창문, 높은 천장 외에도 밝은 조명과 얇은 직물, 꽃무늬를 많이 사용했다.[22] 가장 대표적인 곳으로 글래스고에 있는 윌로우 티 룸Willow Tea Rooms을 꼽을 수 있다. 윌로우 티 룸을 운영한 케이트 크랜스턴은 영국의 유명 건축가인 찰스 레니 매킨토시에게 그녀가 글래스고에서 운영하는 티 룸 네 곳을 모두 현대적인 분위기로 꾸며 달라고 부탁했다. 매킨토시는 소치홀가 217번지에 자리 잡은 윌로우 티 룸에서 일종의 종합 예술Gesamtkunstwerk*을 선보였다. 그 중 '룸 디럭스Room de Luxe'는 실버 가구와 띠 장식이 들어간 화려한 거울로 손님들에게 독특한 경험을 선사했다. 잉그램가의 티 룸에는 '차이니즈 룸Chinese Room'을 만들었다. 플라스틱 디자인 요소와 다채로운 색상을 비롯해 격자 모양의 스크린을 설치하여 천장 높이를 줄이고 아늑함을 주도록 설계했다.

이런 부류의 레스토랑에서 제공되는 메뉴는 파리의 초기 레스토랑과 비슷하게 차갑게 식힌 가금류 고기나 샐러드, 수프, 달걀 요리 같이 가벼운 음식이 많았다. 이는 당시 여성들의 신체상에 대한 기

---

* 독일의 작곡가 리하르트 바그너가 만들어 낸 용어로, 시·음악·연극·무대 등이 어우러져 하나의 완성된 종합 예술을 창작한다는 의미로 사용했다.

아장스 롤 〈파리 9구 이탈리아 대로 16번 길에 있는 카페 리셰의 저녁〉 1908년 사진.

대와 식습관 변화와 관련이 있다. 당시의 한 연애 지침서를 보면, 여자들은 살찌는 것을 걱정해서 좋아하는 음식을 대부분 멀리하므로 식사비를 걱정하지 않아도 된다는 내용이 등장한다.[23] 한편, 찻집과 아이스크림 가게에서 볼 수 있듯이 여성들이 주 고객인 영국과 미국의 레스토랑에서는 술을 팔지 않는 경우가 많았다.

레스토랑을 이용하는 여성 고객이 많아졌듯이 외식업계에 종사하는 여성 업주도 많아졌다. 미국에서는 1890년~1930년 사이 레스토랑 여성 경영자의 수가 2,400명에서 4만 명으로 크게 증가했다.[24] 레스토랑을 운영하는 여성 사업가들은 케이트 크랜스턴처럼 대부분 일종의 사명감으로 레스토랑을 운영했다. 중산층 여성들은 비즈니스 역할을 맡게 되면서 레스토랑이라는 공간을 이용해서 어떻게 다른 여성들에게 외식 문화를 권유하고, '교양 있는 여성'으로서 품

월터 베이스 〈브레인트리에 있는 피닉스 식당〉 1940년경 수채화.

위를 유지해 나갈지에 대한 담론을 형성해 나갔다. 이로 인해 더 많은 자유를 누리는 여성들도 있었겠지만, 한편으로 계급 차별, 인종 문제, 성적 한계를 느끼는 여성들도 많았다. 얀 휘태커는 가정생활의 연장선상에서 레스토랑 일을 바라보는 여성들의 모습을 이렇게 설명했다.

1910년에 개업한 시카고 온트라 카페테리아 체인을 운영하는 메리 더튼은 레스토랑이 '가정식 주방의 확장판'이라고 말한다. 이 분야에서 일하는 여성은 손님이 편안하고 즐겁게 식사하기 위해 제공되는 모든 것에 매우 관심이 많으므로 레스토랑 일이 필연적으로 동반하는 긴 업무 시간을 잊게 된다고 말한다.[25]

여성들의 경우, 19세기 말부터 점심시간뿐 아니라 저녁시간을 위한 선택지도 다양해졌다. 이때부터는 더 폭넓은 사회 계층이 외식으로 사회적 만족감을 얻었다. 부유층뿐 아니라 중산층들에게도 외식은 중요한 이벤트가 되었다. 레스토랑이 발달하던 초기에는 중산층 여성들이 저녁에 외식하는 일이 많지 않았고, 중산층 남성들은 클럽이나 태번같이 이용할 수 있는 곳이 많았기 때문에 중산층 여성들이 이용할 만한 레스토랑 선택지가 거의 없었다. 하지만, 저녁 데이트가 대중적인 여가 활동이 되면서 점심때만 운영되던 식당들이 늦게까지 문을 여는 경우가 많아졌고, 특히 중국, 이탈리아 같은 다른 문화권의 음식이 주목을 받으면서 격식 있는 레스토랑이 아닌 평범한 분위기의 레스토랑도 점차 인기를 얻었다.[26]

❶ 프랑스 외의 요리들

19세기 유럽과 미국에서 통용되는 '레스토랑'이라는 단어는 프랑스식 레스토랑을 의미했다. 그러나 그 외 모든 음식점에도 레스토랑의 특징이 확산하면서 고급 요리라는 개념이 프랑스를 넘어 다른 문화권의 음식에도 이어졌다. 이런 현상은 훌륭한 요리에 대한 개념을 넓혀서 레스토랑 요리에도 변화가 생겼고, 그 외 다른 특징적인 변화들이 나타났는데, 그중 하나는 메뉴판과 메뉴판에 쓰인 언어다. 레스토랑에서 사용되는 메뉴판은 프랑스어를 사용하지 않는 나라에서도 흔히 프랑스어가 쓰였다. 그러나 이때부터는 손님이 사용하는 언어에 맞춰서 영어, 독일어, 이탈리아어 등 다양한 언어가 쓰이기 시작했다.

지역 특징과 지역 음식, 지역 전통이 있는 레스토랑은 19세기 초부터 등장했다. 그러나 엘리트층이 이용하는 프랑스식 고급 레스토랑이 아닌, 그 외 다른 레스토랑들을 레스토랑으로 보기 시작한 것은 19세기 말에서 20세기 초부터였다. 뉴햄-데이비스Newnham-Davis 중령은 1914년에 쓴 《런던 미식 가이드Gourmet Guide to London》에서 로마노스Romano's 같은 레스토랑에 대해 호의적인 비평을 썼는데, 로마노스의 셰프는 프랑스 요리에 통달했을 뿐 아니라 다른 나라의 요리에 대해서도 열린 자세를 지녔다고 평가했다.

"그의 주방에서 나온 '무자카스mouzakkas'는 내가 루마니아 부쿠레슈티 밖에서 먹어 본 것 중 최고였고, 그가 만든 나이지리아의 땅콩 수프는 매우 훌륭했다. … 로마노스는 내가 아는 유럽에 있는 레스토랑 중 말레이 커리를 진짜 말레이식으로 요리할 수 있는 유일한 곳이다."

그는 골드스타인스Goldstein's 레스토랑에 대해서도 좋은 평가를 보였는데, 쿠글, 피클, 콘비프, 아몬드 푸딩 같은 음식은 프랑스 사람만 만들 수 있다고 생각했는데, 골드스타인스같이 작은 레스토랑에서 어떻게 그 모든 요리를 만들 수 있는지 신기하다고 표현했다. 소호 지구에 있는 중국 레스토랑과 이탈리아 레스토랑도 프랑스 레스토랑에 견줄 만큼 훌륭하다고 평가했다.

독일과 이탈리아도 영국, 미국과 비슷한 형태로 레스토랑이 발전했다. 즉 파리에서 공부한 셰프들이 프랑스 요리를 선보이는 고급 레스토랑이 먼저 나타났고, 19세기 후반부터 중하층 계급이 이용하는 보편적인 형태의 레스토랑이 나타났다. 독일에서는 카페 로얄이나 델모니코 같은 음식점을 지칭하기 위해 1850년부터 '레스토랑'이라는 단어를 쓰기 시작했다. 이전까지 독일에서 사용되던 용어들은 여관이나 태번을 의미했고, 그런 단어들을 대신해서 적어도 법률 용어에서는 중산층이 이용하는 레스토랑을 가리키는 말로 '가스트빌차프트Gastwirtschaft'나 '가스취테트Gaststätte'라는 단어를 사용했다. 1840년 이후, 베를린, 함부르크, 프랑크푸르트암마인, 뮌헨에는 모두 내로라하는 고급 레스토랑이 있었다. 그런 레스토랑이 많아진 것은 고급 호텔의 증가와도 관련이 있지만, 고급 레스토랑에서 사용되던 메뉴판이나 테이블 서비스 같은 특징이 중산층이 이용하는 음식점으로 전파되는 모습도 나타났다. 한편, 이탈리아는 피자가 길거리 음식에서 일종의 중산층 레스토랑 음식으로 진화한 사례를 보여 준다.

지금의 피자는 지역과 계층을 불문하고 모두가 즐겨 먹는 음식이지만, 200년 전까지는 이탈리아 빈민층이 주로 먹던 음식에 속했다. 피자가 길거리 음식에서 제대로 된 식당에서 먹는 음식으로 바뀐 것은 외식 문화에 큰 변화를 가져온 일대의 사건이라 할 수 있다.

실내에서 먹는 형태의 피자 가게는 기록상 1799년에 최초로 등장한다. 당시 피자 가게를 운영하고 있던 제나로 마젤로라는 사람은 나폴리를 점령하고 있던 프랑스군들이 돈을 내지 않고 피자를 먹는 바람에 수입이 적어졌고, 임대료를 내지 못해 빚을 지게 되었다. 그래서 정부에 관대한 처분을 구하게 되었다. 그 과정에서 정부 기록에 등장하게 된 것이다. 1807년 나폴리에는 피자 가게 55곳이 운영되고 있었는데, 이 기록은 피자 가게가 세금을 내고 있던 기존 사업이 아닌, 새로운 업종이었기 때문에 정부에서 따로 관리하는 차원에서 만들어졌다.

당시의 기록을 보며, 피자 가게를 운영한 사람들은 내장 요리 음식점, 과일 행상과 더불어 사업 위치상 가장 낮은 단계로 그려진다. 피자 가게를 여는 사람들은 대부분 내세울 만한 배경이 없었고, 사업을 운영한다는 것은 경제적으로 한 단계 올라서기 위한 디딤돌임을 의미했다. 피자 가게 주인과 길에서 피자를 파는 행상이 위탁판매 형태로 동업을 하는 경우도 있었다. 행상이 피자 가게에서 피자를 받아 와 길에서 피자를 파는 형태를 말하는데, 피자 행상은 길거리를 돌아다니며 피자를 판다고 외쳤고, 손님이 오면 그 자리에서 나무 도마를 꺼내 피자를 잘라 팔았다. 이런 피자는 대체로 위생 상태가 좋지 않아서 콜레라를 일으키는 주범이 되기도 했다. 어떤 피자 가게 주인은 피자를 데워서 파는 방법을 행상에게 제공했다. 하지만, 제대로 된 피자 배달 서비스가 나온 것은 그로부터 2세기가 더 지나서였다. 일반적으로 피자 가게 안에서 먹는 피자가 훨씬 괜찮은 피자로 여겨졌다.

여성들이 피자 사업에 뛰어들기도 했는데, 법적으로는 미망인, 미혼녀, 혹은 남편의 동의하에서만 피자 가게를 운영할 수 있었다. 때로는 피자 가게 종업원으로 피자를 서빙하거나 반죽을 만들고, 판매 장부를 기록했다. 피자 가게나 행상 말고도 피자를 즉석에서 구워 파는 노점도 있었다. 이런 노점을 운영하는 여성들은 주로 휴대용 화덕을 설치해서 피자를 구워 팔았다. 이런 노점 형태는 정부의 규제를 받지 않고 세금을 내지 않는 지하 경제에 속했지만, 여성들의 소득원으로 중요한 역할을 했고, 로컬 피자가 발달하는 통로가 되기도 했다. 사실 그런 여성들이 오늘날과 같은 다양한 피자 전문점의 탄생을 이끈 숨은 공신이라 할 수 있다.[27]

레스토랑이 출현하면서 태번, 카페, 여관에서도 레스토랑 요리가 등장한 것처럼, 피자도 피자 가게가 아닌 곳에서 판매되기 시작했다. 가령, 마카로니를 팔던 레스토랑에서 메뉴에 피자를 추가하고, 와인만 팔던 가게에서 테이블을 더 추가해 피자 오븐을 설치하고 피자를 팔기도 했다. 피자 가게에서 가장 관리가 힘들고 말썽을 잘 일으키는 부분은 피자 오븐이었다. 오븐을 설치하려면 기존 구조물을 개조하거나 아예 새로 만들어야 했는데, 환기 장치가 제대로 설치되지 않거나 관리를 잘 못 하면, 불이 나거나 연기가 많이 날 수 있어서 문제를 일으킬 소지가 많았다. 따라서 19세기 피자 가게 주인들은 안전상, 그리고 건강상의 이유로 자주 환기 시설을 점검해야 했다. 이런 가게들은 지금으로 보면 대부분 '복합 용도 개발'이 이루어지는 지역에 있어서 이웃의 항의가 잦았다. 그러나 도시 내 근거리 생활권 안에서 식사와 노동, 일상생활이 모두 이루어졌기 때문에

프란치스코 드 부르카르(Francesco de Bourcard) '나폴리의 피자 상인' (1853년)

이웃의 그런 항의조차 도시 삶의 일부로 여겨졌다.

　어떤 피자 가게는 오전부터 문을 열고 늦은 아침을 제공하기 시작했고, 자정까지 문을 열어 두는 곳도 많아졌다. 보통 이런 곳은 주방과 식당이 분리되어 있지 않아서 가게를 방문한 손님들은 주문과 동시에 피자가 만들어지는 과정을 지켜보곤 했다. 피자를 먹는 손님은 다양한 계층으로 구성되었다. 그러나 그 손님들이 모두 같은 곳에서 피자를 사 먹지는 않았다. 빈곤층은 주로 노점을 이용했고, 경제적으로 더 여유 있는 사람들은 가게에서 먹는 피자집을 이용했다. 노동자 계층이 이용하는 피자 가게는 미국, 북유럽, 아시아의 많은 카페나 간이식당처럼 음식이 나오면 카운터에서 바로 먹는 형태로 운영되었기 때문에 의자가 없는 곳도 많았다(역사적으로나 세계적으로 앉아서 음식을 먹을 수 있는 것은 일종의 특혜였다). 레스토랑의 규모에 따라 다르기는 하지만, 중산층 가족은 종업원의 서비스를 받으며 주방과 분리된 식당이 있는 곳에서 피자를 먹었다. 노동자 계급과 중산계급이 같이 이용하는 피자 전문점도 있었다. 나폴리의 유명 피자점인 포르탈바Port'Alba에는 서서 먹는 아래층과 앉아서 먹는 위층으로 구분되어 있어서, 가격이 더 저렴한 아래층은 주로 학생들과 노동자가 이용하고, 위층은 중산층이 이용했다. 심지어 왕족도 피자의 매력에 빠졌던 것으로 보인다. 기록에 따르면, 이탈리아 사보이 왕가의 여왕 마르게리타는 1889년 나폴리를 방문했을 때, 라파엘레 에스포지토가 운영하는 나폴리의 한 피자집에서 피자를 먹고 아주 만족스러워했다. 이탈리아 국기에 들어가는 색을 이용해서 만들어진 그 피자는 마르게리타 여왕의 이름을 따서 '마르게리타 피자'로 불리게 되었다. 그 시기 피자 가게는 노동자 계급이 사는 지역뿐 아니라 도시 전역에서 볼 수 있었다.**28**

피자 가게는 두 가지 형태, 즉 테이크아웃 음식점과 풀 서비스를 제공하는 레스토랑으로 발달하여 이탈리아 이민자들을 따라 세계 곳곳으로 퍼져 나갔다. 남부 이탈리아 출신의 이민자들이 뉴욕에 정착하면서 맨해튼 섬 동쪽의 이스트사이드와 할렘 지역에 테이블 한두 개가 놓인 작은 피자 가게를 열고 피자, 와인, 맥주를 팔았다. 미국의 피자 산업은 이탈리아에서처럼 노동자 계급에서 시작해 중산층 계급으로 확대되었는데, 가장 먼저 집시들이 피자 가게를 애용하기 시작했고, 1915년부터 출퇴근하는 사무직 종사자들도 뉴욕 거리

에 있는 피자 전문점의 단골손님이 되었다.**29**

🍴 노동자 계층의 레스토랑

빈곤층도 중산층과 비슷하게 19세기 중반부터 레스토랑에서 밥을
먹는 문화가 시작된 것으로 보인다. 빈곤층이 이용하는 시설은 거의
셀프서비스로 운영되었고, 나오는 음식이 주문 즉시 요리되는 방식
이 아닌 곳도 있었다. 1850년 필라델피아에서 독일어로 쓰인 한 소
설을 보면, 카페테리아와 태번, 테이크아웃 판매점을 섞어 놓은 듯
한 음식점을 자세히 묘사하고 있는데, 당시 빈곤층이 이용하는 식당
의 모습을 엿볼 수 있다. 아일랜드 사람이 운영하는 마이크 클랩만
스Mike Clapmann's 레스토랑은 도시 변두리 지역에서 흑인과 백인 손님
을 대상으로 독일 음식을 팔았다.

> 식당이 있는 앞쪽 룸에 가면 식당 내부의 특이한 모습에 놀란다. 체스넛
> 가의 고급 레스토랑에서 볼 수 있듯이 테이블 위에 각종 접시가 가득했
> 다. 차이점이 있다면 음식의 종류와 그 음식들이 담긴 그릇, 음식이 나오
> 는 방식이 다르다는 점이다. 커다란 질그릇 스무 개가 두 줄로 나란히 놓
> 여 있고, 그릇마다 커다란 양철 국자가 꽂혀 있었다. 첫 번째 그릇에는 소
> 금에 절인 돼지고기 무릎도가니, 두 번째 그릇에는 내장탕, 돼지고기와
> 양배추 절임, 네 번째 그릇에는 흰강낭콩, 다섯 번째 그릇에는 완두콩 수
> 프, 여섯 번째 그릇에는 사과 잼, 일곱 번째 그릇에는 으깬 당근과 감자,

여덟 번째 그릇에는 자두 잼, 그 외 다른 그릇에는 굴, 여러 종류의 생선과 고기, 튀긴 간, 껍질째 삶은 감자, 마지막으로 과일 파이가 있었다.[30]

이 식당에서 음식을 먹는 방식은 두 가지였다. 집에서 가져간 접시에 식당 음식을 담아 오거나 가게에 있는 접시로 가게 안에서 먹었다. 가격은 한 국자당 1센트였는데, 이렇게 양으로 가격을 매기는 방식은 저렴한 레스토랑에서 주로 사용되었고, 이후로도 쭉 인기를 끌었다.

주방이 따로 없는 대도시 빈민가 공동주택에서 생활하는 사람들은 대부분 테이크아웃 음식점에서 음식을 사 먹었다. 어떤 면에서 19세기 미국 도시의 삶은 11세기 카이로의 삶과 다르지 않았다. 이름만 다를 뿐 일종의 쿡숍이 가장 일반적인 식당 형태였기 때문이다. 공동주택, 하숙집, 값싼 굴 요리점 안에 작은 태번이나 식당이 딸린 곳도 있었다.

길거리에서 사 먹는 형태의 음식도 많았는데, 그 대표적인 예가 피시 앤 칩스fish and chips다. 영국을 대표하는 음식인 피시 앤 칩스는 처음에 생선튀김과 감자튀김으로 따로 출발했다. 생선튀김은 생선 장수가 펍을 돌며, 혹은 길에서 튀긴 생선과 빵을 팔던 데에서 시작했고, 감자튀김은 가정집에 딸린 점포에서 감자요리를 팔던 데서 시작했다. 감자튀김은 싼값에 살 수 있는 라드 기름에 튀겨서 돈 없는 손님들이 주로 사 먹었고, 생선튀김처럼 신문에 싸서 점포 뒤쪽에서 먹거나 포장해서 갔다. 두 요리가 언제 하나로 합쳐졌는지는 알 수 없지만, 1864년 런던에 문을 연 조셉 말린Joseph Malines의 가게가 피시 앤 칩스를 판매한 최초의 식당으로 알려져 있다. 당시 생선은 저인 망 어선의 발명과 얼음을 이용한 포장 기법이 확대되면서 싼값에 구하기가 쉬워서 빈곤층과 노동자 계층의 좋은 먹거리가 되었다.

식자재를 구하고 운송하는 비용이 저렴해지면서 요리의 스펙트럼도 넓어졌다. 그 대표적인 예가 고급 요리와 저가 요리에 모두 이용된 굴이다.

미국의 굴 요리

미국계 영국인 T. S. 엘리엇의 〈J. 알프레드 프루프록의 연가〉에서 등장하듯이 굴 요리점은 실제로 음침한 장소에 있는 곳이 많았다.

> 우리 갑시다, 반쯤 버려진 어느 거리를 통해,
> 싸구려 일박 여인숙에서 보내는 불안한 밤과
> 굴 껍데기가 흩어진 레스토랑을 지나
> 음흉한 의도로
> 지루한 논쟁처럼 이어지는 거리들

굴 전문점은 건물 지하에 위치하는 때가 많았다. 굴의 신선도를 유지하려면 시원한 장소가 필요했고, 얼음이나 냉방 시설을 관리하기에는 지하가 더 편했기 때문이다. 하지만, 지하 공간은 세련되지 못하고 지저분한 곳이 많았다. 굴 요리점은 대부분 테이블 서비

스가 없는 반면, 중요한 역할을 하는 종업원이 있었다. 굴 요리점에
서는 주문이 들어오면 굴 껍데기를 벗겨서 손님에게 가져오는 일을
종업원이 맡았다. 굴 요리점에서는 보통 맥주와 와인, 독한 양주를
팔았는데, 장소에 따라 바텐더가 바에서 내어 주거나 종업원이 가
져왔다.

　당시 대부분 굴 요리점은 부유층이 즐겨 찾는 곳은 아니었다.

키스톤 뷰(Keystone View Co). 〈미국 메릴랜드 볼티모어의 오이스터 하우스〉 1905년경 입체사진.

M. 파놀리(M. Fanoli), 리차드 캐톤 우드빌(Richard Caton Woodville) 〈오이스터 하우스에서의 정치〉 1851년 석판화.

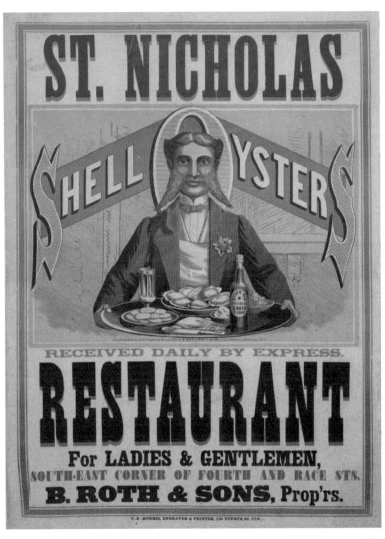

찰스 N. 모리스(Charles N. Morris) 〈매일 배송되는 세인트 니콜라스 레스토랑의 굴〉 1873년경 칼라 판화.

워커 에반스(Walker Evans) 〈뉴욕 2번가의 점심〉 1931년 젤라틴 실버 프린트.

아장스 롤(Agence Rol) 〈1912년, 레스토랑의 저녁 파티〉 1912년 사진.

하지만, 뉴욕에 있는 토마스 다우닝 오이스터 하우스Thomas Downing's Oyster House는 중상류층에게도 좋은 평판을 얻었다. 이곳을 운영한 다우닝은 사업을 시작할 때부터 굴에 관한 상당한 지식을 쌓고, 최상의 굴 요리를 제공하기 위해 큰 노력을 기울였던 것으로 보인다. 아프리카계 미국인인 다우닝은 버지니아주에서 나고 자라면서 굴 조업 현장을 주변에서 늘 경험하면서 자랐다. 1819년 뉴욕으로 온 그는 처음에 굴 판매 사업을 시작했다. 처음에는 허드슨강에서 채집한 굴을 팔다가 치열한 굴 사업 시장에서 꽤 성공을 거두었고, 좀 더 비싼 건물을 사들여서 굴 전문 레스토랑 열었다. 지하실에는 유수 시설을 설치해서 굴 요리의 생명인 신선도를 유지했다. 최상의 굴 요리를 내기 위한 꾸준한 그의 노력 덕분에 레스토랑은 빠르게 번창했다.

아장스 롤 〈라 샤미노트(La cheminotte) 레스토랑의 내부〉 1921년 사진.

    다우닝은 1835년까지 그의 레스토랑에서 판매하는 굴을 일부나마 직접 채취했다. 그 외에도 뉴욕에 있는 다른 굴 업자들과 유대 관계를 구축하고, 굴 감별사로도 명성을 쌓았다. 그는 늘 최상급 굴을 매입하기 위해 이른 아침 선착장에 나가 굴을 조업해서 들어오는 배에 올라갔다. 직접 맛을 보고 최상품을 골라 자신의 배에 옮겨 놓은 다음에는 굴 업자들을 돕는 차원에서 나머지 굴이 판매되는 경매소에 가서 품질이 약간 떨어지는 굴도 좋은 값에 팔리도록 흥정을 도왔다. 이런 모습 덕분에 그는 업자들 사이에서 늘 인기가 많았고, 뉴욕에서 가장 좋은 굴을 판매할 수 있었다.

    다우닝 레스토랑의 굴 요리는 찰스 디킨스, 빅토리아 여왕을 비롯해 지금은 기억 속에서 희미해진 유명 뉴요커들의 사랑을 받았다. 델모니코 레스토랑처럼 다우닝 레스토랑도 나중에는 여성과 상류층 고객의 취향에 맞추어 화려한 거울과 커튼, 샹들리에로 인테리어를 꾸몄다. 메뉴도 처음에는 껍데기를 발라내거나 발라내지 않은 생굴 요리로만 팔다가 다양한 형태의 요리가 추가되었다. 다우닝은 특히 사업가나 정치인이 찾아올 때면, 굴 선별 작업에 들이는 노력만큼 자리 배치에도 신경을 썼다. 노예 폐지 운동 같은 정치와 사회운동에도 적극적으로 참여했다.

　미국 동부 해안의 굴 요리점들이 굴 양식장의 굴이 동이 날 정도로 인기가 많았다면, 서부 산악 지대에 있는 굴 요리점들은 다른 굴 요리로 호황기를 누렸다. 이름하여 '로키산맥 굴 요리'라고 하는 이 요리에 사용되는 굴은 진짜 굴이 아니다. 가장 가까운 곳도 태평양 연안에서 800킬로미터 이상 떨어진 로키산맥에서 진짜 굴을 구하는 일은 당연히 쉬운 일이 아니다. 로키산맥 굴 요리는 사실 양, 소, 돼지의 고환을 튀겨서 만든 요리다. 하지만, 골드러시가 한창이던 1840년~1880년 사이 로키산맥 광산촌 일대에 자리 잡은 레스토랑에서는 바다에서 나는 진짜 굴이 터무니없이 비싼 값에도 잘 팔리던 시기가 있었다. 굴 요리는 광고와 신문 기사에 등장하고, 샴페인과 나란히 메뉴판에 올랐다. 이때 굴 하나가 1달러였는데, 현재 가치로 계산하면 30달러 정도에 해당한다. 통조림 굴이 아니라, 굴 공급업자들의 주장대로라면 여기서 말하는 굴은 싱싱한 생굴을 말한다. 가격이 비싼 것도 운송비가 그만큼 많이 들었기 때문이다. 그렇다면 어떻게 그 먼 거리로 싱싱한 굴을 운송할 수 있었을까? 당시 철도를 이용한 운송 체계가 발달해 있고, 포장 기술이 개발되었으며, 새로

벤 샨(Ben Shahn) 〈뉴올리언스 레스토랑〉 1935년 사진.

운 냉장 보존법이 나온 덕택이다.

굴은 껍데기째 포장하거나 굴 알맹이만 용기에 담아 물을 채워 밀봉했다. 밀봉한 굴은 더 큰 나무통에 넣고 얼음을 채워 넣었다. 이렇게 얼음을 채워서 알맹이로만 판매한 굴은 일주일에서 한 달까지 신선하게 보관할 수 있어서 상품성이 좋았다. 한 달이면 동부 해안에서 콜로라도까지 충분히 운반할 수 있었다. 껍데기째 있는 굴은 30갤런짜리 통에 담겨 왔다. 이때 굴 껍데기가 벌어지지 않도록 통을 흔들어서 굴을 꽉 채워 놓고 입구 부분을 단단하게 밀봉했다. 이렇게 포장한 굴은 운송 과정에 특별한 문제만 생기지 않으면 두 달까지 보관할 수 있었고, 기차를 이용해 미국 전역으로 팔려 나갔다.

광산촌을 대표하는 음식이 된 굴 요리는 간단히 껍데기에 담겨 나오거나 튀긴 굴과 베이컨으로 만든 행타운 프라이hangtown fry같이 화려한 요리로 만들어졌다.

광부들의 경우, 동부에 있었다면 다우닝 레스토랑보다 허름한 식당에서 밥을 먹었을 계층이 많았다. 그러나 갑자기 많은 돈을 벌게 되면서 과시적 소비의 하나로 굴 요리를 찾는 사람이 생겼다. 그래서 가격이 터무니없이 오르고, 나중에는 통조림 굴을 굴 껍데기에 올려놓고 생굴이라고 속여 파는 가게도 생겼다. 톱밥 깔린 지하 식당에서 굴을 먹는 노동자, 광산 옆에서 30달러짜리 굴을 먹는 광부, 벨벳 의자에 앉아 고급 굴 요리를 먹는 상류층 부인에 이르기까지 지역적인 차이는 있지만 19세기에는 이렇게 다양한 계층의 사람들이 레스토랑을 이용했다. 이때부터 레스토랑이 어느 한 장소에서 고객층을 형성할 때, 실내장식과 메뉴, 서비스 방식을 고려해 더 다양한 형태로 발달하는 모습을 볼 수 있었다. 다음 장에서는 계속해서 델모니코 형제와 토마스 다우닝이 생각한 요리의 중요성과 그 요리의 지휘자인 셰프들에 관해 살펴보도록 하겠다.

4장

메뉴와 요리사

"손님은 요리와 디자인을 동시에 받는다."

스페인의 전설적인 레스토랑 엘불리elBulli의 셰프인 페란 아드리아Ferran Adria는 이렇게 말한다.[1] 요리와 디자인은 대부분 레스토랑에서 셰프의 손을 거쳐 탄생한다. 왕족의 요리를 책임졌던 요리사로 시작된 파리의 초기 레스토랑에서 이민자들이 세운 현대식 레스토랑에 이르기까지 주방을 운영하는 사람들은 대개 레스토랑의 중심으로 여겨졌다. 유감스럽게도 오늘날에는 '셰프'라고 하면 '유명인'이라는 이미지가 먼저 떠오른다. 셰프라는 직업을 가진 사람들은 21세기 미디어의 홍수 시대에 사는 우리에게 미디어에 자주 모습을 비치고 퍼포먼스를 보여 주는 사람들이라는 인식이 강하다. 이런 우상화 현상은 새로운 것이라기보다는 전시대에 걸쳐 존재했지만, 한편으로 셰프들의 혁신적이고 창조적인 작업의 가치를 흐려 왔다. 이번장에서는 5세기에 걸쳐 요리의 세계를 이끌어 온 다섯 명의 셰프를만나 볼 것이다. 요리사와 메뉴는 보통 불가분의 관계에 있고, 그 레스토랑의 정체성을 결정한다는 점에서 요리사가 제공하는 요리가곧 그들이 고객을 바라보는 시각과 주방을 이용하는 방식, 음식을준비해 온 과정을 이해하는 토대가 될 것이다.

● 일본의 찻집 문화와 메뉴의 발달

1650년대 일본 교토의 부자들은 찻집에 자주 드나들었다. 그들에게 차를 마시는 일은 일종의 의식에 가까워서 초대받는 손님이 정해져 있었고, 특정한 절차에 따라 행해졌다. 이런 모임에서 가장 중요한 역할을 한 것이 다도茶道였지만, 음식도 중요한 부분을 차지했다. 당시 교토에는 3대 찻집이 있었다. 유명한 찻집들은 정성 들여 준비한 요리도 제공했는데, 손님들은 특별한 서비스를 받으며 조용한 분위기에서 식사를 즐길 수 있었다. 일본의 다도 문화는 센 리큐利休(1522~1591)에 의해 개발되었다. 오늘날 우리가 접할 수 있는 다도 문화는 그의 세 아들이 이어받아 각기 다른 형태로 전승 발전시킨 것이다. 리큐의 자손들인 센 소사, 센 소슈, 센 소안은 각각의 다도 예법을 개발하여 제자들을 가르치고 후계자를 양성했다. 각 예법은 그것을 개발하고 발전시킨 사람의 이름을 따라 각기 다른 유파流派로 분류되는데, 저마다 독특한 방식으로 발전된 요리 비법을 가지고 있다.[2] 각 유파는 제공되는 음식의 종류도 다르고, 국물 내는 법, 우엉 다듬는 법, 감각적으로 플레이팅하는 법 등 요리 준비 과정에서도 차이가 난다. 일본의 다도 문화를 정립한 다인茶人들은 음식 재료와 음식을 먹는 사람의 경험을 대하는 태도를 통해 요리사가 어떤 일을 하는 사람인지에 대한 관점을 제공했다.

일본 다인들이 개발한 요리 일부는 초기 형태의 음식점에서 나왔다. 과거 일본 사람들이 다과나 음식을 먹기 위해 찾던 곳은 두 종류였는데, 하나는 가이세키 요리를 제공하는, 요즘 레스토랑에 좀 더 가까운 형태의 음식점이다. 다른 하나는 찻집이다. 16세기에 나타난 문화적 변화로 초기 다도 문화에서 볼 수 있던 간결함과 검소함은 세심하게 준비하는 잔치 요리로 변화해 가이세키 요리가 등장하는 토대를 마련했다. 하지만, 이런 변화는 교토와 에도(도쿄의 옛 이

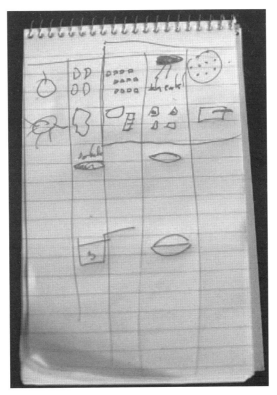

페란 아드리아가 2011년 9월 29일 노트에 그린 그림. 그의 음식 메
뉴와 요리 체계가 어떻게 구성되었는지 엿볼 수 있다.

름)에서 다르게 나타났다. 일본의 식당은 대부분 17세기 후반 고급
찻집 문화와 저급 찻집 문화에서 영향을 받았지만, 일본에서 가장
유명한 요리사로 알려진 사람들은 교토와 에도의 고급 찻집에서 일
했던 사람들이다.[3] 교토와 에도의 요리는 손님의 사회적, 경제적 지
위를 반영하여 그들의 취향에 따라 다르게 발전했다. 교토에서는 유
파의 종류와 관계없이 정갈함과 인상적인 느낌을 중시했다. 에도 요
리는 정갈함을 유지하면서도 손님의 부와 권력을 강조했다.

교토, 메뉴 만들기

10월 17일 정오

미소 된장 코스

　　두부

　　채소

　　어란

절인 야채 코스

시트론 미소 -적갈색 그릇과 연잎 모양 접시 이용

쌀 요리 코스

향나무 판자에 나오는 구이 요리

　　돔 요리

　　굴 요리

　　밤과 파

후식 1

　　구운 떡

　　후추를 넣은 차가운 미소 국, 설탕을 넣은 발효 콩

후식 2

　　감

　　곤포昆布*말이

---

* 　　길이 2~4미터 갈조류의 다시마과 해조.

쿠보 순만(Kubo Shunman) 〈스미다강 변에 있는 찻집의 풍경〉 1788년경, 두 폭 목판화.

이 메뉴는 가이세키가 등장할 무렵 교토의 고급 차 문화 전통에서 발췌한 것이다. 가이세키 전통의 창시자인 센 리큐는 차와 함께 간단한 음식이 포함된 다도 예법을 개발했다. 그가 죽고 난 후에도 그가 개발한 전통은 그의 자손과 다도 예법을 이어받기 위해 들어온 양자들에 의해 계속 이어졌다. 리큐 가문에서 다수의 다도 유파가 나왔는데, 앞에서 언급한 센 소안, 센 소사, 센 소슈에서 4대째에 나온 유파들이 가장 권위 있는 찻집과 요리사, 요리점을 배출하게 되었다. 여기서는 우라센케라는 유파만 좀 더 자세히 살펴보겠다.

우라센케裏千家 유파는 센소우 소우시츠仙叟宗室(1622~1697)에 의해 정립된 유파인데, 센소우는 오늘날 우리가 아는 출장 요리사와 같은

우타가와 구니사다(Utagawa Kunisada), 이치란사이 구니츠나(Ichiransai Kunitsuna) 〈찻집의 궁녀와 게이샤〉 1844년 이후, 세 폭 다채색 목판화, 종이에 먹과 염료.

개념의 일을 했다고 볼 수 있다. 즉 개인이나 찻집을 대상으로 특별한 날에 먹는 음식을 공급했다. 지금도 일본의 전통적인 찻집은 음식을 공급해 주는 외부 요리사를 주로 이용하는데, 고객이 메뉴판에서 음식을 선택하면, 요리사에게 주문이 전달되고, 행사 시간에 맞춰서 음식들이 코스별로 준비되어 나온다. 가이세키는 특정 순서로 된 6~8개 코스 요리와 전통 요리로 구성되어 발전했지만, 센소우는 이 전통을 확립한 사람 중 하나라서 처음에는 지금보다 체계가 덜 잡혀 있었다.

센소우는 음식은 무엇보다 그 음식을 먹는 계절과 먹는 사람, 모임의 성격에 맞아야 한다고 생각했다. 따라서 손님들이 그런 점들을 의식할 수 있도록 감각적, 역사적, 언어적 메시지를 전달하는 재료와 그릇을 선택했다. 예를 들어 새로운 차를 소개하는 자리에서는 전통적으로 새해를 기념할 때 먹는 가재 요리와 떡을 준비했다.

혹은 그의 증조부인 센 리큐가 사용한 둥근 벚나무 잎과 꽃 모양 쟁반 중간에 독특한 모양의 붉은 직사각형 접시를 놓는 방식으로 시각적 다양함을 추구하는 그릇을 사용했다. 즉 모임의 성격에 맞는 음식과 축하연을 경험하게 하고, 다도의 오랜 역사에도 주목하게 하는 것이다.

앞서 언급한 메뉴에는 '행운'의 의미가 담겨 있다. 센소우는 행사의 기본 틀을 세우고, 테마를 강조하기 위해 요리 형태에 언어유희를 녹여 사용했다. 가령 미소 국에는 보통 두 가지 재료가 들어가지만, 이 메뉴에는 세 가지 재료를 포함해 풍요를 기원했다. 후식으로 나오는 메뉴는 짭짤한 맛의 발효된 검은콩과 달콤한 흰 떡이 대조를 이루어 다채로운 맛을 선사한다. 마지막 코스의 '곤포'는 일본어로 '코부こぶ'라고 하는데, '축복하다', '기뻐하다'라는 의미의 '요로코부よろこぶ'와 같은 발음으로 끝난다. 일본 시에서 자주 사용되는 이런 언어유희는 고급 요리 메뉴에서도 흔히 볼 수 있었다.[4]

센소우는 정통 다인으로서 한자리에서 음식을 먹는 사람들은 경험과 기억을 나눈다고 생각하여 사람들 간의 교감을 중시했다. 음식은 그 음식을 먹는 사람들이 공유한 과거의 추억과 현재의 모습을 동시에 드러나게 해 주는 역할을 해야 했다. 그는 일본은 물론 전세계에서 인정받는 고급 요리의 모델을 제시했다고 할 수 있다. 특히 미적, 정서적 효과를 연출하기 위해 음식의 색과 식감을 비교·대조함으로써 음식에 다양한 변화를 주고, 플레이팅, 음식 간의 조합, 특정 음식에 대한 사람들의 기대를 활용했다. 앞으로 더 살펴보겠지만, 음식을 만들 때 어떤 행사를 위한 것인지에 주목하고, 미각적,

시각적 기대를 교묘하게 활용하는 방법은 400년 뒤에 등장하는 페란 아드리아 같은 셰프의 테이스팅 메뉴tasting menu*에서도 그대로 나타났다.

◐ 에도 요리

교토의 전통 식사가 코스 요리로 된 잔치 음식에 가까웠다면, 에도 요리는 고급스럽고 세련된 느낌이 강했다. 에도의 고급 요리는 무사

토토야 호케이(Totoya Hokkei) 〈꽃병과 칼〉 1816년 다채색 목판화, 종이에 먹과 염료.

---

*   한 접시에 다양한 메뉴를 시식해 볼 수 있도록 구성된 식사.

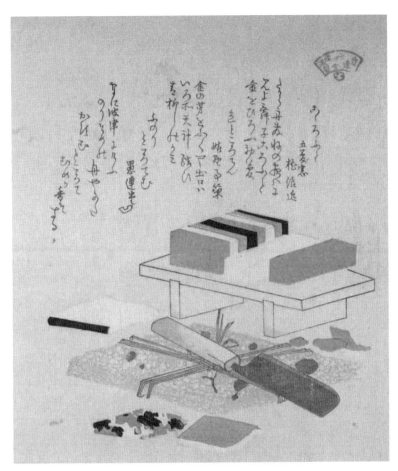

쿠보 순만 〈해초와 주방 도구〉 1800년대, 목판화 앨범 일부, 종이에 먹과 염료.

계급을 비롯해 지방의 영토를 다스리며 권력을 누린 '다이묘'라는 지배 계급을 위한 음식으로 시작했다. 에도의 지배 계급이 다도 음식에 관심이 높았던 것은 교토의 전통에서 시작되었다. 그러나 그들은 구체제 안에서 자신들의 지위에 정당성을 부여하기 위해 과시적인 성격의 새로운 요리를 만들어 냈다. 교토와 에도의 전통은 레스토랑이 인기를 오르내리며 소비되는 방식의 두 가지 사례를 보여 준다. 몬테카를로의 그랜드 호텔 같은 곳이 화려함을 대표했다면, 일본의 전통 요리는 절제미를 보여 준 파리의 초기 레스토랑과 유사했다.

고보리 엔슈小堀遠州는 에도 요리 확립에 중요한 역할을 했다. 그는 고급 음식 재료가 들어가는 많은 코스 요리를 개발했고, 직접 주문 제작한 도자기 그릇을 사용했으며, 어떤 경우에는 그릇에 이름을 붙여서 사용했다. 생선, 조개류, 가금류 고기를 한 번에 내는 독특한 방식을 선보였으며, 50여 가지의 잉어 손질법을 개발했다. 센소우의 요리가 음식에 따라 먹기 좋은 온도로 따뜻하거나 차가운 상태로 나왔다면, 엔슈의 요리는 19세기 말까지 유럽 요리에서 볼 수 있던 형태와 비슷하게 온도 면에서는 큰 주의를 기울이지 않았다. 당시에는

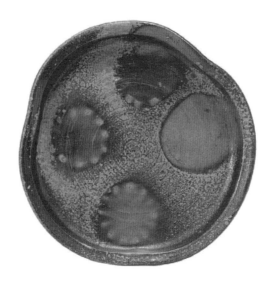

17세기 초에 사용된 둥근 무늬 사기그릇, 비젠야키(Bizen ware, 備前焼)_유약을 바르지 않은 일본식 도자기.

히시카와 모로노부(Hishikawa Moronobu) 〈여낭옥(女郎屋)의 부엌〉 1680년경 흑백 목판화, 종이에 먹과 염료.

히시카와 모로노부 〈여낭옥(女郎屋)의 연회〉 1680년경 흑백 목판화, 종이에 먹과 염료.

차가운 음식이, 음식을 요리하는 부엌이 음식을 먹는 장소와 멀리 떨어져 있다는 의미로 해석되었기 때문에 부의 상징으로 여겨졌다.[5]

일본의 근세 시대 다인들은 21세기로 이어진 요리의 사회학적인 측면을 미리 보여 주었다고 할 수 있다. 그들은 문화적 요구와 고객, 그리고 그 고객의 감각적 경험에 부응하는 요리를 만들었다. 레스토랑 요리의 핵심은 음식의 맛을 넘어서 음식에 대한 경험 전반에 주목하는 것이다. 즉 시각적 요소를 비롯해 음식을 내는 방법, 다른 메뉴와의 조합, 적절한 서비스 같은 측면이 레스토랑 음식과 일상적으로 집에서 먹는 음식과의 차이를 만든다. 레스토랑에서 음식을 먹는다는 것은 경험적인 행위이며, 특히 미적 경험을 동반하는 경우가 많다. 심지어 피클 한 접시에서도 미적 경험은 이루어질 수 있다!

우타가와 히로시게 〈히로코지의 찻집〉 1835년~1842년, 다채색 목판화, 종이에 먹과 염료.

🍴 알렉시스 소이어와 오귀스트 에스코피에
– 현대식 주방의 개척자

알렉시스 소이어Alexis Soyer(1810~1858)와 오귀스트 에스코피에Auguste Escoffier(1846~1935)는 유럽과 아시아의 수많은 전임자를 제치고 '유명 셰프'라는 타이틀을 최초로 얻은 인물들이다. 그들이 레스토랑 역사에 어떤 공로를 남겼길래 그런 명성을 얻게 되었을까? 무엇보다 그들은 레스토랑에서 음식을 요리하고 먹는다는 것의 의미를 크게 바꾸어 놓았다. 주방을 조직화하고 활용하는 데 앞장선 그들의 공로는 오늘날의 레스토랑 주방에서도 여전히 굳건하게 활용되고 있다.

19세기 유럽의 요리사들은 다른 분야의 직업인들보다 수명이 짧았다. 채소와 고기가 보존되는 기간도 오늘날과 비교하면 더 짧았다. 요리사와 요리 재료의 수명이 짧았던 이유는 주방 기술에서 답을 찾을 수 있다. 즉 요리사의 사망률이 높았던 것은 그들이 화석 연료에 지속해서 노출되었기 때문이고, 식자재가 빨리 부패한 것은 냉장 기술이 부족했기 때문이다. 19세기 과학자들이 주방의 혁신을 이끈 주역이었다면, 그 주방을 직접 운영하고 이끈 요리사들도 주방에 관한 한 일종의 숨은 발명가였다. 사실 소이어와 에스코피에는 훌륭한 요리와 미식가, 특이한 삶의 관점에서 자주 언급된다는 점 외에도 레스토랑 요리를 더 풍성하게 만들고, 디테일과 재료, 창의적인 관리 기법에 주목해 주방 기술을 혁신적으로 앞당겼다는 점에서 공로가 크다.

알렉시스 소이어는 10대 때인 1820년대에 파리 레스토랑에서 쌓

E. 투코비츠(E. Tutkovits) 〈그랜드 브라서리 레스토랑(Grande brasserie restaurant), 독일 스트라스부르 발스하임〉 20세기 초, 엽서.

은 경험을 토대로 런던 리폼 클럽Reform Club의 주방장이 되었다. 요리사로서 오랫동안 독창력을 발휘해 왔던 그가 현대식 주방을 개발하는 큰 과업을 이룰 수 있었던 것은 무엇보다 리폼 클럽의 주방장이라는 지위에 있었기 때문이다. 리폼 클럽은 의회 개혁 운동을 계기로 설립된 정치 클럽으로, 1837년 소이어를 고용하면서 동시에 클럽 건물을 짓기 시작했다. 소이어는 건축가와 합작하여 당시로 보면 초현대적인 주방을 설계했는데, 그중 가장 심혈을 기울인 부분은 온도 시스템이다. 열을 최대한 효율적으로 사용하기 위해 리폼 클럽 주방의 오븐을 물을 끓이는 화로, 수플레 오븐, 찜기 옆에 배치했고, 주방에서 나오는 열기를 모아 온도를 따뜻하게 유지해야 하는 곳에 반사해 주는 금속 차단막도 개발했다. 생선과 채소의 신선도를 유지하기 위해 대리석과 세라믹으로 된 보드 위아래로 얼음물이 흐르게

CHARCOAL STOVE AND HOT PLATE.

KITCHEN TABLE AND HOT CLOSET.

Fig. 2.—SECTIONAL VIEW OF THE KITCHEN DEPARTMENT OF THE REFORM. CLUB

'리폼 클럽 주방도' 〈더 빌더(The Builder)〉 vol. IV (1846년 7월 18일) 삽화.

하는 독특한 장치도 만들었다. 그중에서도 리폼 클럽 주방에서 가장 돋보였던 기구는 가스레인지였다.

소이어가 요리사로 일하던 시대에는 식당 주방에서 일하던 사람들이 이른 나이에 죽는 경우가 많았다(소이어는 48세에 사망했다). 요리사들은 주방에서 사용되는 화석 연료로 줄곧 이산화탄소에 노출되는 환경에서 일했기 때문에 신장병이나 폐 질환 같은 치명적인 병에 잘 걸렸다. 젊은 나이에 사망한 프랑스의 전설적인 요리사인 마리 앙투안 카렘Marie-Antoine Carême 역시 정확히 그 문제와 관련해 유명한 말을 남긴 바가 있다.

"우리는 숯 때문에 죽는다. 하지만 그것이 뭐가 중요한가? 삶이 짧을수록 영광은 높은 법!"**5**

가스 연료는 주방을 좀 더 깨끗하고 안전한 환경으로 만들어 주어 주방의 모습이 한 단계 더 발전할 수 있게 했다.

가스레인지를 처음 만든 사람은 1802년 독일의 자키우스 빈츨러 Zachäus Winzler로 기록된다. 그 후 19세기 초반 여러 과학자와 발명가가 그와 비슷한 발명품을 개발하기 위해 연구에 매진했는데,**7** 그중 제임스 샤프James Sharp라는 사람이 1836년 상업용 가스레인지를 최초로 발명하고 특허를 냈다. 이 시기 리폼 클럽의 주방을 설계하고 있던 소이어도 가스레인지의 장점에 매료되어 그가 준비하고 있던 현대식 레스토랑 주방에 설치하게 되었다.

가스레인지는 온도 조절을 좀 더 쉽게 할 수 있다는 장점도 있었다. 나무와 석탄을 이용한 난로는 19세기 전반에 걸쳐 꾸준히 발전했다. 그 결과 미세하게 온도를 조절하고 유지할 수 있는 기술이 개발되었는데, 이런 기술 덕분에 육수와 루roux를 기본으로 하는 다양한 모체 소스가 만들어질 수 있었다. 당시 프랑스의 레스토랑 요리는 이 모체 소스를 변형해서 만든 수많은 소스가 대부분 요리에 사용되었다. 가스레인지의 발명으로 음식을 만들 때 온도 조절이 더 쉬워졌고, 결과적으로 전 세계 레스토랑과 가정의 취사도구로 선택받을 수 있었다(특이하게도 가스레인지가 처음 생겼을 때 프랑스 요리사들은 가스레인지에 거부감을 느끼고 사용하기를 꺼렸다).

소이어는 리폼 클럽의 주방장으로 일할 때 특히 '불'과 '얼음'을 잘 다룬 것으로 유명하다. 그 외 혁신적인 주방 도구도 많이 개발했다. 그중 싱크대 막힘 현상을 해결한 장치가 눈길을 끈다. 주방에서 사용되는 싱크대는 음식 찌꺼기 때문에 배수관이 막혀 종종 말썽을

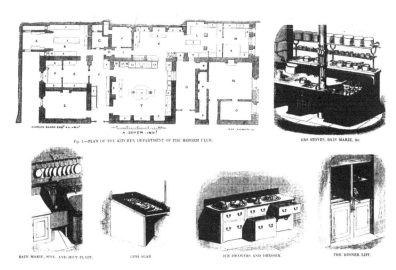

'리폼 클럽 주방도' 〈더 빌더(The Builder)〉 vol. IV (1846년 7월 18일) 삽화.

일으켰다. 그때마다 막힌 배수관을 뚫으려면 보조 요리사들이 찌꺼기를 치우느라 몇 시간씩 애를 먹었다. 소이어는 이 문제를 해결하기 위해 배수관에 여과기를 설치하는, 간단하면서도 획기적인 아이디어를 떠올렸다. 이 여과기 덕분에 싱크대에서 음식 찌꺼기가 걸러져서 배수로가 막히는 일이 줄어들었다. 한 가지 더 덧붙이자면, 주방용 타이머도 그의 작품이다.

🍴 알렉시스 소이어의 메뉴

Potage à la Comte de Paris. (파리스 백작의 포타주)

Potage à la purée d'Asperges. (아스파라거스 퓌레 수프)

Saumon de Severne à la Mazarin. (마자랭 케이크와 세번강 연어)

Rougets gratinés à la Montesquieu. (샤를 드 몽테스키외의 숭어 그라탱)

Le Chapon farci de Foie gras à la Nelson. (넬슨의 닭고기 파르시* 푸아그라)

Saddleback d'Agneau de Maison à la Sévigné. (세비녜의 가정식 양고기)

Les Olives farcies. (올리브 파르시)

Salade d'Anchois historiée. (안초비 샐러드)

Thon mariné à la Italienne. (이탈리아식 마리네이드 참치)

Sardines à l'Huile de Noisette. (견과류 오일을 첨가한 정어리)

Sauté de Filets de Volaille à l'Ambassadrice. (대사 부인의 치킨 필레 볶음)

Petites Croustades de Beurre aux Laitances de Maquereaux. (고등어 크루스타드**)

Cotelettes de Mouton Galloise à la Reforme. (웨일스산 양갈비)

Turban de Ris de Veau purée de Concombres. (송아지 안심 말이와 오이 퓌레)

Les Dotrelles aux Feuilles de Vignes. (포도 나뭇잎과 도트렐레스)

Le Buisson d'Ecrevisse Pagodatique, au Vin de Champagne à la Sampayo. (파고다티크에 가재를 쌓아 올린 요리와 삼파요산 샴페인)

La Gelee de Datzic aux fruits Printaniers. (봄 과일과 다트직 젤리)

Les petits Pois nouveaux à l'Anglo-Francais. (앵글로 프랑스 콩 요리)

---

*   고기소를 채운 양배추 요리.

**   튀긴 빵이나 파이 속에 고기 요리를 채워 넣은 요리.

Les grosses Truffes a l'essence de madère. (마다라산 와인이 들어간 트러플)

Les grosses Asperges verdes, sauce à la Creme. (아스파라거스 크림소스)

Risolettes à la Pompadour. (퐁파두르 리졸레)

Les Croquantes d'Amandes pralinées aux Abricots. (살구와 아몬드 프랄린)

Le Miroton de Homard aux OEufs de Pluviers. (랍스터 미로통과 새알 요리)

La Crème mousseuse au Curaçao. (퀴라소가 들어간 크림 무스)

La Hûres de Sanglier demi-glacèe, garnie de Champignons en surprise. (차갑게 먹는 멧돼지 고기 요리와 버섯)

Les Diabolotins au fromage de Windsor. (프로마주 치즈와 디아볼로틴)

리폼 클럽의 1846년 5월 9일자 메뉴를 보면 소이어의 현대식 주방이 테이블 위로 어떻게 드러났는지 살펴볼 수 있다. 위에 제시된 요리는 리폼 클럽의 프라이빗 디너였는데, 공공 레스토랑이나 클럽 레스토랑에서는 흔히 볼 수 있는 메뉴였다(지금도 제공되고 있다). 프랑스에서는 이런 화려한 요리들로 구성된 코스 메뉴가 그리 놀라운 일이 아니다.

소이어는 1847년에 출판한 《미식 개혁자The Gastronomic Regenerator》에서 이 메뉴에 관해 여러 가지 설명을 덧붙였는데, 위에 제시된 요리의 4분의 1은 조리 방법이 각각 다른 소스들이 사용되었다고 말한다. 예를 들어 브라운소스의 경우, 끓였다가 식히고, 다시 끓여서 채에 거르고, 다시 끓였다가 식히기를 여러 번 반복했다. 젤리와 무스*는 손님 테이블에 내기 전 아주 차갑게 해서 냈다. 식품 공학을 고려해서 개발한 파고다티크pagodatique라는 서빙 도구는 중국 식당에서 가금류 고기를 내는 방식에 착안해서 나왔다.

> 제공되는 요리에 따라 다른 종류로 된 양념과 피클 서너 접시가 나오고, 손님은 자기 접시에 자신이 먹고 싶은 날개 부위나 살코기를 가져간다. … 고기 조각을 작게 잘라 각자의 입맛에 맞게 만든 양념에 고기를 찍어 먹는다.[8]

소이어는 메인 코스에 다양한 소스나 반찬을 곁들여 내고 손님이 각자의 취향대로 소스를 만들어 먹거나 전부 맛볼 수 있게 하는 방식이 기발하다고 생각했다. 그는 1846년 5월 9일 메뉴에서 가재 요리를 메인으로 한 송로버섯과 샴페인 소스를 파고다티크에 담아 서빙했다.

한편, 그는 파고다티크 같은 도구는 자신을 통하거나 자신과 협력한 제조업체를 통해 구매할 수 있다고 설명하고 있는데, 이런 것을 보면 유명 요리사들이 자신의 이름을 앞세워 요리 도구를 판매하는 행위는 20세기 전부터 있었다는 것을 알 수 있다.

'le Buisson d'Ecrevisse Pagodatique, au Vin de Champagne à la Sampayo'

(파고다티크에 가재를 쌓아 올린 요리와 삼파요산 샴페인)

---

* 크림, 달걀흰자, 과일, 초콜릿 등을 혼합해서 만든 디저트.

참신한 이름이 돋보이는 이 요리는 소이어를 비롯한 레스토랑 요리사들이 어떻게 새로운 요리를 개발하고 주방을 운영해 왔는지 보여 준다. 먼저 레스토랑에서 사용되는 그릇을 보자. 소이어의 경우 주변 레스토랑에서 본 중국 요리사들이 사용하고 있는 방식을 응용해서 사용하기도 한다. 중국식 요리를 모방할 때는 그가 요리사로서 훈련받을 때 배운 방식과는 다르게 요리를 구성했지만, 중국식 요리를 그대로 따르는 것이 아니라 형태적인 면에서만 중국식을 따르고, 요리를 구성하는 음식은 유럽식 그대로 사용했다. 파고다티크를 이용한 이 요리에는 트러플이 들어가는데, 이 트러플은 원래 다른 요리에 사용될 계획이었다. 그 다른 요리에 필요한 멧새 고기가 기상 악화로 수입이 되지 않자, 소이어는 트러플을 이용해 이 새로운 요리를 만들게 되었다. 그는 이 요리의 이국적인 매력을 강조하기 위해 소스와 곁들임 요리를 낼 때 쓰는 중국식 접시를 사용하는 대신, 유럽의 도자기 생산자와 협력해서 동양미를 살린 그릇을 새로 만들고, 그 그릇에 동양식 이름을 붙여서 사용했다. 이런 점들을 보면, 음식은 맥도날드에서든 엘불리에서든 맛 못지않게 시각적 경험과 촉각적 경험이 중요하다는 것을 알 수 있다.

　　파고다티크를 이용한 요리는 리폼 클럽의 주류가 되지는 않았다. 그러나 그 한 가지 사례만 보더라도 음식 재료를 다양하게 활용하는 데 필요한 정보를 조사하고 활용하는 그의 능력이 얼마나 뛰어났는지 알 수 있다. 요리사로서 새로운 요리와 도구를 개발하는 그의 혁신적인 능력은 21세기 요리사들의 본보기가 되었다. 그가 그의 주방을 일컬어 자칭 '요리 실험실'이라고 말한 것을 보면, 엘불리의 혁신적인 요리사 페란 아드리아의 모습과 크게 다르지 않다.

다음은 《미식 개혁자》에서 1846년 5월 9일자 메뉴에 필요한 재료를 구하는 과정이 설명되어 있는 부분이다.

상인들은 만찬 일주일 전에 주문을 받았다. 숭어와 세번강 연어는 본드街에 있는 그로브 가게에서 구했다. 둘 다 상태가 정말 좋았다. 나머지 생선은 헝거포드 시장에 있는 제이에서 구매했다. 글로스터에서 보낸 싱싱한 활연어가 7시에 도착했다. 바로 익혀서 저녁 식사 10분 전에 가장 먹기 좋은 상태로 테이블 위에 올렸다. 상태 좋은 가금류 고기는 베일리, 데이비스街, 그로스베너 광장, 타운센드, 찰스街, 헤이마켓에서 왔다. 푸아그라와 신선한 프랑스 송로버섯은 모렐에서 왔고, 전채 요리는 리젠트街에 있는 엣지와 버틀러에서 왔다. 양등심은 뉴랜드, 에어街, 피커딜리, 슬레이터의 웨일스 양고기 가게에서, 완두콩과 고급 후식은 코벤트 가든의 솔로몬에서 가져왔다. 상인들의 이름을 이렇게 자세히 언급하는 이유는 그들은 이미 자기 전문 분야에서 유명하기 때문에 그들을 광고하려는 것이 아니라, 단지 진짜 미식가들이 식탁을 차릴 때 겪는 문제를 보여 주려는 것이다.

이 기록을 보면 원산지명이나 생산자의 이름이 들어가는 21세기 레스토랑의 메뉴판이 연상된다. 소이어에게 유명 셰프라는 최초의 수식어가 붙는 것은 좋은 재료에 대한 이런 꼼꼼함과 고집도 분명히 관계가 있다.

⦿ 에스코피에와 새로운 외식 미학

앞서 살펴본 메뉴와 같은 해에 태어난 에스코피에는 레스토랑의 혁신 작업에 뛰어든 19세기 요리사로서는 후발주자에 해당한다. 하지만, 주방의 전문화와 유명 요리사라는 현상에 공헌한 바로 따지면, 가장 유명한 인물로 평가해도 좋다. 에스코피에는 유럽 레스토랑의 기능적인 면에서 두 가지 혁신을 일으켰다. 하나는 그가 준비한 음식의 종류, 즉 메뉴에 관한 것이고, 다른 하나는 주방의 조직화에 관한 것이다. 물론 이 두 가지는 서로 밀접하게 관련되어 있다.

런던 칼튼 레스토랑에서 에스코피에의 정식 메뉴를 주문하면 12실링 6펜스의 가격으로 다음과 같은 음식이 나왔다(오늘날 런던 리치 칼튼에서 나오는 저녁으로 보면, 1인당 약 100파운드가 든다).

Melon Cocktail (멜론 칵테일)

Velouté Saint-Germain (생 제르맹 수프)

Truite de rivière Meunière (민물송어 뫼니에르)*

Blanc de poulet Toulousain (툴루즈 닭가슴살)

Riz Pilaw (라이스 필라프)**

Noisette d'agneau à la moelle (양갈비 누아제트)

Haricots verts à l'Anglaise (껍질콩 요리)

---

*   어패류에 밀가루를 묻혀서 냄비에 버터와 샐러드유를 넣고 구운 요리.

**   볶음밥 요리의 일종.

Pommes Byron (감자 요리)

Caille en gelée à la Richelieu (메추리 리슐리유)*

Salade romaine (로메인 샐러드)

Asperges d'Argenteuil au beurre fondu (아스파라거스 아르장퇴유와 퐁듀)

Mousse glace aux fraises (딸기 무스)

Friandises (케이크)

이 메뉴는 앞으로 우리가 살펴볼 다양한 요리 방식과 요리의 온도를 보여 준다. 얼핏 보면 소이어의 메뉴와 다를 바가 없어 보인다. 소이어의 메뉴에서 보았듯이 젤리, 샐러드, 아스파라거스, 양고기, 생선, 닭고기도 있다. 하지만, 자세히 살펴보면 구성이 다르고 코스 순서도 다르다. 메뉴상으로는 곧바로 드러나지 않을 수 있지만, 음식이 만들어지는 과정과 만들어진 음식을 어떻게 내놓는가는 에스코피에와 소이어의 가장 큰 차이점을 보여 주는 부분이다.

가령 소이어가 자신의 이름을 붙여 만든 '소이어의 고기 달걀 샐러드Salade de Grouse à la Soyer'라는 메뉴를 보면, 이름도 화려하고 재료도 고급스럽다. 하지만, 에스코피에의 모토는 '모든 요리는 단순하게'다. 에스코피에는 요리를 구성하고 제시하는 방법을 가능한 단순화한다. 코스별 요리의 수도 적고, 곁들임 요리도 적고, 재료도 더 적게 들어갔다. 하지만, 이 모든 것은 요리의 맛과 극적인 효과를 높이

---

*   고기 요리에 나오는 가니쉬의 일종.

오귀스트 에스코피에(1846~1935) 1930년 사진.

는 차원에서 이루어졌다.

19세기 전반에 걸쳐 고급 요리 문화는 귀족적인 것에서 상류사회를 위한 음식으로 변화했다. 그 둘에 큰 차이가 없어 보일 수 있지만, 출신이 높은 것과 상류층 일원인 것은 상당히 다른 의미다. 참고로 고급 요리를 의미하는 '오트 퀴진haute cuisine'이라는 용어는 1920년까지 영어에서 쓰이지 않았지만, 중상류층을 의미하는 '오트 부르주아haute bourgeoisie'는 1888년부터 쓰였다.**9** 사실상 19세기 후반 고급 요리의 주 소비층은 이 오트 부르주아였다. 그들의 미적 감각은 앞선 귀족들의 모습과 비슷하면서도 비슷하지 않았다. 에스코피에는 한 세기 이전 오트 퀴진의 토대가 된 앙투안 카렘의 요리 스타일을 이어받아 이를 더욱 체계적으로 발전시키고 대중화하는 데 앞장섰다.

어떤 면에서 에스코피에는 당시 미학적 흐름의 변화를 반영했다고 할 수 있다. 소이어의 요리가 낭만주의 화풍의 그림이라면 에스코피에의 요리는 반 고흐나 모네의 그림에 비유할 수 있다. 양쪽 모두 아름답고 인상적인 그림이지만, 붓을 사용하는 기법이나 색감과 구성은 완전히 다르다. 현대 회화가 인상적인 느낌에 주목하여 빛과 색, 붓질 같은 회화의 구성요소에 절제미를 추구했듯이, 에스코피에의 메뉴는 간소하면서도 한 가지 주재료를 강조하고 감각적 쾌락을 최대로 끌어올 수 있는 시점에 요리를 제공하는 데 더 많은 신경을 썼다.

단순미라는 에스코피에 요리의 장점을 가장 극적으로 보여 주는 예는 피치 멜바Peach melba라는 디저트다. 피치 멜바는 잘 익은 복숭아를 뜨거운 물에 살짝 데쳐서 껍질을 벗기고, 여기에 약간의 설탕과 바닐라 아이스크림, 라즈베리 퓌레를 더한 뒤 설탕 파우더를 뿌려서 만든다. 재료는 단 네 가지, 만드는 방법도 아주 단순하다. 그러나 에스코피에의 말대로라면, 여기에 어떤 재료를 더한다는 것은 절묘한 맛의 균형을 무너뜨릴 뿐이다. 피치 멜바가 인기를 끌자 피치 멜바를 만드는 레시피가 여기저기 많이 소개되었는데, 원래의 방법을 벗어나 다른 재료를 더 추가하는 편집자나 작가가 많았다. 이에 에스코피에는 "만드는 방법은 자유지만, 정확한 방법을 알려고 하지 않으면 진정한 미식가의 입맛을 만족시킬 수 없다."라는 말을 남기기도 했다.[10]

피치 멜바는 디저트 코스로 나왔다. 당연한 말일 수 있지만, 이 것은 에스코피에가 레스토랑 문화에 공헌한 고급 요리의 중요한 특징 중 하나다. 에스코피에는 1880년대 몬테카를로 그랜드 호텔에서 일할 때, 각각의 코스를 개인별로 제공하는 새로운 스타일의 서비스를 선보였다. 에스코피에는 주방의 타이밍을 강조하는 인상적인 능력을 발휘하며 딱 적당한 온도로 요리를 서빙하기 위해 전념을 다했는데, 그중 가장 인상적인 음식이 테이블에서 불쇼를 보여 주는 플람베flambé라는 요리다. 플람베를 제대로 서빙하려면 능숙하게 훈련받은 종업원이 필요하다. 오늘날 국제 지배인 대회에도 플람베 쇼를 보여 주는 테스트가 포함되어 있다. 이런 종류의 요리를 손님에게 서빙하려면 종업원은 코스별로 정해진 순서에 따라 한 치의 오차도 없이 정확한 시간에 주방을 나서야 한다. 따라서 요리 과정 전체의 속도를 맞추는 것이 중요했다. 레스토랑에는 주방에서 손님 테이블에 이르기까지 속도의 변화가 찾아왔다.

19세기 후반까지도 레스토랑 고급 요리는 주로 차갑거나 상온인 상태로 나왔다. 파르테논 신전을 본뜬 라드 조각, 설탕으로 만든 수정궁, 그 외 다양한 고기 요리와 처트니chutney*, 파이 등이 올라왔다. 요리가 나오고 손님들이 음식을 먹는 동안, 새로운 요리가 추가되거나 다 먹은 음식이 치워지는 일은 있어도 같은 요리가 반복해서 나오는 일은 없었다. 초기의 레스토랑은 음식이 주문 순서대로 조리되지 않는 때가 많았다. 파리 레스토랑에서 선보였던 콩소메는 서빙

---

* 과일·설탕·향신료와 식초로 만드는 걸쭉한 소스로 식힌 고기나 치즈에 곁들여 먹는다.

전에 다시 데우거나 따뜻한 상태로 보관했다가 나왔다. 삶은 닭고기와 샐러드, 빵, 치즈는 대개 차갑게 나오거나 상온으로 나왔다. 이는 어떤 면에서 당시의 주방 공간이 협소하고, 1인분 주문을 다루는 일이 힘들었기 때문이었을 것이다. 앙투안 카렘의 뒤를 이은 에스코피에는 필요에 따라 의도적으로 요리를 뜨겁게 해서 내기 시작했다. 특히 소스의 역할로 인해 타이밍의 의미가 더 중요해졌다.

오늘날 프랑스 요리에는 5대 모체 소스가 있다고 알려져 있다. 원래는 앙투안 카렘이 1830년대에 정리한 4대 소스, 즉 베샤멜 bechamel, 에스파뇰espagnole, 벨루테veloute, 알망드allemande가 전부였다 (기본적으로 루에 우유와 소고기 육수, 닭고기와 생선 육수, 또는 거기에 달걀과 크림을 더해서 만들어진다). 이후 에스코피에는 유럽의 대형 호텔과 런던 사보이 호텔에서 경력을 쌓는 동안 앙투안 카렘과 유럽 전통 요리를 토대로 프랑스 요리의 새로운 버전을 발전시켰고, 1903년에 출간한 《요리 안내Le Guide culinaire》에서 새로운 5대 모체 소스인 베샤멜, 에스파뇰, 벨루테, 홀랜다이즈hollandaise, 토마토 소스를 소개했다(알망드는 벨루테 소스의 하위로 넣었다). 프랑스 요리에 거의 빠짐없이 들어가는 수백 개의 소스는 모두 이 5대 소스를 토대로 만든다. 에스코피에는 소스뿐 아니라 이 소스가 사용되는 메인 요리에도 완벽을 가했는데, 가령 스테이크를 가스 불에 굽지 않고 그 요리에 맞는 특징을 살리기 위해 목재와 고순도 석탄을 이용하기도 했다.

에스코피에는 모든 요리의 디테일에 주목하여 요리사로서 큰 명성을 얻었지만, 처음부터 모든 과정이 순조롭게 이루어진 것은 아니다. 레스토랑 주방은 언제나 어수선하고 체계가 없었다. 주방에서 일하는 많은 사람이 거대한 기계의 톱니바퀴처럼 잘 맞물려 돌아가야 한다고 생각한 그는 19세기 군사 기술과 산업 기술을 토대로 주방을 조직하는 새로운 방식에 눈을 돌렸다. 그렇게 해서 탄생하게 된 것이 바로 '브리가드 드 퀴진'이라는 주방 팀의 체계화였다.

● 브리가드 드 퀴진 BRIGADE DE CUISINE

에스코피에가 도입한 주방 관리 시스템인 '브리가드 드 퀴진'은 음식이 만들어지는 과정을 체계적으로 분류하고 조직화하여 요리가 알맞은 온도로 손님 앞에 나가는 과정이 더 쉽게 이루어지도록 했다는데 의의가 있다. 주방의 조직화는 15세기 군주들의 주방에서 시작되었다고 볼 수 있다. 당시 주방의 일은 종류별로 구분되어 있어서 누구는 빵과 고기를 관리하고, 누구는 설탕 공예나 설거지를 맡는 식이었다. 그러나 이런 업무 분류 방식은 주방마다 달랐고, 성문화된 경우도 드물었다. 또한, 주방 공간을 구역별로 구분해 두는 경우는 거의 없었다. 파리에서 처음 레스토랑들이 문을 열 때, 레스토랑을 운영하던 요리사들은 귀족이나 궁정 소속의 요리사가 많았다. 이들은 대형 저택이나 성에서 사용하던 주방 관리체계를 레스토랑 주방으로 가져와 사용했다. 하지만, 레스토랑 주방은 대형 저택에 비하면 공간이 협소한 경우가 많고, 요즘도 그렇듯이 레스토랑의 주방은 모든 일이 훨씬 바쁘게 돌아갔다. 그래서 신문에도 레스토랑 주방의 청결 상태나 정신없는 분위기를 우려하는 글이 종종 등장했다.

주방의 체계화는 이전까지 주방에서 보였던 이런 혼란스러운 상황을 정리하고 전문화된 주방의 청사진이 되었다. 이제는 맥도날드에서도 이 주방 체계를 변형해서 사용하고 있을 정도로 일반적인 주방 관리 형태가 되고 있다. 주방 체계의 기본은 주방에 있는 모든 사람에게 각자 맡은 바 임무와 그 맡은 일을 처리할 공간을 제공하는 것이다. 주방에서 일하는 사람들은 위계에 따라 필요한 지시를 내린다. 십여 명이 넘는 일행을 위한 복잡한 주문이라도 주방에서 일하는 모든 사람이 주어진 시간 내에 자기에게 주어진 임무를 수행하여 주문을 처리한다. 그러므로 전형적인 '브리가드 더 퀴진'는 말 그대로 '군대식'을 의미한다.

큰 레스토랑의 경우 총주방장executive chef 다음으로 주방장chef de cuisine이 제일 높은 위치에 있고, 규모가 작은 곳에서는 주방장 한 사람만 책임자로 있다. 주방장과 총주방장이 같이 있는 경우, 주방장은 총주방장의 지시하에 주방에서 일어나는 모든 일을 감독하고 총괄한다. 주방장은 주방에서 일어나는 전반적인 일을 관리하고, 새로운 메뉴를 개발하며, 구매를 감독하고, 주방 직원을 고용하고, 관리하는 일을 맡는다. 적시 적소에 필요한 지시를 내리는 것도 주방장의 역할이다.

주방장 아래에는 수세프sous chef, 즉 부주방장이 있다. 부주방장은 주방장을 보좌하며 전반적인 실무 관리를 맡는다. 주방 인력을 관리하고, 필요한 지시를 전달하고, 주문받은 요리가 제대로 나가는지 마지막 단계를 확인하고 감독한다. 오늘날 레스토랑에서 부주방장의 위치에 있는 사람들은 팔리지 않는 재고처럼 그다지 매력적이지 않은 일들을 맡는 경우도 종종 있지만, 군대의 부사령관들처럼 이들도 주방 안에서는 막강한 힘을 발휘한다.

부주방장 밑에는 요리 파트별로 수장을 맡는 수석 조리장chef de partie이 있다. 이들은 자신이 맡은 요리를 책임지고 관리하고, 주방 보조들을 관리하고 지도하는 일을 맡는다. 수석 조리장은 담당하는 음식별로 로티셰rôtisseur, 푸아쏭니에poissonier, 앙트루메티에entremetier, 가드망저garde-manger, 파티시에pâtissier, 소시에르saucier 등의 직급으로 나뉜다. 로티셰는 고기를 굽거나 삶고, 튀기는 요리를 담당하고, 푸아쏭니에는 생선과 해산물, 앙트루메티에는 수프, 달걀, 채소 요리, 가드망저는 주로 차가운 상태로 나가는 전채 요리, 샐러드, 육가공 식품, 치즈를 관리하는 일과 식료품 저장실을 관리한다. 파티시에는

펠릭스 맨(Felix Man) 〈런던 사보이 호텔, 메인 레스토랑 주방의 웨이터들〉 1940년 사진.

헨리 베드포드 르메르(Henry Bedford Lemere) 〈사보이 호텔 주방의 모습〉 1893년 사진.

디저트류와 빵, 과자, 파스타를 담당하며, 수석 조리장 중에서는 가장 높은 직급인 소시에르는 소스와 따뜻한 전채 요리를 담당한다.

　각 수석 조리장 밑에는 요리사cuisinier가 있다. 로티셰 밑에는 튀김과 구이 요리를 담당하는 그릴아딘grillardin과 프리튀리에friturier가 있고, 푸아송니에 밑에는 보통 조개류 손질을 담당하는 에카예ecailler가 있다. 앙트루메티에 밑에는 수프를 담당하는 포타지에potager와 채소 손질을 담당하는 레구미에legumier가 있고, 가드망저는 육류 손질을 담당하는 부셰boucher, 샤퀴티에charcutier와 같이 일한다. 파티시에는 단 디저트를 담당하는 콩피제르confiseur와 차가운 디저트를 담당하는 글라시에glacier, 빵류를 담당하는 데코라투흐décorateur나 불랑제 boulanger 등 꽤 많은 요리사를 거느리기도 한다. 요리사 밑으로도 기본적인 보조 업무를 맡는 보조들인 꼬미commi와 수련생이 있다.

주방 조직에는 요리를 담당하지 않는 자리도 있다. 마르미통 marmiton과 플론져plongeur는 설거지를 맡고, 코뮈나르communard는 주방 직원들의 식사를 책임진다. 마지막으로 아브와이외르aboyeur는 주방과 홀 사이에서 웨이터가 전해 주는 주문서를 셰프에게 전달하고 주문 음식을 확인하는 역할을 한다. 에스코피에가 개발한 이런 주방 조직 형태는 그가 군부대에서 7년간 요리사로 일한 경험을 살려 군대식 명령 체계를 토대로 만들어졌으며, 지금도 많은 레스토랑에서 활용되고 있다.

랍스터구이, 닭고기 스테이크, 감자 수프 요리 같은 주문이 사보이 호텔 주방으로 전달되면, 푸아송니에는 랍스터를 준비하고, 로티셰는 닭고기를 손질하고, 앙트루메티에는 감자를, 소시에르는 각 요리에 들어가는 다양한 소스를 만들었다. 수석 조리장의 지휘 아래 분야별 요리사와 보조들이 각자 자신이 맡은 역할을 정해진 시간 내에 끝내고, 부주방장은 이를 하나로 취합했다. 레스토랑 요리사들은 이런 식으로 500가지 요리를 동시에 만들 수 있었다.

◉ 사각 접시, 세트 메뉴, 그 외

에스코피에가 추구한 목표는 화려하면서도 현대적인 감각의 요리를 만드는 것이었다. 그는 사보이 호텔에서 세자르 리츠와 일을 시작할 때 여러 가지 새로운 아이디어를 시도했는데, 그중 하나는 플레이팅에 관한 것이다. 그의 아이디어는 하나하나만 보면 대단해 보이지 않을 수 있지만, 레스토랑이 지금까지 발전해 온 과정을 이해하는 데 확실히 중요한 역할을 한다. 에스코피에는 센소우, 엔슈, 소이어와 같은 이전 세대 요리사들처럼 식기가 줄 수 있는 효과를 정확히 간파하고 있었다. 그는 전채 요리를 낼 때는 항상 사각 은쟁반을 쓰고 싶다고 생각해 왔는데, 사보이 호텔의 총주방장이 되자마자 그것을 실행에 옮겼다. 21세기 초에 레스토랑에서 사각 접시가 다시 쓰이기 시작했을 때, 손님들의 반응은 호불호가 있었지만, 적어도 그 반응이 새로운 현상은 아니었다. 식기의 형태나 색상, 양식에 변화를 주는 방법은 17세기 이후로 음식을 다르게 보고 느낄 수 있는 수단이 되어 왔고, 소이어와 에스코피에 같은 레스토랑 요리사들에 의해 꾸준히 시도되었다.

에스코피에는 음식을 주문하는 새로운 시스템도 도입했는데, 이것은 오늘날의 레스토랑에서도 여전히 잘 사용되고 있다. 그는 레스토랑 고객의 수요를 만족시키면서 훌륭한 요리를 계속 개발하기 위해 정식 메뉴에서 착안한 '세트 메뉴prix-fixe'라는 것을 제공하기 시작했다. 단일 가격에 세트로 구성된 식사를 제공하는 이 세트 메뉴는 주방에서 음식을 더 쉽게 준비하고, 요리사가 판단하기에 괜찮은 메뉴라고 생각되는 요리를 손님에게 권할 수 있는 기준이 되었다. 세트 메뉴는 재고 관리를 예측하기 쉬워진다는 장점도 있지만 메뉴에 나온 요리를 잘 모르거나 메뉴를 일일이 살펴보고 싶지 않은 손님에게 괜찮은 식사를 추천하는 방법이 되었다.

에스코피에에게 세련됨이란, 기본적으로 단순하면서 쓸데없는 군더더기가 없어야 했다. 그는 음식에 올라가는 장식 중에 식용이 아닌 것은 과감하게 빼 버리고, 불필요한 서빙 과정을 없앴으며, 메뉴와 소스를 단순화했다. 그리스 신전 같은 앙트레*를 없애고, 음식을 음식답게 만들었다. 그렇다고 그의 요리가 볼품없었다는 의미는 아니다. 겉치레를 없애는 대신 그는 요리에 활기와 색을 채워 넣었다. 크레이프 수제트에서 보았듯이, 그의 요리에는 그만의 극적인 화려함이 있었다.

센소우의 계절별 정찬과 잔치 요리, 1846년 소이어의 미식가 향연에 이어, 1895년 몬테카를로에서는 에스코피에의 '레드 디너Red dinner'가 열렸다. 이 행사는 카지노에서 거액의 돈을 딴 어느 일행의 기념 파티를 위해 마련된 것으로, 미각적, 시각적, 상징적 즐거움을 동시에 만족시키는 메뉴들로 구성되었다.

붉은 훈제 연어와 퍼프 페이스트리에 올린 블랙 캐비어

Cliquot Rose (클리코 로제 샴페인)**

Consommé au fumet de perdrix rouges (붉은다리자고새 콩소메)

Supreme de rouget au Chambertin (샹베르탱 포도주와 붉은 숭어)

Laitance de carpes au écrevisses à la Bordelaise (적포도주 소스와 가재 요리)

---

*　　앙트레(entrée), '입구', '시작'의 의미를 지닌 프랑스어로, 서양 요리의 정찬에서 중간에 나오는 메인 요리를 말한다.

**　　뵈브 클리코 퐁사르당社에서 만든 장미색 샴페인.

Cailles Mascotte (메추라기 요리)

Riz pilaw (라이스 필라프)

Chateau Lafite étampé 1870 (샤토 라피트 에통프 와인 1870)

Poularde truffée aux perles noires du Périgord (페리고르 송로 닭고기 요리)

Salade de coeurs de la laitue rouge de Alpes (알프스 상추 샐러드)

Asperges nouvelles sauce 'Coucher de soleil par un beau soir d'éte' (아
스파라거스 소스)

Parfait de foie gras en gelée au paprika doux à la Hongroise (헝가리
식 푸아그라 파르페와 파프리카 젤리)

이 메뉴는 붉은색의 주재료를 바탕으로 캐비어와 각종 채소를
이용해 검정과 골드가 포인트로 들어갔다. 또, 붉은색이라는 테마를
완성하기 위해 조명, 의자, 메뉴판, 테이블 위 장미까지 붉은색으로
꾸며졌다. 스타일, 색상, 극적인 효과 면에서는 완벽하게 화려했고,
요리 자체로는 군더더기 없이 깔끔했다. 모든 훌륭한 요리에서 볼
수 있듯이 전체적으로 완벽하게 균형을 이룬 메뉴였다.

❶ 레스토랑 혁명의 선구자

3DS with ras-el-hanout and lemon basil shoots (3DS 라스-엘-하누트*와

---

*   향신료의 일종.

레몬 바질 새싹)

Cantonese músico (광둥 음악)

Mango and black olive discs (망고와 블랙 올리브 디스크)

Five pepper melon-CRU/melon-LYO with fresh herbs and green almonds (파이브 페퍼 멜론-CRU/허브, 그린 아몬드가 들어가는 멜론-LYO)

Pumpkin oil sweet (호박 오일 디저트)

Thai nymph (타이 님프)

Melon with ham 2005 (2005년 멜론과 햄)

Spherical-I mozzarella (원형-I 모차렐라)

Samphire tempura with saffron and oyster cream (사프란과 굴 크림을 곁들인 샘파이어 템푸라)

Steamed brioche with rose-scented mozzarella (브리오슈 찜과 장미 향 모차렐라)[11]

이 메뉴는 2005년 엘불리 레스토랑에서 제공한 4부짜리 식사 중 1부에 해당하는 음식들이다. 엘불리는 세계적으로 고급 레스토랑의 트렌트를 이끌어 온 전설적인 레스토랑이다. 1964년에 문을 연 이곳은 바르셀로나에서 북쪽으로 160킬로미터 떨어진, 프랑스 국경에 인접한 한 휴양지에 자리 잡고 있다. 엘불리의 수장인 페란 아드리아는 1990년대 후반에 나타난 분자요리의 선구자로 알려진다.

위 메뉴의 이름만으로는 어떤 음식이 나올지 언뜻 상상하기 어렵다. 멜론, 햄, 망고, 블랙 올리브 같은 재료도 익숙하고, 템푸라, 크림, 찜 같은 용어도 낯설지 않지만, 그 용어들을 합쳐 놓은 음식의 이름은 익숙함보다는 신비감을 자아낸다. '타이 님프'는 어떤 음식일까? 곤충을 말하는 것인지 그리스신화에 나오는 요정을 말하는 것인지도 알쏭달쏭하다. 참고로 이 요리는 일종의 월남쌈 같은 음식인데, 솜사탕에 태국식 샐러드를 넣은 것이다. 메뉴판에는 습도가 65퍼센트 이하일 때만 나온다고 적혀 있다.

우리는 지금까지 요리사들이 주방과 요리의 혁신적인 변화를 통해 어떻게 레스토랑을 발전시켜 왔는지 살펴보았다. 그중에서도 페란 아드리아는 그 카테고리에 가장 부합하는 인물이라 할 수 있다. 아드리아는 소이어나 에스코피에처럼 이전과 다른 경험을 제공한다는 차원에서 새로운 것을 시도하는 데 관심이 많았다. 소이어에서 에스코피에로 이어지는 변화가 낭만주의에서 모더니즘으로 이어지는 변화라면, 아드리아는 초현실주의를 대변하는, 요리계의 피카소나 살바도르 달리로 비유할 수 있다.[12]

58년이라는 나이 차이는 있지만, 아드리아와 같은 스페인 카탈루냐 지방에서 태어난 살바도르 달리는 자신의 요리책인 《특별한 식사 Les Diners de Gala》에서 다음과 같은 말을 남겼다.

나는 이성이 납득할 만한 분명한 형태를 가진 음식만 좋아한다. 내가 시금치라는 그 혐오스러운 채소를 싫어하는 것은 시금치는 자유처럼 형태가 없기 때문이다. 나는 자본의 미적 가치와 도덕적 가치가 일반적으로 음식, 특히 시금치에 있다고 생각한다. 형태 없는 시금치의 반대는 갑옷이다. 나는 갑옷이 있는 음식을 좋아한다. 사실은 모든 갑각류가 좋다. … 껍데기를 벗기기 위한 싸움만이 우리의 미각을 정복할 수 있게 한

다.**13**

아드리아의 편에서 보자면 달리의 말은 음식이 무엇이고, 그 음식으로 우리가 무엇을 할 수 있고, 어떤 경험을 하는가에 관한 도전이 될 것이다(그러면 시금치에 갑옷을 입힌 음식을 만들 수도 있을 거라고 상상해 본다).

1987년 엘불리의 수석 셰프가 된 아드리아는 그해 어느 셰프들의 모임에서 자크 막시맹Jacques Maximin이라는 셰프로부터 "창의성이란 베끼지 않는 것이다."라는 조언을 듣고 큰 깨달음을 얻었다. 이때부터 그는 완전히 새로운 방식의 요리를 개발하기 위해 모든 노력을 쏟았고, 그가 개발한 많은 요리는 '분자요리'라는 이름으로 불리게 되었다.

휴양지에 위치한 엘불리는 비수기인 겨울에 손님이 거의 없어 초기에는 문을 열지 않았다(하지만, 2000년 이후부터 상황이 달라져서 어느 해에는 1년 동안 저녁으로만 백만 건의 문의가 있을 정도로 큰 인기를 끌었다). 엘불리의 직원들은 1980년 후반부터 이 오프 시즌을 요리 개발에 투자했다. 그들은 기존 요리의 틀을 벗어나 새로운 시각에서 요리와 음식 재료를 바라보는 요리법을 개발하고자 노력했는데, 그 과정에서 처음에 석 달로 시작했던 오프 시즌은 다섯 달, 그리고 여섯 달까지 늘었다. 얼린 딸기를 이용한 레시피가 100개에 달했고, 새로운 형태의 맛과 향을 선사하는 고체형 칵테일도 만들어 냈다. 또한 소이어나 고보리 엔슈처럼 디자이너나 그릇 제작자와 협력해 새로운 서빙 용기와 특정 요리를 만들 때 필요한 주방 도구도 개발했다. 그들은 지역 요리나 국제적인 프랑스 요리라는 차원을 넘어서 아방가르드한 스타일을 추구했고, 과학적 원리를 접목한 체계적인 요리를 만들고자 했다.**14** 1994년에는 엘불리에서 추구해 온 요리 스타일을 체계화해서 '개념 기법concept-technique'이라는 요리를 선보였다.

엘불리는 2000년부터 엘불리에서 만드는 모든 요리를 카탈로그로 제작했다. 그동안의 발자취를 남긴다는 차원에서 새로 만든 요리를 기록하고 유형별로 나누었고, 새로 개발한 요리 기법과 개념을 분석했다. 2006년에는 레스토랑의 경영 원리를 담은 선언문을 제시했는데, 다음과 같은 내용이 담겨 있다.

> 요리는 조화, 창조, 행복, 아름다움, 시, 혼돈, 마술, 유머, 도발, 문화가
> 표현되는 언어다.

페란 아드리아가 엘불리 레스토랑 주방에서 동료들과 일하고 있다. 2007년 6월 16일.

...

거의 모든 분야에서 인류가 진화를 거듭해 왔듯이 요리가 발전하기 위한 밑거름은 새로운 기술에서 나온다.

육수의 종류를 확장한다. 전통적인 육수와 더불어 물, 부용, 콩소메, 채소 육수, 견과 우유 등 맑은 육수도 사용한다.

이 외에도 '음식을 서빙하는 새로운 방법을 개발한다. 요리는 서빙 직원에 의해 완성된다. 때로는 손님도 그 과정에 참여한다.', '탈맥락화와 아이러니, 구경거리, 공연은 그것이 피상적이지 않고 미식 행위를 위한 과정에 부합하거나 밀접한 관계가 있는 한 충분히 적합하다.'[15] 등의 내용이 담겨 있다.

페란 아드리아처럼 음식을 먹는 사람의 감각과 감정, 지적 능력을 이용하려는 노력은, 예를 들면 셔벗을 먹으면서 풍선에 든 오렌지 향을 들이켜는 것 같은 행위는 우리 주변 레스토랑에서 흔히 접할 수 있는 경험은 아닐 것이다. 그러나 음식 재료에 대해 고민하고, 고객을 생각하며, 요리를 더 쉽고 안전하고, 더 맛있게 만들도록 도와주는 기술을 도입하는 행위는 비용의 많고 적음을 떠나서 모든 레스토랑이 고민하는 부분이다.

5장

지배인, 웨이터, 웨이트리스

2012년에 세계 최고의 지배인을 뽑는 국제 대회가 열렸다. 우승은 도쿄의 유명 레스토랑에서 일하는 신 미야자키라는 지배인에게 돌아갔다. 미야자키는 9라운드로 이루어진 토너먼트에서 전문가다운 솜씨로 와인에 어울리는 요리를 매치하고, 파인애플로 플람베 시범을 보이고, 손님에게 신뢰감과 안정감을 주는 여러 과제를 능숙하게 해냈다. 그로부터 100년 전 뉴욕 월도프-아스토리아 호텔의 지배인으로 일했던 오스카 스처키Oscar Tschirky도 이집트 지도자인 메흐메드 알리 파샤Mehmed Ali Pasha와 철강왕 앤드루 카네기에게 똑같이 격조 있는 서비스를 제공했고, 200년 전 파리의 베리 레스토랑에 온 손님도 그와 같은 대우를 받았다. 그보다 좀 더 오래전으로 거슬러 올라간다면, 300년 전 도쿄의 찻집에서 일하는 종업원들도 손님에게 격조 있는 서비스를 제공했다.

레스토랑에는 손님을 직접 상대하는 'FOHFront of the House', 즉 고객 서비스 팀이 있다. 이들은 고객에게 테이블을 안내하고, 주문을 받고, 음식을 서빙하는 등의 일을 한다. 보통은 주어진 일을 침착하게 해내지만, 무시나 편견을 경험할 때도 있다. 웨이터, 웨이트리스의 역사는 일정한 패턴에 따라 흘러왔다고 볼 수 없다. 그들의 일은 그들이 상대하는 사람이 어떤 사람인가에 따라 정의가 달라진다. 훌륭한 웨이터, 혹은 웨이트리스는 어떠어떠해야 한다는 생각은 시대나 문화를 초월해 상당히 일정하다. 그러나 그 일을 직업으로 삼는 사람들의 삶과 그들에 대한 평판은 그다지 일정하지 않았다. 그런 의미에서 이번 장에서는 고객의 관점에서 본 레스토랑의 고객 서비스 팀과 웨이터를 직업으로 삼고 있는 사람들의 삶에 관해 알아보기로 한다.

🍴 테이블 서비스의 시작

우리는 인류 역사의 대부분 시간 동안 가족 단위 안에서 음식을 만들고, 나눠 먹었다. 그러나 이 장에서는 가족이 아닌 '다른 사람', 즉 '하인'과 '타인'에 의해 제공되는 음식에 관해 이야기를 시작할까 한다.

식사의 시중을 드는 행위는 처음에 기업가와 노예, 그 둘 사이 어딘가에서 출발했다. 주방에서 음식을 얻는 그 두 경로는 서로 밀접하게 관련되어 있으면서 한편으로는 웨이터와 손님, 그리고 팁 문화에 얽힌 복잡한 관계를 이해하는 하나의 관점을 제공한다.

테이블 서비스는 처음에 하인들에 의해 이루어졌다. 아주 오랜 옛날부터 왕족들의 집에는 전통과 관례에 따라 주인의 시중을 드는 사람들이 존재했다. 부유층과 잔치 문화를 빼면, 초기의 테이블 서비스는 여관과 선술집, 태번 같은 곳에서 이루어졌다. 고대에서 현대에 이르기까지 우리의 역사에는 언제나 길을 떠난 여행자들이 있었다. 그들은 집을 떠나 있었기 때문에 당연히 가족이나 지인들과 같이 밥을 먹을 수 없었다. 힌두교, 이슬람교, 유대교, 기독교, 불교 같은 세계 주요 종교는 낯선 사람에게 음식을 베풀어야 하는 경전과 전통이 있다. 낯선 사람에게 음식을 제공하는 행위는 이타주의 맥락에서 종교적 행위에 국한되어 있었으나 어느 시점에선가 새로운 거래가 탄생하는 계기가 되었다. 즉, 숙박과 음식 값으로 물물교환을 하거나 돈을 내는 형태가 나타났다. 물물교환, 혹은 돈을 받고 숙박이나 음식을 제공하던 곳은 시간이 흐르면서 조금씩 형태가 변화했는데, 이런 변화를 기록하고 있는 곳 중에는 10세기부터 시작된 산

티아고 순례길을 들 수 있다. 처음에 순례길을 찾은 사람들은 수도원에서 간간이 끼니를 해결하거나 다른 교인들의 도움을 받았다. 하지만, 그런 사람들이 점점 많아지면서 그들에게 음식과 숙박, 그 외 여러 서비스를 제공해 주는 곳들이 나타났다. 이런 곳들은 돈 많은 귀족에서 가난한 농부에 이르는 각계각층의 순례자를 만족시키기 위해 종류가 다양해졌다. 12세기에는 순례길의 숙식 장소를 추천해 주는 책도 등장했다.[1] 지금도 레스토랑 중에는 집 같은 느낌이 드는 레스토랑이 있지만(실제로 누군가의 집이라서 그렇다), 서비스를 점차 체계화하고, 여러 사람을 수용할 수 있는 공간으로 확장된 곳이 나타났는데, 여관, 태번, 하숙집 같은 곳이 이에 해당한다. 즉, 여관, 태

필립 케스트(Philipp Kester) 〈월도프-아스토리아 호텔에서 찍은 오스카 스쳐키〉 1904년경 사진.

조지 볼트(George Boldt) 〈월도프-아스토리아 호텔의 주방〉 1903년 사진.

조지 볼트 〈월도프-아스토리아 호텔의 레스토랑〉 1903년 사진.

스즈키 하로노부(Suzuki Harunobu) 〈구경하는 이들과 구경 당하는 이들〉 1764년~1772년 다채색 목판화, 종이에 먹과 염료.

번, 하숙집 등은 타인이 타인에게 대가를 받고 음식을 제공하는 곳이 발전되어 나타난 형태다.

ⓘ 에도 시대의 여종업원

여행자들에게 숙식을 제공하는 경제 활동은 메카와 예루살렘으로

카즈마사 오가와(Kazumasa Ogawa) 〈일본 찻집의 여급〉 1897년 손으로 채색한 알부민 프린트.

향하는 순례길과 일본 도카이도에 있는 53개의 역참, 잉카 제국의 도로망을 따라 싹트기 시작했다. 1, 2장에서 언급했듯이 이런 곳은 대부분 현대식 레스토랑과는 다른 모습이지만, 음식을 서빙하는 사람들이 있었다는 점에서는 닮은 점이 있다.

일본의 에도 시대(1603~1868)는 여행자들을 위한 경제 활동이 어떻게 이루어졌는가를 보여 주는 좋은 사례가 된다. 당시 일본에는 다섯 개의 주요 도로인 고카이도五街道가 건설되어 특히 에도와 교토를 중심으로 통신과 상업망이 연결되었다. 이 고카이도에는 말이나 사람이 쉴 수 있는 역참이 설치되었는데, 이 역참 주변으로 여인숙이 들어서면서 음식을 시중드는 메시모리온나飯盛女라는 직업을 가진 여성들이 생겨났다. 메시모리온나는 직역하면 말 그대로 밥을 담는 여성이라는 뜻이다.

여인숙에서 일하는 메시모리온나들은 음식을 시중드는 일도 했지만, 몸을 파는 일도 했다. 당시 일본은 법으로 메시모리온나를 한 여인숙에서 두 명만 고용할 수 있게 했다. 메시모리온나는 게이샤나 상류층을 상대하는 화류계의 고급 기생과는 달랐다. 게이샤는 술자리에서 술을 따르고 춤과 노래로 흥을 돋우는 일을 주로 하면서 매춘은 하지 않았다. 고급 기생은 매춘은 했지만, 주로 상류층의 남자들만 상대했다. 이에 비해 메시모리온나는 여인숙에서 음식 시중과 성매매를 같이 했다. 또한, 비단옷을 입는 고급 기생과 구분되도록 무명옷만 입을 수 있었다.[2]

우타가와 히로시게 〈도쿄 아카사카의 여관〉 1834년경 다채색 목판화, 종이에 먹과 염료.

우타가와 히로시게 〈도카이도 마리코 역참의 찻집〉 1834년경 다채색 목판화, 종이에 먹과 염료.

에른스트 루트비히 키르히너(Ernst Ludwig Kirchner) 〈카페의 헤드
웨이터〉 1904년 목판화, 종이에 잉크와 염료.

이 시대의 그림이나 우키요에* 목판화를 보면, 당시 메시모리온
나들의 모습과 생활상을 엿볼 수 있다. 메시모리온나들은 보통 옷을

잘 차려입고, 외모가 아름답게 그려진다. 영어로는 '웨이트리스'라는 설명이 붙지만, 그림 속에 묘사된 모습을 보면, 주로 찻주전자나 음식 쟁반을 들고 있는 여성 뒤로 침구가 놓여 있는 모습이 자주 등장해서 그들이 어떤 일을 했는지 짐작케 한다. 특히 우타가와 히로시게(1797~1858)의 〈도카이도 53개 역참〉이라는 제목의 우키요에 이런 여성들의 모습이 잘 표현되어 있는데, 한쪽 방에 있는 어떤 여성은 손님에게 식사를 내고 있고, 다른 방에 있는 여성은 거울로 얼굴을 단장하고 있다. 남자들의 자세와 표정에서도 드러나지만, 방의 문틈으로 보이는 이불 역시 이 여성들이 하는 일을 쉽게 추측할 수 있게 해 준다. 에도 시대 찻집에서 일한 여성들은 시나 소설에도 자주 등장했다. 내용을 보면 그들의 아름다움이나 하는 일을 찬미하는 글이 많은데, 정말 순수한 의도였거나 풍자였거나, 둘 중 하나일 것이다(혹은 둘 다일 수도). 예를 들면 18세기 후반 기타가와 우타마로 Kitagawa Utamaro는 아사쿠사 사원 근처의 나니와야라는 찻집에서 일한 나니와야 오키타의 초상화를 그렸는데, 초상화에는 다음과 같은 시가 쓰여 있다.

나니와 바닷가의 기다란 수초를 헤치고
나니와초에 있는 찻집에서 쉬고자 한다면
어떤 이유로 왔든
이곳을 들르지 않을 수 없네.[3]

고카이도에서 일하는 여성들이 모두 몸을 판 것은 아니다. 마리코 역참의 모습을 그린 히로시게의 또 다른 판화에는 등에 아이를 업고 손님에게 음식을 내어 주는 여성이 등장한다. 평범한 옷을 입은 것으로 그려진 이 여성은 손님에게 음식만 접대하고 있다.[4] 이 시기 음식점이나 여인숙, 찻집에서 일한 여성들은 성적 대상이자 여성 노동자로 그려지는데, 20세기 초 사회적 갈등을 초래하는 이 분야의 여성에 대한 기대와 역할을 예견하고 있다.

19세기에는 일본 문학 전반에서 여인숙이나 찻집에서 일하는 재능 있고 아름다운 여자들이 자주 등장한다. 다메나가 슌스이의 《춘색 매화 달력》(1833)이라는 소설에는 연인 사이였던 두 남녀가 어느 음식점에서 만나는 장면이 나오는데, 이때 등장하는 여종업원은 손님들이 원하는 것을 눈치 빠르게 파악하고 행동하는 모습이 나온다.

바로 그때 여종업원이 차를 내왔다.
"주문하시겠어요?"
종업원이 물었다.
"그러지. 음. 중간 크기로 세 접시 구워 주게."
탄지로가 말했다.
"사케도 가져올까요?"
"아니. 식사만 하겠네. 아니, 잠깐. 오초, 뭐 좀 마실까?"
"괜찮아요."
오초가 살짝 미소를 지으며 말했다.
둘 사이의 분위기를 눈치챈 종업원은 계단 난간에 세워 둔 작은 병풍을 가져와 두 손님 옆에 세워 두고 계단을 내려왔다.

1930년 독일 베를린에서 열린 웨이터 달리기 대회. 대회 참가자들은 잔을 가득 채운 커피 쟁반을 한 손에 들고 100미터가 넘는 구간을 달린다.

종업원은 때맞춰 장어 요리를 내어 주고 나온다. 그리고 손님이 가게를 나설 때 준비해 둔 계산서를 건넨다. 이 여종업원이 보여 주는 태도에서 상호작용 능력, 직관, 주의력처럼 유능한 웨이터와 웨이트리스에게 요구되는 자질이 무엇인지 짐작할 수 있다. 일본 초기 역사에 등장하는 종업원은 주로 여성이고, 그 여성들이 성적으로 묘사되는 경우가 많았다면, 유럽 역사에 등장하는 종업원은 주로 남성이고, 하인과 조언자의 중간 위치에 있는 경우가 많았다.

◗ 프랑스의 웨이터와 지배인

19세기 유럽 레스토랑의 역사는 운영에서 손님 시중에 이르기까지 거의 남자들로 이루어져 있다. 또 음식을 서빙하는 사람이라면 낮은 지위에서 지시를 받기만 해야 할 것 같지만, 초기 유럽 레스토랑에서는 웨이터가 레스토랑 매니저 역할을 하고, 손님도 관리했다.

이야기 속에 등장하는 프랑스의 웨이터들은 자주 거만한 모습으

세라르 리츠와 마리 루이스 리츠, 1888년 사진.

로 그려진다. 그도 그럴 것이 19세기 프랑스의 웨이터들은 그들이 가지고 있는 특별한 지식 덕분에 특별한 사회적 지위를 누렸다. 그들은 웨이터라는 지위에 있으면서도 영향력을 행사하는 위치에 있는 경우가 많았는데, 그 영향력이 발휘되는 순간은 보통 문 앞에서 이루어지는 절차에서 시작했다. 즉 손님의 사회적 지위에 따라 레스토랑의 어느 테이블에 앉을 것인가는 웨이터가 결정했다. 웨이터들은 때로는 손님보다 레스토랑의 메뉴와 식사 매너에 더 해박했고, 단골손님의 경우 사적인 정보나 취향을 파악하고 있었다. 게다가 남자가 대부분인 그들은 주방에서 음식을 가져오는 기본적인 일을 포함해서 예기치 못한 상황에도 통제력을 발휘할 수 있도록 훈련받았다. 유진 브리폴트_Eugéne Briffault는 《식탁 위의 파리_Paris a table》(1846)에서 프랑스 웨이터들의 특징을 다음과 같이 묘사한다.

> 레스토랑의 웨이터는 민첩하고, 눈치가 빠르고, 순발력 있으며, 청결하고, 매력이 있어야 한다. 약간의 악당 기질과 프론티누스[고대 로마 원로원 의원이자 수리학 전문가] 같은 모습도 필요하다. … 특히 바쁜 시간 때의 웨이터를 보면 존경스러워 보인다. 테이블 스무 개를 동시에 오가고 곡예사처럼 능수능란하게 접시를 양손 가득 들고 가지만, 절대 깨뜨리는 법이 없다. 요구받은 일은 하나도 잊지 않고 처리하고, 어떤 문제든 척척 해결한다.[5]

19세기 후반에는 웨이터의 능력을 시험하는 웨이터 대회가 열렸다. 대회에 참가한 웨이터들은 유니폼을 입고 한 손에는 접시와 유리잔이 든 쟁반을 든 채 달리기 시합을 벌였다. 보는 이들에게 웃음을 선사했을지 몰라도 이 대회는 웨이터가 갖추어야 할 신체적 기량을 확실하게 테스트했다. 어떤 레스토랑은 거의 군대식으로 웨이터들을 훈련시켰다. 기억력, 손님 관리 능력 같은 사회적 상호작용 능력도 웨이터에게 요구된 중요한 자질에 해당했다. 다음은 1901년에 쓰인 어느 시에서 발췌한 부분이다.

일류 웨이터를 뽑는다면

이런 사람이 될 것이다.

직관이 뛰어나고

적극적인 성격을 가지며

귀신같이 손님의 마음을 읽고

번개처럼 답하며

손님이 스위트브레드*를 주문하면

한 번에 알아듣는 사람[6]

프랑스의 웨이터들은 나이가 들어도 계속 웨이터 일을 하는 것이 일종의 전통으로 여겨서 레스토랑에 가면 나이 많은 웨이터도 자주 볼 수 있었다. 그러나 19세기에는 관리자의 위치에 오르는 웨이터가 간혹 생겼는데, 유럽과 미국에 각각 대표적인 사례가 있다.

---

* 스위트브레드(sweetbread)_단어 뜻 그대로 달콤한 빵이 아니라, 송아지, 양, 돼지의 췌장으로 만든 요리를 말한다.

세자르 리츠는 1860년대에 웨이터로 경력을 시작했다. 처음에는 그의 고향인 스위스에서 일을 시작했는데, 나중에 파리로 옮겨와 호텔, 카페, 레스토랑을 돌며 경력을 쌓았다. 확실히 그는 웨이터 시합에서 우승할 타입의 웨이터는 아니었다. 접시를 하도 많이 깨서 잘린 적도 있었다. 하지만, 그는 손님에 대한 철저한 서비스 마인드와 경영 마인드가 뛰어났다. 손님의 원하는 것을 알아내고, 필요한 일을 즉각 처리하고, 식당 운영에 도움이 될 만한 것을 파악하는 직관이 뛰어났다. 그는 파리의 한 레스토랑에서 매니저로 발탁된 후 유럽의 여러 대형 호텔을 거치며 지배인의 자리까지 올랐고(에스코피에도 이 시기에 만났다), 최종적으로 자신의 이름을 건 호텔을 열었다. 리츠가 이상적인 매니저가 될 수 있었던 데에는 두 가지 이유를 들 수 있다. 첫째, 행복한 부자들을 좋아했고, 둘째, 화려한 삶을 동경했기 때문이다. 그는 많은 시간을 고객과 함께했다. 그러나 고객이 없을 때도 호텔 경영과 고용 관리, 메뉴와 실내장식 개발에 대한 노력을 멈추지 않았다.

1883년, 또 다른 소년이 고향 스위스를 떠나 미국으로 갔다. 오스카 스처키는 뉴욕에서 접시닦이로 일을 시작한 지 4개월 만에 웨이터가 되었고, 이후 델모니코로 직장을 옮겨 릴리안 러셀, 애스터스 같은 부유층 고객을 상대하는 법을 배워 나갔다. 가난한 집에서 태어나 이방인의 삶을 살아온 그는 뉴욕 상류층의 삶을 동경했다. 3개 국어를 구사하며 언제나 적극적인 그를 손님들은 좋아했다. 1893년 월도프-아스토리아 호텔이 문을 열 때, 오스카 스처키에게 지배인 자리가 주어졌다. 오스카가 월도프 호텔과 함께하는 동안 그의 이름은 월도프 호텔과 거의 동의어가 되었다. 오스카는 호텔에서 일어나는 거의 모든 일을 책임졌다. 특별한 행사에서 간단한 저녁 한 끼에 들어가는 준비까지 그의 손을 거치지 않는 일이 없었다. 사람들은 그가 모르는 사람이 없다고 생각했는데, 어느 정도 그것은 사실이었다. 그는 부유층과 유명인, 그리고 그들의 친구까지 줄줄이 꿰고 있었고, 제일 좋은 파슬리, 제일 좋은 음악, 제일 좋은 식탁보 같이 호텔에 필요한 것들을 믿고 맡길 수 있는 사람들을 수없이 알고 지냈다. 오스카 스쳐키를 비롯한 당시의 지배인들은 호텔 안에서 이루어지는 모든 것을 손님의 관점에서 생각한다는 가치를 만들었지만, 그렇다고 모든 사람을 환영하지는 않았다. 고급 호텔이나 고급 레스토랑은, 특히 탑 클래스인 곳들은 친근함이 아닌, 철저한 고객 관리로 성장했다고 할 수 있다. 그들은 선택된 고객에게만 최고의 서비스를 제공하는 가치를 통해 특별함을 원하는 수요를 창출해 냈다. 오스카 스쳐키와 세자르 리츠는 누군가에게는 장벽을 세우고, 누군가에게는 최고의 서비스를 제공함으로써 그들이 일하는 호텔과 레스토랑의 권위를 세웠다. 이런 차별화 전략은 FOH, 즉 고객 서비스 팀이 레스토랑을 운영하는 또 하나의 방법이다.

◑ 19세기의 테이블 서비스

19세기 중반 미국에서는 '서비스'가 레스토랑을 규정하고 등급을 매기는 수단이 되었다. 미국 저널리스트 조지 G. 포스터George G. Foster는

《뉴욕 인 슬라이스New York in Slices》(1849)라는 그의 책에서 이를 다음과 같이 설명한다.

> 식당에는 세 종류가 있고, 각각의 종류를 대표하는 식당이 있다. 분류학의 창시자 칼 폰 린네라면, 스위니sweeny's, 브라운Brown's, 델모니코를 대표로 꼽을 것이다. 하지만, 브라운은 분류상 스위니의 아랫급에 놓을 수 있다. … 두 레스토랑의 가장 큰 차이점은 브라운의 웨이터들이 손님의 부름을 가끔 놓친다면, 스위니는 어떤 경우에도 절대 그런 일이 없다는 것이다.

포스터에 따르면, 스위니와 브라운은 메뉴와 서비스, 가격 면에서 비슷비슷한 위치에 있었고, 델모니코는 요리와 서비스 면에 있어서 독보적인 레스토랑이었다.

델모니코의 서비스에 감탄을 보낸 사람은 포스터뿐만이 아니다. 델모니코는 분위기 있는 실내장식과 웨이터들의 서비스 정신으로 많은 사람의 사랑을 받았다. 델모니코는 작은 카페였을 때부터 화려한 커튼이나 독특한 거울로 다른 곳들과 차별화된 분위기를 자랑했다. 19세기 후반에는 월도프-아스토리아 호텔이나 리츠 호텔 같은 경쟁자가 생겼지만, 서비스 면에서만큼은 어떤 곳과 비교해도 뒤지지 않았다. 델모니코의 웨이터들은 손님들의 이름을 기억하고, 그들에게 가장 좋은 요리를 추천해 주고, 흠잡을 데 없이 완벽한 서빙을 제공하기로 정평이 나 있었다. 포스터는《춘색 매화 달력》에 나오는 여종업원을 연상시키는 듯한 표현으로 델모니코의 웨이터를 묘사한다.

"그들은 손님을 보고 있는 것 같지도 않은데, 필요한 순간에 정확히 나타난다. 손님의 말을 얼마나 주의 깊게 듣는지, 내가 주문한 음식을 내 요구대로 최대한 짧은 시간 안에 정확히 받을 수 있을 것 같은 기분이 든다."[7]

20년 뒤 에이브람 C. 데이턴Abram C. Dayton 역시《뉴욕 이민자의 삶 Last Days of Knickerbocker Life in New York》이라는 책에서 델모니코 직원들의 세심한 서비스에 감탄을 보냈다.

"14번가를 지나 델모니코에 들어서면 정신없고 혼잡했던 도시의 모습은 온데간데없다. 시끌벅적한 외침은 어디에서도 들리지 않고, 웨이터들은 마치 유령처럼 소리 없이 테이블 사이를 오간다. 조용히 다가와 정중하게 손님의 주문을 기다리는 웨이터의 모습에서 고급스러운 분위기가 물씬 풍긴다."[8]

하지만, 대부분 사람은 델모니코를 이용할 형편이 되지 못했다. 그렇다고 그들이 외식 문화를 경험하지 못한 것은 아니다. 대도시에서 생활하는 사람들은 오늘날 우리가 주로 이용하는 카페테리아나 소규모 음식점, 프랜차이즈 패스트푸드점의 모체가 되는 값싼 식당을 이용했다. 1830년~1840년 동안 맨해튼 곳곳에 이런 식당들이 들어섰다. 이 시기 뉴욕은 상업지역과 주거지역이 점점 분리되는 현상이 나타났는데, 특히 1836년 대화재 이후로 대부분 노동자가 먼 거리를 이동해 일터로 가야 했다. 따라서 점심을 집에서 먹을 수 없었다. 그들은 급여에서 많은 돈을 지출하지 않고 간단히 먹을 수 있는 음식이 필요했다. 그래서 오늘날 우리가 아는 식당들의 모체라고 할

유니폼을 입은 웨이트리스, 오슬로. 1899년~1930년 사진.

수 있는 곳들을 이용하게 되었고, 이런 곳을 중심으로 '즉석요리' 같은 음식이 생겨났다. 보통 이런 식당들은 최소한의 서비스만 이루어져서 손님이 가게 한쪽에 서 있는 종업원에게 원하는 음식을 말해주면, 종업원은 다시 주방에 있는 요리사에게 주문사항을 외쳤다. 이런 곳은 메뉴가 제한적이어서 거의 주문 즉시 요리가 완성되어 나왔고, 도시에서 일하는 남자들이 주로 점심시간에 이용했다.

　미국 정치 잡지인 〈하퍼스 위클리〉는 1857년 3월호에서 이런 식당들을 소개하는 기사를 실었다.

　가게 밖에 커다란 흰색 간판이 걸려 있고, 이 간판에 여러 가지 요리 이름이 쓰여 있었다. 작은 스테이크 한 조각이 6펜스, 커피 한 잔은 3센트였고, 나머지 요리도 비슷비슷했다. 다임스는 식당 내부를 보고 경악을 금치 못했다. 좁고 길쭉한 실내에 작은 테이블 스무 개가 꽉 들어차 있었는데, 그 테이블을 덮고 있는 천들은 얼마나 쓰였는지 오래된 겨자 얼룩이 가득했다. 떨어지기 직전인 낡은 슬리퍼를 신고 소매를 걷어붙인 종업원들은 묘기를 부리듯 가득 쌓인 접시와 나이프를 들고 수증기 가득한 테이블 사이를 빠르게 오갔다. 얼마 안 되는 손님들이 군데군데 앉아 있었다. … 그들은 모두 말없이 자기 앞에 놓인 음식을 허겁지겁 먹었다. 다임스는 어지러운 상태로 빈 의자에 걸터앉았다. 낡은 옷에 기름을 뒤집어쓴 듯한 한 청년이 다가와 주문을 받았다. 다임스가 테이블 도구함을 멍하니 바라보는 사이, 종업원이 이 빠진 접시 두 개에 주문받은 요리를 가지고 왔다. 접시에는 스테이크로 보이는 검은 물체가 담겨 있었다.

이런 식당들은 자신의 집과 주방을 이용할 수 없는 도시 노동자들에게 음식을 제공하는 곳으로서 중요한 역할을 했다. 음식을 사서 먹는 새로운 계층, 새로운 식당이 생겨나면서 새로운 형태의 서비스도 나타났다. 하퍼스 위클리의 편집장 같은 사람들은 조소를 보냈을지 모르지만, 그런 새로운 서비스 문화는 레스토랑의 상징, 즉 다양한 선택권이라는 새로운 트렌드를 반영하고 있었다.

● 웨이트리스의 등장

20세기 초까지도 웨이트리스는 공개적인 논의 대상에 포함되지 않았다. 그러나 여성들은 아주 오래전부터 손님에게 음식을 내오는 일을 해 왔다. 특히 가족이 운영하는 여관과 하숙집에서는 여성이 음식을 담당하고 제공하는 경우가 많았다. 웨이트리스의 역할은 웨이터와 약간 다르다고 할 수 있는데, 웨이터처럼 음식을 서빙하는 일 말고도 손님과의 교류가 중요했다.

19세기 말까지 유럽, 미국, 중국의 레스토랑 인력은 거의 남자로 구성되어 있었다. 그러다가 20세기 초부터 레스토랑의 종류가 다양해지면서 노동 인구에도 변화가 찾아왔다. 여성들은 주로 카페나 소

'여성 사회 정치 연합(Womens Social Political Union)'의 웨이트리스, 런던 여성 박람회장 1909년 사진.

규모 식당 같은 중저가형 레스토랑에서 일했다. 1900년 미국 식당에서 일하는 여성의 수는 41,178명으로 40% 비율에 달했고, 외식업이 폭발적으로 성장한 1940년에는 이 비율이 68%까지 늘어났다.[9] 스웨덴은 20세기 초까지 외식업에 종사하는 여성 비율이 83%에 달했는데, 그중 96%가 미혼이었으며, 대부분 도시 이주민에 해당했다.[10] 일본의 경우, 식당의 여성 종업원 수가 1936년 기준 10만 명에 달했다.

외식업에 종사하는 여성 인구가 증가하자 경제·사회 전반에 걸친 여성의 역할과 새로운 문화적 상징이 된 웨이트리스를 둘러싼 논의가 뜨거워졌다. 1903년 카우보이 시인인 E. A. 브리닌스툴E. A. Brininstool이 쓴 〈레스토랑 아가씨The Restaurant Girl〉(1903)라는 시는 웨이트리스에 대한 당시의 사회적 인식을 보여 주는 좋은 예다.

총 뒤에 있는 남자의 시간은 영원하다고들 하네.

남자가 행한 많은 행위는 노래와 이야기로 전해지지.

인생의 소명을 행하는 남자는 우리의 영원한 찬사를 받아 왔다네.

남자의 용맹함은 천 가지 방식으로 전해지지.

이제 아름다운 여인 - 여인의 모습을 축복하노라! - 여인을 위한 자리를 남기려 하네.

빗자루 뒤에 앉아 있는 여자에 관한 이야기를 들려주고자,

언급하고 싶은 다른 사람도 있지만, 지금 내가 보내는 찬사는

연기 자욱한 레스토랑 카운터 뒤에 앉아 있는 아가씨에 관한 것.

오, 카운터 뒤에 앉아 있는 아가씨! 그녀는 거침이 없다네.

'해시!*'라고 웃으며 말하는 그녀의 태도에는 마법이 깃들어 있지.

총총걸음으로 식당 안을 누비다가 가끔 카운터 바닥을 탕 친다네.

주방에서 "식사 나왔어요!" 할 때,

그녀의 단련된 몸동작을 보라.

양손 가득 접시를 들고 오는 그녀!

그리고는 커피 주문을 받는다네.

김이 모락모락 나는 커피잔을 들고 올 때, 이렇게 묻지. "케이크나 도넛은요?"

카운터 뒤에 서 있는 그녀 옆에는

참기 힘든 파이와 도넛, 비스킷이 진열되어 있지.

그녀가 바삐 오가는 모습은 얼마나 예술적인가!

수프를 담고 파이를 자르는 우아한 몸짓을 보라!

"토스트 나왔어요." 그녀가 노래하네. 오, 그녀가 보여 주는 마법,

무거운 접시를 손바닥에 올리고 능숙하게 균형을 잡고 걸어가네.

이리저리 돌아다니며 고함을 지르는 그녀의 광기에는 질서가 있다네.

"여기 앞면은 갈색으로 해서 웰던으로 주세요."

전쟁의 영웅과 그 전쟁 영웅이 행한 훌륭한 행위에 찬사를 보낼 수 있지만,

카운터 뒤에 앉아 있는 아가씨는 케이크를 가져다주는 사람이지.

---

*   다진 고기 요리.

당신의 영웅에게 찬사를 보내세요. 소리 높여 찬양하세요.

하지만, 레스토랑 카운터 뒤에 있는 아가씨는 나의 것!

그래요, 저렇게 열심히 일하는 아가씨를 내게 주세요.

다른 영웅과 우상과 나머지 사람들은 당신에게 남겨 둘 테니.

원한다면 하늘 높이 그들을 찬양하세요. 하지만, 나는 노래할 테요.

연기 자욱한 레스토랑 카운터 뒤에 있는 아가씨에 대해![11]

웨이트리스가 사람들의 눈길을 사로잡자 레스토랑 운영자들은 웨이트리스의 유니폼에 신경 쓰기 시작했다. 식당에서 일하는 여성들은 집에서 일한 하녀들과 비슷한 복장을 오랫동안 입었다(웨이터도 비슷했는데, 그들은 귀족들이 데리고 있는 하인의 복장과 비슷하게 흰색 셔츠에 검정 바지, 검정 외투를 입었다). 웨이트리스는 주로 어두운 계열의 원피스를 입고 앞치마를 둘렀으며, 보닛을 쓰기도 했다. 그러다가 19세기 후반에서 20세기 초에 그들의 유니폼에 큰 변화의 바람이 불었다.

1895년 맨해튼에 있는 한 레스토랑 주인이 웨이트리스에게 블루머bloomer*를 입히기로 했다. 이 의상은 큰 주목을 받았는데, 〈뉴욕타임스〉에서 이렇게 기사를 썼다.

"블루머를 입겠다고 한 웨이트리스는 손님을 더 많이 끌었다. 나소街를 가득 메울 정도의 손님이 레스토랑 앞에 장사진을 쳤지만, 일부만 입장할 수 있었다."

---

* 무릎길이의 풍성한 반바지를 입고 그 위에 치마를 입는 형태, 프릴과 주름 장식이 달리기도 했다.

하지만, 대부분 웨이트리스는 새로운 형태의 유니폼을 입지 않 겠다고 선언하며 파업을 일으키기도 했다(동료 웨이터들도 그들에게 지지 를 보냈다).**12** 이 이야기는 웨이트리스를 둘러싼 사회적 시선, 특히 그 들의 근로환경과 성차별적 인식을 보여 주는 사례라고 할 수 있다. 물론 이 사례는 미국과 서양에만 국한된 이야기가 아니다.

일본에서는 '조큐女給'라는 직업의 여성들이 메시모리온나의 전통 을 이어받았다. 다방에서 일한 조큐를 비롯해 게이샤, 매춘부에 이 르기까지 일본 유흥지역에서 일한 여성들은 식당업과 성매매가 혼 재한 환경에서 일해 왔다. 그러나 메이지 시대(1868년~1912년) 때부터 일본이 아시아 너머의 나라들과 교류를 맺기 시작하면서 서양의 관 습과 정치에 대한 국가 차원의 관심과 더불어 대다수의 일본 국민도 서양 문화에 매료되었다. 이로 인해 파리식 카페를 포함한 새로운 미적 가치관과 상업이 폭발적으로 증가하기 시작했다. 다양한 배경 의 여성들이 카페 웨이트리스를 직업으로 삼게 되고, 현대적인 맥락 으로 여겨지는 환경에서 일하면서 과거 유흥지역에서 일한 여성들 보다 더 다양한 계층의 사람들과 교류를 맺게 되었다. 이런 이유로 웨이트리스라는 직업에 관한 논의도 뜨거워졌다.

일본에서는 서양식 카페가 1910년대부터 인기를 끌었다. 그에 따라 웨이트리스의 수도 급격히 증가했는데, 카페에서 일하는 여성 들에 대한 기대 변화가 한몫했다. 이 여성들은 음식을 서빙하는 일 뿐 아니라 감정 노동을 제공하는 경우가 많았다. 손님과 긴 시간을 보내며 대화를 나누고, 이야기를 들어 주며, 때로는 성적인 농담을 나누었다. 손님과 웨이트리스 간의 이런 상호작용이 점점 더 중요한

캔자스주 허친슨, 비존테 호텔 내부에 있는 하비 하우스 레스토랑. 유니폼을 입고 있는 하비 걸들의 모습이 보인다. 1920년~1920년.

부분을 차지하게 되면서 손님 대 종업원의 비율이 일대일이 될 정도로 많은 웨이트리스를 고용하는 곳이 생기고, 블루머를 입은 웨이트리스 이야기를 무색하게 할 만한 일들도 일어났다. 가령 긴자의 어느 카페는 여성들이 작은 건반 악기를 들고 다니면서 손님이 만지는 부위에 따라 다른 노래를 부르며 악기를 연주했다. 이런 분위기는 잡지와 사회 비평가들 사이에서 활발한 논쟁을 일으키는 결과로 이어졌다.

일본에서는 서양 문화에 경도된 젊은 여성을 '모던 걸modern girl', '신여성'이라는 이름으로 불렀는데, 웨이트리스라는 직업을 가진 여성은 대표적인 '신여성'에 해당했다. 신여성은 일본 잡지와 수필, 소설, 시사만화의 관심을 한 몸에 받았다. 예를 들면 다니자키 준이치로의 《치인의 사랑》이라는 소설에 등장하는 여주인공 나오미도 다방에서 일하는 어린 급사로 나온다. 남자 주인공인 조지는 그녀에게 반해 그녀를 데려다가 음악과 영어를 가르치고 교양을 쌓게 한 뒤 그녀와 결혼한다. 하지만, 신여성이 된 나오미가 나중에는 조지의 삶을 주도한다.[13]

많은 신여성이 이전까지 없었던 새로운 방식으로 독립적인 삶을 살았다. 누구와 어떤 시간을 어떻게 보낼지는 그들이 결정했다. 또한 서양의 웨이트리스처럼 처우 개선과 보수 인상을 요구하며 다른 여성들과 연대를 형성하기도 했다.[14]

1930년대 중국의 상황은 일본과 비슷하게 시작하나 결말은 상당히 다르다. 중국의 문학과 영화, 잡지들은 짧은 머리를 한 모던 걸들의 자유분방한 모습을 두고, 우려에서인지 다른 이유에서인지 안타깝다는 반응을 보였다(유럽과 미국, 일본에서도 신여성에 대한 담화가 비슷한 방향으로 흘렀다).[15] 중국의 다방 주인들은 손님을 끌 목적으로 젊고 아름다운 아가씨를 고용해서 음식 서빙을 시키고 손님들과 성적 농담을 주고받게 했다. 급여는 상당히 낮았지만 팁이 있었기 때문에 수입에 보탬이 되었다.

하지만, 중국의 웨이터들은 도덕적인 이유를 들며 웨이트리스를 억누르는 경향이 나타났다. 중국에서 여성 종업원의 수가 많아지자 남자들의 일자리에 변화가 생겼기 때문이다. 여자들은 더 낮은 급여를 받으면서 성적으로도 이용될 수 있었기 때문에 남자들이 그들과 경쟁하면 불리할 수밖에 없었다. 서양에서 웨이트리스가 처음 등장

했을 때 손님에게 인기가 많았듯이 동양에서도 식당이나 다방에서
직장을 구한 여성들은 돈벌이도 괜찮고 적당히 관심을 끌었다. 고용
주 쪽에서는 여자 종업원이 남자 종업원보다 돈도 적게 받고 손님을
더 많이 끌었기 때문에 그들을 선호했지만, 그들에 관한 관심은 손
님뿐 아니라 고용주에게도 있어서, 웨이트리스로 일하는 여성들은
종종 고용주에게 성희롱을 당했다. 이에 몇몇 남성 단체에서 여성
노동자의 부적절한 근로 환경을 빌미로 정부를 압박해서 여성들이
웨이트리스로 일하지 못하게 하는 법을 통과시켰다. 법의 취지는 여
성의 삶을 보호한다는 이유였지만, 결과적으로 많은 여성이 일자리
를 잃고 생계를 위협받았다.[16]

🍴 웨이트리스와 사회 인식

웨이트리스의 역사에서 가장 흥미로운 순간을 꼽는다면, 19세기 말
의 하비 하우스Harvey House 레스토랑을 빼고 이야기할 수 없다. 하비
하우스의 웨이트리스는 교양 있고 세련된 고급 인력이라는 인식이
퍼져 있었는데, 이는 하비 하우스의 특별한 채용 절차와 근무 조건
과 관련이 있다. 하비 하우스의 웨이트리스는 20세기에 급격히 증가
한 미 중부 레스토랑 웨이트리스들의 이상적인 모델로 그려졌다. 그
들에 대한 사회적 인식이 좋아지면서 음식업계에서 일하는 여성 전
반에 대한 이미지가 달라졌고, 결과적으로 웨이트리스가 더 보편화
되는 결과로 이어졌다(특히, 백인 여성 웨이트리스가 많아졌다).

프레드 하비Fred Harvey가 설립한 체인점 레스토랑인 하비 하우스는 미국 서부를 가로지르는 철도를 따라 기차역에 세워졌다. 하비 하우스에서 여성 종업원을 고용하기로 한 것은 프레드 하비의 아이디어는 아니다. 하비는 레스토랑이 위치한 지리적 이유로 원래는 흑인 남자들을 고용할 계획이었다. 그러나 탐 래턴이라는 매니저가 백인 여성 종업원이 더 관리하기가 쉽고, 그가 있는 뉴멕시코 지역의 빈번한 폭력 사건을 줄이는 데도 도움이 될 거라고 판단해 여성 종업원을 고용하는 것이 좋겠다고 건의했다.[17] 결과적으로 하비 하우스에서 고용한 웨이트리스 덕분에 미국 서부 인구 전체에 변화가 생겼다.

하비 하우스의 웨이트리스는 '하비 걸Harvey Girl'이라는 이름으로 당시에 큰 주목을 받았다. 1960년대에 들어 플레이보이 클럽의 '플레이보이 버니'에게 인기를 내어 주었지만, 하비 걸과 플레이보이 버니는 완전히 성격이 다르다. 19세기의 사회 분위기상 돈을 버는 미혼 여성은 곱지 않은 시선을 받았는데, 특히 웨이트리스는 남자들을 계속 상대해야 하고, 성적으로 문란해 보여 더더욱 그랬다. 하지만, 하비 하우스의 웨이트리스는 레스토랑에서 제공하는 숙소에서 지냈고 여사감의 통제를 받았다. 사감은 하비 하우스 웨이트리스의 복장과 품행, 통금 시간을 엄격하게 관리했다. 하비 걸들은 칼라가 달린 밋밋한 긴 소매 원피스에 검정 구두와 스타킹을 신고, 흰색 앞치마를 둘렀다. 사실상 19세기 프랑스의 가정부 의상과 비슷했다(그들의 복장은 다음 세기에 걸쳐 웨이트리스 유니폼에 많은 영향을 주었다). 하비 걸은 늘 이 유니폼을 입고, 일주일에 6일 동안 하루 12시간씩 일했다. 기차가 늦은 밤에 도착할 때는 밤 근무도 섰다. 단, 금요일 저녁에 열리는 식당 행사에서는 사복을 입는 것이 허용되었다.[18] 이런 엄격한 규율과 통제를 받은 하비 걸들은 다른 레스토랑에 비해 높은 임금을 받았다. 교통비와 숙식이 제공되고, 계절 과일만 빼면 하비 하우스 주방에 있는 모든 음식을 먹을 수 있었다. 또한, 하비 하우스 제도 안에서 승진하거나 더 흔하게는 결혼을 통해 사회경제적으로 앞서 나갈 기회도 얻었다.

하비 하우스의 모든 웨이트리스가 결혼과 부를 목표로 삼았던 것은 아니다. 자넷 페리어Janet Ferrier와 앨리스 스택하우스Alice Stackhouse라는 두 여성은 하비 하우스에서 더 넓은 의미의 기회를 누린 사람들이다. 레슬리 폴링-켐페스Lesley Poling-Kempes라는 역사가의 기록에 따르면, 스코틀랜드 출신인 자넷 페리어는 런던에 있는 한 의사에게서 중년에 이르면 실명하게 될 거라는 말을 들었다. 그녀는 더 늦기 전에 넓은 세상을 경험해 보고 싶었다. 그래서 미국으로 건너가 플로리다에 있는 한 리조트에 일자리를 구했다. 그녀는 그곳에서 웨이트리스로 일하면서 스택하우스를 만났는데, 그녀 역시 페리어처럼 넓은 세상을 경험하는 것이 인생의 목표였다. 두 사람은 근무 조건이 좋다는 하비 하우스의 웨이트리스가 되기로 하고 서부로 떠났다. 당시 하비 하우스는 두 사람이 짝지어 지원하는 것을 선호했다. 그래서 두 여성을 고용하기로 하고 같은 지역에서 근무할 수 있게 근무조를 짜고 숙소도 같은 방을 배정해 주었다. 이 방법은 두 여성에게 확실히 좋은 결과로 작용했다. 페리어와 스택하우스는 일을 어느 정도 하다가 돈이 모이면 일을 잠시 그만두고 몇 달씩 세계 여행을 떠났다. 두 사람은 40년 동안 네 개 대륙을 넘나들며 수없이 많은 나라를 여행했다. 여행이 끝나면 다시 하비 하우스로 돌아와 다음 여행을 위한 돈을 모았다. 페리어의 눈은 나중에도 아무 문제가 생기지 않았다.[19]

하비 하우스에서 웨이트리스가 되는 것은 만만한 일이 아니었다. 미국 기준 최소 8학년 이상의 교육과정을 마치고, 언어 능력이 뛰어나며, 몸가짐이 바르고, 훈련 과정이 끝남과 동시에 미시시피 서부 지역으로 발령을 받아 적어도 6개월을 그곳에서 근무해야 했다. 그래도 지원자가 늘 수천 명이 넘었다.[20] 하비 걸이 된 여성들은 언론인과 일반 대중 사이에서 말 그대로 '스마트'한 여성으로 불렸다. 하비 하우스는 그에 걸맞은 보상을 제공했는데, 오랫동안 근무한 직원은 남자 직원과 똑같이 매니저 자리에 승진할 기회가 주어졌고, 매니저 자리에 오른 여직원은 같은 자리에 있는 남자 직원과 똑같이 일하고, 똑같은 보수를 받았다.[21] (하비 하우스 주방의 이야기는 좀 다르다. 청소, 주방 일, 보조 업무를 맡은 백인 여성과 남녀 유색인종은 임금 수준이 매우 낮고, 지내는 공간도 매우 협소했다. 간혹 승진하는 남자 직원이 있기는 했지만, 그들이 누리는 기회는 백인 웨이트리스의 수준에 미치지 못했다. 이런 점에서 하비 하우스는 19세기, 20세기, 21세기 미국과 유럽 내 다른 레스토랑과 크게 다를 바 없었다.)[22]

하비 하우스에서 웨이트리스를 이렇게 엄격하게 관리한 데는 우수한 사람들을 뽑고, 그 사람들을 잘 관리하겠다는 목표가 있었기 때문이다. 그래서 웨이트리스에 대한 성적인 이미지와 부정적인 인식을 없애려고 했다. 게다가 하비 하우스가 있는 서부는 위험하고 풍기문란이 심한 곳으로 악명 높았다. 하지만, 적어도 웨이트리스만 보면, 그런 인식은 사실과는 관련이 없었다. 서부에서는 매춘과 웨이트리스 일이 상당히 별개의 직업에 해당했다고 할 수 있다. 당시 한 연구진의 조사에 따르면, 캘리포니아에서 성매매업에 종사하는 여성 230명 중 한 명만이 웨이트리스로 일한 경험이 있었다. 그러나 사실에 근거한 주장에도 사람들은 쉽게 설득되지 않는 경향이 있어서 웨이트리스에 대한 사회적 낙인이 실제로 문제가 될 수 있었다. 폴링-켐페스에 의하면, 1980년대에 하비 하우스에서 일한 여성들을 대상으로 연구를 진행했을 때, 일부 여성의 경우 자신이 웨이트리스로 일했다는 것을 가족에게 알리기를 원치 않는다며 인터뷰를 꺼렸다.

성공한 하비 걸에 대한 많은 이야기가 대중문화와 구술 자료로 전해진다. 〈코스모폴리탄〉에 처음 소개된 에드나 페버Edna Ferber의 단편 소설인 《최고의 사람들Our Very Best People(1924)》은 여주인공 한나에 관한 이야기로 구성된다. 한나는 그녀의 아버지가 도박으로 유산을 모두 날린 후 빈털터리의 몸이 되자, 하비 하우스의 웨이트리스가 되어 기관차의 보조 차장으로 일하는 남자를 만나 결혼하게 되는데, 이 남자가 나중에 더 높은 직위에 올라 행복한 결말을 맞는다는 이야기다. 1946년에는 주디 갈랜드와 안젤라 랜즈베리가 주인공으로 등장한 '하비 걸The Harvey Girls'이라는 뮤지컬 영화가 만들어졌는데, 1942년 같은 제목의 소설을 각색한 이 영화에서는 하비 하우스 웨이트리스를 중심으로 사랑과 성공에 관한 또 다른 신화 같은 이야기가 펼쳐진다. 다소 진부하게 느껴질 수 있는 이런 이야기를 통해 우리는 하비 하우스가 세심하게 관리해 온 하비 걸에 대한 이미지를 엿볼 수 있다. 하비 하우스의 웨이트리스는 취업 후 1년간은 결혼하지 않는다는 조건으로 고용되었고, 만약 하게 되면 월급 절반을 내어 놓아야 했다. 그들은 남자가 수적으로 월등히 많은 지역에서 정숙하고 유능하다는 이미지 덕분에 결혼률이 상당히 높았다. 물론 결혼이 경제적 안정이나 행복을 보장하지는 않았지만, 페버의 소설에 나오는 '한나'라는 인물은 좋은 남편감을 만나 결혼하고 하비 하우스 웨이트리스로 일한 경험을 바탕으로 미국 서부에서 좋은 평판을 얻으며 만족스러운 삶을 산 여성들에 관한 사례를 대표했다고 할 수 있다.

● 레스토랑과 인종차별

레스토랑에서 서비스를 받느냐 못 받느냐는 주로 레스토랑 직원의 권한에 해당하는 레스토랑 문화의 중요한 특징 중 하나다. 레스토랑에서 좋지 않은 서비스를 받았다는 이야기는 시사만화와 칼럼에서 심심치 않게 볼 수 있다. 이런 이야기가 나오는 데는 많은 경우 우리 사회의 선입견과 관련이 있다.

사실상 대부분 레스토랑에는 손님이 앉을 자리를 결정하는 사람이 있다. 고급 식당에서는 지배인이 이 역할을 한다. 20세기 초까지도 오스카 스커키 같은 사람들은 지배인이라는 직위로 고급 호텔에서 기세등등한 지위를 누렸다. 고급 레스토랑에서는 지금도 여전히

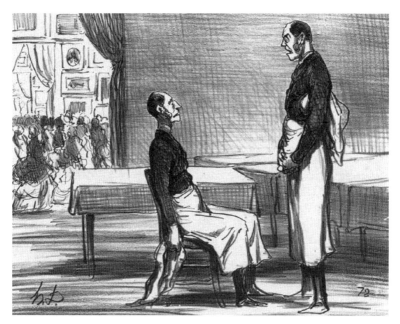

오노레 도미에, '르 살롱 드 1857(Le Salon de 1857)' 〈샤리바리〉 1857년 7월 1일 신문용지 석판 인쇄.

중요한 위치에 있다. 중간급 식당에서는 대개 주인이 이 역할을 하는데, 손님이 웨이터나 웨이트리스의 서비스를 받기 좋은 자리에 앉도록 안내하는 것이 핵심이다. 이 일은 식당의 공간 관리뿐 아니라 직원의 시간 관리 면에서도 중요한 의미가 있다(물론 대부분 주인은 손님에게 더 좋은 자리를 안내하려고 할 것이다).

식당에 온 손님은 자리를 안내받고 밥을 먹는 것을 당연하게 여긴다. 하지만, 미국에서는 이 문제가 100년 넘게 심각한 사회적 갈등의 원인이 되어 왔다. 과거의 흑인들은 미국 내 많은 음식점에서 일상적으로 입장을 거부당했다. 20세기 중반 흑인 인권 운동이 활발하게 펼쳐지던 시기, 레스토랑의 서비스 문제는 주요 쟁점 중 하

아칸소의 울워스 식당에서 인종차별에 반대하며 연좌농성을 벌이는 흑인계 미국인 대학생, 1963년 사진.

나였고, 흑인들은 미국에서 그들이 직면한 불평등 문제를 제기하며 비폭력시위의 형태로 레스토랑에서 자주 연좌 농성을 벌였다. 미국의 노스캐롤라이나 그린즈버러에 있는 울워스라는 식당도 그런 곳 중 하나다. 1960년 2월 1일, 네 명의 흑인 대학생이 이 식당 카운터에 자리를 잡고 앉았다. 이 식당은 백인에게만 밥을 팔던 곳이라 당연히 그들에게 음식을 팔지 않았다. 학생들은 이날 식당 문을 닫을 때까지 자리를 지켰고, 다음 날 다시 식당을 찾아갔다. 이 시위는 더 많은 흑인이 동참하면서 이후 6개월간 이어졌다. 같은 시기 미국 남동부 전역의 소규모 식당과 레스토랑에서도 이와 비슷한 연좌 농성이 펼쳐졌다. 농성을 벌이는 흑인들은 백인과 동등한 권리를 주장하며 비폭력 인권 운동을 펼쳤지만, 백인 관리자와 동료 직원, 시민들로부터 협박과 모욕에 시달렸다. 1960년 7월 25일, 마침내 울워스 식당은 흑인 세 사람에게 음식을 제공하기에 이르렀다. 이후 일부 다른 레스토랑에서 흑인에게 음식을 팔기 시작했지만, 1964년 민권법이 발휘되기 전까지, 그리고 그 후로도 많은 레스토랑에서 흑인의 출입을 거부했다.

울워스 식당의 농성 이야기는 흑인들이 미국 내 레스토랑을 똑같이 이용할 권리를 주장한 유명한 일화 중 하나지만, 레스토랑과 관련된 아프리카계 미국인의 또 다른 이야기도 전해진다. 역사가 오드리 러섹Audrey Russek에 따르면, 1961년 메릴랜드 지역의 레스토랑을 중심으로 인종차별에 대한 사회 인식을 일깨운 사건이 있었다.

1960년대 아프리카는 여러 신생 독립국이 탄생하면서 아프리카계 흑인 외교관을 미국에 보내는 일이 많았다. 미국 국무부는 그들의 독립을 지지하고 각국 대표의 방문을 환영한다는 제스처를 보여주고 싶었다. 그러나 미국에는 여전히 인종차별이 존재했고, 특히 레스토랑에서 인종차별을 경험하는 경우가 많았기 때문에 그들의 방문을 앞두고 고민에 빠졌다. 이에 대한 해결책으로 국무부는 '그린북(미국 내 흑인이 차별받지 않고 서비스를 받을 수 있는 공공 식당 등을 안내한 책)'과 미슐랭 가이드를 결합한 일종의 안내책을 발행할 계획을 세웠지만, 이 계획은 무산되었고, 대신 다른 계획을 실행에 옮겼다. 국무부는 워싱턴 D. C.에 있는 레스토랑 경영자와 매니저에게 연락을 취해 레스토랑에 방문하는 모든 흑인계 손님에게 동등한 서비스를 제공해 달라고 부탁했다. 또한, 레스토랑 직원들에게 아프리카인과 아프리카계 미국인을 구별할 수 있게 하는 훈련도 제공했다.

국무부의 프로그램이 시작되고 얼마 후, 〈볼티모어 아프로아메리칸Baltimore AfroAmerican〉*에서 한 흑인 기자단이 위장 취재를 기획했다. 그들은 흑인에게 이루어지는 레스토랑 서비스의 실태를 조사하고 레스토랑 직원들이 아프리카 외교관을 어떻게 대하는지 알아보기로 계획했다.[23] 기자단은 아프리카 고위 관리로 위장했는데, 허브 맹그럼이라는 기자는 아프리카 어떤 나라의 재무장관으로 행세하며 호피 무늬 터번을 쓰고 아프리카 전통 의상을 빌려 입었고, 동료 기자인 루푸스 웰스와 조지 콜린스는 연미복과 정장 모자를 빌려 썼다. 기자들은 리무진을 빌리고 가짜 이름에 억양까지 꾸며 대며 볼티모어 지역에 있는 레스토랑 다섯 곳을 돌았다. 그리고 각 레스토랑에서 그들에게 음식을 잘 제공하는지, 서비스가 제대로 이루어지는지 살펴보았다.

1961년 8월 22일, 레스토랑 투어가 시작되었다. 반응은 다양하게 나타났다. 첫 번째 레스토랑에서는 아프리카 고위 인사의 방문을 놀라워하며 웨이트리스가 사인을 요청했다. 두 번째 레스토랑은 그들에게 자리는 제공했지만, "우리는 원래 흑인은 받지 않소. 대통령의 말이 있어서 받아 주는 거요."라고 차갑다 못해 적대적인 반응을 보였다. 그들의 반응은 정부의 원래 취지와는 맞지 않았지만, 어쨌든 국무부의 지시가 반영되었다고 할 수 있었다. 또 다른 레스토랑도 비슷한 반응이 나왔다. 처음에는 기자단 일행에게 음식을 팔지 않겠다고 했다가 국무부의 시선을 우려하여 나중에서야 자리를 안내했다. 나머지 두 레스토랑은 아예 그들을 받아 주지 않았다. 한 곳

---

* 미국 메릴랜드주 볼티모어에서 발행하는 주간 신문.

은 원래 그 시간에는 음식을 안 판다고 했고(인종 통합에 반대하는 레스토랑이 흔히 그렇게 둘러댔다), 다른 한 곳은 이유도 설명하지 않고 그냥 돌려보냈다.

1965년 민권법이 통과된 후로 미국 레스토랑은 서서히 변했다. 그러나 소수 집단에 대한 차별은 종업원과 손님 간에 여전히 알게 모르게 존재해 왔다. 흑인이 미국 레스토랑에서 겪는 차별에 관한 오랜 연구 결과들을 종합해 보면, 인종차별이 레스토랑 서비스의 질과 만족도에 여전히 영향을 미친다는 것을 알 수 있다.

◑ 팁 문화

레스토랑은 복잡한 힘의 역학 관계가 작용하는 곳이다. 이 힘의 역학 관계는 고객과 종업원 간의 일회적 상호작용이나 반복적 상호작용에서 드러날 수 있다. 고객과 종업원 간의 상호작용 중에서 가장 긴장감이 야기되는 순간은 종업원이 계산서를 가져올 때다. 음식 값을 계산하는 방법, 그리고 팁을 내는 방법은 문화권마다 차이가 있다. 가령 독일에서는 일행 간에 정확히 계산서를 나누는 문화가 발달해 있고, 미국에서는 여러 가지 방법으로 나누기도 하고, 나누지 않기도 한다. 남녀가 함께 온 경우에는 보통 남자에게 계산서가 전달된다. 특히 문화권에 따른 다양성은 팁 문화에서 가장 많이 나타날 것이다.

레스토랑 팁 문화의 기원은 서양의 중세 시대로 거슬러 올라간다. 과거 서양의 귀족들은 다른 귀족의 집을 방문했을 때, 특히 그 집에서 며칠을 묵게 될 때, 하인들에게 수고한다는 의미로 소정의 사례금을 지급했다. 이때의 관습이 커피하우스나 태번을 거쳐 오늘날 레스토랑의 종업원에게 팁을 주는 문화로 자리 잡게 되었다.

팁이라는 단어가 'To Insure Promptitude'의 약어로 쓰이기 시작했다는 설도 있다. 1760년대 최초로《영어 사전A Dictionary of the English Language》을 편찬한 새뮤얼 존슨Samuel Johnson은 커피하우스를 자주 방문했는데, 그 커피하우스 테이블에 '신속한 서비스를 위함'이라는 의미로 'To Insure Promptitude'라고 쓰인 그릇이 놓여 있었고, 그 표현을 줄여서 팁으로 부르게 되었다고 설명한다. 이런 그릇이 실제로 존재했던 것은 거의 확실해 보이지만,《옥스퍼드 영어 사전Oxford English Dictionary》에서는 다른 설명으로 팁의 유래를 설명한다. 팁은 1750년대 하인들이 일반적으로 사용한 단어였고, 독일에서는 트링크겔트Trinkgeld라는 단어로, 프랑스에서는 푸르브와르pourboire라는 단어로 각각 쓰였으며, 대충 '술값'이라는 의미로 해석할 수 있다. 즉 손님이 하인에게 축복을 빌어 주며 술 한 잔 마실 정도의 돈을 주는 관습에서 팁이 유래했다고 설명한다.

개인의 하인에게 약간의 돈을 주던 관습에서 시작된 팁 문화는 여러 사람이 이용하는 공적인 시설의 종업원에게 돈을 주는 관습으로 이어졌다. 팁 문화는 이제 주인과 하인과의 관계에서 이루어지는 관행이 아니지만, 여전히 '서비스' 문제에 매여 있으므로 주인 대 하인과의 관계와 다른, 또 다른 관계를 형성한다. 특히 다른 많은 서비스업 중에서도 레스토랑이라는 공간은 소정의 사례로 시작했던 팁 문화를 정식 시장에서 이루어지는 논란 많은 거래로 만든 곳이다.

팁 문화는 레스토랑의 복잡한 힘의 역학 관계를 수면 위로 드러나게 한다. 즉 음식을 중심으로 한, 명백하게 동등하지 않은 관계가 형성되고, 그 관계는 시장의 관계로 규정된다. 팁 문화는 오랫동안 논란거리가 되어 왔다. 20세기 초 미국의 몇몇 주는 팁을 금지하는 법을 통과시켰다. 사우스캐롤라이나, 테네시, 워싱턴주에서는 팁 문화를 금지했는데, 법을 집행하고 관리하기가 어려워 10년 만에 다시 법을 폐지했다. 유럽에서는 20세기 중반 팁을 아예 봉사료로 만들어 계산서에 포함시켰다. 1943년 영국의 음식업 임금법Catering Wages Act 은 음식업계에 종사하는 노동자의 최저 임금을 정해 팁 문화를 둘러싼 경제적 혜택과 구조를 변화시켰고, 프랑스는 계산서마다 봉사료를 부과하는 법을 1955년 통과시켰다.

팁 문화는 법률, 관습, 비즈니스 관행에 따라 나라마다 다르게 형성되어 왔다. 따라서 다른 나라를 여행할 때는 그 나라의 팁 문화를 어느 정도 알아 두는 것이 필요하다. 미국은 팁에 대한 기대가 가장 높은 나라로, 계산서에 나온 금액에서 거의 20%를 팁으로 낸다. 중남미 지역에서는 일반적으로 10%의 팁을 낸다. 과테말라와 칠레는 팁을 건네는 것이 일반적이며, 에콰도르는 그렇지 않다. 코스타리카는 팁 문화가 거의 없다. 일본, 한국, 태국, 베트남, 중국의 중소도시에서는 팁을 기대하지 않고, 팁을 건네는 것이 무례한 행위로 여겨질 수도 있다. 인도, 홍콩, 필리핀, 중국의 대도시는 약 10%의 팁을 낸다. 중동의 대부분 나라는 팁 문화가 없지만, 이스라엘과 사우디아라비아에는 있고, 아프리카 국가도 대부분 팁 문화가 발달해 있다. 유럽의 식민지였던 국가들은 대부분 팁 문화가 형성되어 있는데, 뉴질랜드는 예외다. 유럽은 나라별로 팁 문화가 차이가 있다. 스위스나 독일은 거스름돈을 건네는 정도이고, 그들과 국경이 맞닿아 있는 오스트리아는 음식 값의 10% 정도를 봉사료로 낸다. 팁 문화의 다양성은 각 나라의 문화적 관습과 경제 상황을 동시에 반영하고 있다. 팁은 아니지만 팁의 개념에 영향을 미치는 선물, 뇌물, 서비스 요금에 관한 개념, 즉 돈에 대한 관점을 반영하며, 그와 동시에 지역 경제 안에서의 급여제도와 관광업과의 관계와도 관련이 있다. 게다가 여행 전문가들은 나라별로 다른 팁 문화에 대한 기대치에 동의하지 않는다는 의견을 내놓기도 한다. 어쨌든 중요한 것은 팁 문화가 시작된 이후로 사람들은 팁 문화의 지역적, 문화적 차이를 논의해 왔다는 것이다.

팁을 내는 행위는 사회학적으로나 심리학적으로 어느 정도 예측될 수 있지만, 상당히 복잡한 현상이다. 어떤 사람들은 팁 문화가 고객의 지배력을 강화함으로써 서비스를 행하는 사람의 지위를 떨어뜨린다고 주장한다. 다른 측에서는 팁이 일종의 선물과 같은 기능을 한다고 주장한다. 고객과 종업원 간에 유대 관계, 혹은 잠재적 유대 관계를 형성한다는 것이다. 이런 점에서 보면 팁 문화는 수단으로서가 아닌 상징적 의미로서 의식적 경험에 가까운 것이 될 수 있다. 하지만, 팁을 주는 행위는 많은 것을 암시하는 사회적 담론의 일부로 받아들여지는 것 같다. 고객도 그렇게 생각하고 종업원도 그렇게 받아들이는 것 같다. 다시 말해 팁을 주는 행위는 고객과 종업원 간의 연대감, 서비스에 대한 만족감, 밥을 먹은 사람 자신이 느끼는 자부심, 좋은 서비스를 받았다는 데 대한, 혹은 그 반대였다는 데 대한 사례를 직간접적으로 표시하는 행위다. 결국, 팁 문화는 인간관계의 표현방식인 셈이다.[24]

인류학자들은 식당 종업원의 위치를 두 가지 범주로 분류해 왔다. 하나는 그다지 중요하지 않은 위치라는 범주이고 다른 하나는 고객과 적극적인 상호작용을 하는 봉사자의 위치라는 범주다. 일부 문헌에서는 이 두 가지 범주가 음식점의 종류에 따라 달라진다고 설명하지만, 대부분 현실에서는 그 두 범주가 애매하게 공존한다. 웨이터와 웨이트리스가 하는 일은 손님에게 만족감을 줄 수 있는 충분한 상호작용이 요구되면서도 지나친 개입으로 손님에게 부담을 줄 정도가 되어서는 안 된다. 고급 레스토랑에서 작은 식당에 이르기까지 경험 많고 숙련된 종업원은 손님에 따라 어떤 상호작용이 요구되는지 정확히 구별할 수 있는 능력이 있는 것에 자부심을 느낀다. 웨이터와 웨이트리스는 레스토랑이 발달해 오는 과정에서 자신들의 위치를 찾기 위해 노력해 왔고, 레스토랑 문화는 다양한 행위가 인정될 수 있는 길을 열어 왔다. 그중 20세기에 들어 웨이터와 웨이트리스를 대신해 손님이 스스로 노동력을 제공하는 형태가 나타났는데, 다음 장에서 이를 살펴보겠다.

북독일, 그로서 쿠르퓌르스트(Grosser Kurfürst) 호텔 여성 전용 식당. 1890년~1900년 사진 제판.

6장

로드 푸드

레스토랑의 발전사는 대부분 도시를 중심으로 나타났지만, 도시와 동떨어진 '길'에서도 나타났다. 순례길을 따라 들어선 여관과 하숙집, 도시에서 빠르게 번창한 호텔에 이르기까지 레스토랑의 역사는 여행의 역사와 분리해서 생각할 수 없다. 여객선, 기차, 자동차, 고속도로같이 19세기~20세기에 등장한 새로운 교통수단은 음식 문화에도 많은 변화를 가져왔다. 앞 장에서 살펴보았듯이 도시를 중심으로 레스토랑이 발전하고 널리 보급될 수 있었던 것은 높은 인구 밀도와 밀접한 관련이 있다. 그러나 인구 밀도가 높지 않은 환경, 즉 사람과 건물의 밀집도가 낮은 곳도 다른 종류의 레스토랑이 탄생할 수 있는 조건이 되었다.

여행의 가장 큰 어려움 중 하나는 낯선 장소에서 먹을 것을 찾는 문제다. 도로, 철로, 뱃길을 따라 새로운 음식 문화가 탄생할 수 있었던 것은 인간에게 친숙하면서도 안전한 먹거리를 찾기 위한 동기가 작용했기 때문이다. 여행 중에 음식을 먹는 행위는 어느 정도 통제와 예측이 어려운 점이 있지만, 여행의 역사에 나타난 레스토랑의 혁명은 낯선 곳에서 음식을 먹어야 하는 것에 대해 불안감을 덜 느끼게 하는 것과 관련이 있다.

여행 문화와 관련된 레스토랑의 기원은 고대 이후로 발달해 온 무역로와 순례길에서 찾을 수 있다. 많은 사람이 무역로와 순례길을 따라 정기적으로 이동할 때 먹을거리를 찾기 위해 고민했다. 유럽과 중동에서 발견되는 기독교 순례길과 고대 중국과 서방 국가를 연결한 실크로드(중국식 레스토랑을 서양에 소개한 마르코 폴로도 이 실크로드를 이용했다) 외에도 일본과 같은 고립된 환경의 개별 국가들은 서기

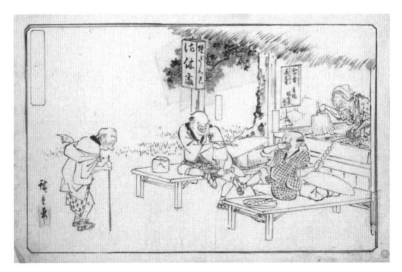

우타가와 히로시게 〈노점 식당의 재담꾼〉 1840년경 흑백 목판화, 종이에 먹.

1000년 중반까지 도시와 도시를 연결하는 도로를 건설했다. 이런 도로망을 따라 음식점들이 하나둘 생겨났고, 시간이 흐르면서 레스토랑 문화가 점차 유입되기 시작했다. 하지만, 살아 있는 생명체(사람, 말, 당나귀, 소 등)가 점유해 왔던 도로는 무생물인 이동 수단의 발명으로 19세기 초부터 큰 전환기를 맞으며 20세기 레스토랑 문화의 거대한 지각변동을 예고했다. 기차와 자동차 같은 새로운 이동 수단이 탄생하면서 여행과 관련된 인간의 경험에도 많은 변화가 나타났고, 이는 다시 새로운 레스토랑 문화를 탄생하게 하는 결과로 이어졌다.

🍴 증기 기차와 무덤 샌드위치

영국은 증기 기관차의 발명으로 1820년대부터 철도 시대가 열렸다. 증기 기관차는 속도와 이동 경로 면에서 여행 문화에 큰 변화를 가져왔다. 철도를 이용한 여행은 과거의 주요 이동 수단인 말보다 절반 이상 빠른 이동 시간을 자랑했지만, 여행자들은 여행 중에 음식을 구할 방법을 또 한 번 찾아야 했다. 여관과 태번은 마차나 사람들이 오가던 일반 도로를 따라 발달해 있었고, 철도 위로만 달리는 기차는 기존 기반 시설과 대부분 멀리 떨어져 있었다. 따라서 기차를 이용하는 사람들은 여행을 떠나기 전에 음식을 충분히 먹고, 목적지에 도착했을 때 다시 음식을 먹는 식으로 대처하거나 기차에서 먹을 수 있는 음식을 싸 가야 했다. 기차역 주변이나 기차 내에서 먹을 수 있는 음식업도 발달했는데, 신문팔이 소년이 사과 같은 간단한 먹을거리를 팔거나 미국의 경우, 흑인 여성들이 기차역에서 자칭 '웨이터 캐리어_{waiter carrier}'라는 이름으로 기차 승객들에게 닭튀김 같은 음식을 팔기도 했다.[1]

　증기 기관차는 작동 원리상 물을 보충해야 해서 중간에 정차할 때가 있었다. 이때 승객들은 기차에서 내려 기차역이나 주변 마을에서 음식을 사 먹기도 했다. 하지만, 정차 시간이 길지 않아서 멀리 이동할 수는 없었기 때문에 기차역 안에 작은 음식점이 생기기 시작했다. 영국의 기차역에 있는 간이음식점은 수프나 샌드위치, 스낵, 파이 같은 간단한 먹을거리를 팔았다. 철도를 이용한 여행자들은 일기나 신문 같은 문헌에 기차역에서 파는 음식에 관해 부정적인 글을

구스타브 칼할머(Gustav Kalhammer) 〈국영 철도역 레스토랑, 빈 X, 조세프 폴〉 1911년 컬러 석
판화.

에두아르 마네(Edouard Manet) 〈철도역 레스토랑〉 1879년경 고급지에 펜과 잉크.

많이 남겼는데, 영국 소설가 앤서니 트롤럽Anthony Trollope은 기차역에서 파는 샌드위치는 '보기에는 그럴싸하나 안은 빈약하고, 조잡하기 그지없는 허여멀건 무덤'이라는 시적인 표현을 남겼다.[2]

인도에서는 기차역에서 파는 음식이 괜찮은 평판을 얻었다. 인도의 기차역 레스토랑은 인도 음식과 영국 음식을 같이 팔았는데, 맛도 괜찮고 서비스도 좋게 묘사되는 경우가 많았다. 프랑스의 경우, 일부러 찾아갈 정도로 운영이 잘되는 곳도 많았다. 기차 여행객이 증가하고 기차 관광업이 활성화되자 열차 노선을 따라 호텔도 하나둘 들어섰다.

세계 여러 나라에서 기차선로를 따라 호텔이 지어졌다. 특히, 인구 밀도가 낮고 광활한 영토가 펼쳐진 북미에서는 기차 여행객을 유인할 수단으로 리조트 시설이 등장했다. 미국에서는 플래글러 노선이 운행한 플로리다 해안을 따라 리조트가 들어섰고, 애리조나와 뉴멕시코 같은 서부에도 각종 리조트가 들어서 미국 서남부 인디언 문화의 유행을 몰고 왔다. 그중 단연 돋보이는 곳은 철도를 따라 대규모로 지어진 캐나다의 고급 호텔들이다. 1878년, 몬트리올의 윈저 호텔이 맨 먼저 문을 연 후로 1880년대에 많은 대형 호텔이 잇달아 들어섰다. 그들은 유럽의 리즈 호텔이나 함부르크의 피어 야레스자이텐Vier Jahreszeiten 호텔 같은 성공적인 호텔을 모델 삼아 캐나다의 아름다운 대자연과 고급 서비스로 많은 해외 관광객을 불러들였다.

● 기차 식당차의 등장

철도역의 식당업이 성장하는 동안 이동식 식당도 비슷한 성장세를 보였다. 1868년, 미국 사업가 조지 풀먼George Pullman이 기차 식당차를 선보인 뒤로, 유니언 퍼시픽Union Pacific, 볼티모어 오하이오Baltimore Ohio(B&O), 시카고Chicago, 벌링턴 앤 퀸시Burlington and Quincy(CB&Q), 펜실베이니아Pennsylvania lines 노선 등 여러 철도회사에 기차 식당차를 운영하기 시작했다. 식당차들은 델모니코, 사우던, 트레몬트같이 유명 서비스 회사들의 이름을 따라 명명되고, 그들의 이름에 걸맞게 프랑스어와 영어를 병기한 7페이지짜리 메뉴판으로 다양한 코스 요리를 제공했다. 식당차에서 나오는 코스 요리는 콩소메로 시작해 가자미 요리, 앙트레 요리로 나오는 오리 구이와 토마토 샐러드, 셀러리 찜, 그리고 디저트로 샬롯 루스 케이크 같은 다양한 요리들이 나왔다.

식당차 내부는 델모니코 레스토랑에서 볼 수 있을 법한 실내장식으로 꾸며졌는데, 샹들리에, 고급 목재, 카펫, 자기 그릇, 은 식기, 리넨 테이블보가 사용되었다. 델모니코 식당차에는 요리사 두 명과 웨이터 네 명이 있어서 기차 여행객들이 웨이터의 테이블 서비스를 받으며 우아한 식사를 즐길 수 있었다.

식당차는 보통 자기 회사 이름으로 된 도자기 그릇과 은 식기를 사용했다. 대부분 단순한 형태로 흰색 바탕에 가장자리만 다른 색상으로 포인트를 주고 회사 로고가 찍혀 있었다. 어떤 회사는 꽃무늬나 그 지역의 풍경이 담긴 접시를 제작했다. 볼티모어 오하이오 노선은 아름다운 전원을 배경으로 기차 그림이 새겨진 '센터네리centenary' 양식을 사용했다. 산타페Santa Fe 철도는 건축가이자 디자이너인 메리 콜터Mary Colter가 뉴멕시코와 애리조나 일대에서 생활한 인디언 밈브레스Mimbres 부족을 모티브로 밈브레노Mimbreno라는 양식을 만들었다. 은 식기에는 주로 회사 이름을 새겨 넣었다.

식당차는 기차 시스템이 잘 정비된 지역을 찾아서 속속 퍼져 나갔다. 인도에서는 1870년에 최초로 식당차가 서비스를 개시했다. 인도 식당차는 완벽한 바bar 시설을 갖추고, 전문 요리사와 웨이터를 고용했으며, 일품요리도 제공했다. 이들은 로스트 치킨, 양고기 마드라스 커리, 비리야니* 등 인도 요리와 영국 요리를 동시에 제공했는데, 식민 지배하에 있던 인도는 승객 중에 영국인이 많아서 인도 요리 특유의 향을 없애는 요리가 많았다. 반대로 영국 요리는 인도

---

* 쌀, 생선, 고기, 채소, 향신료를 넣어 만든 인도식 요리.

사진의 배경으로 바트루트 팔라스 호텔(Badrutt's Palace)이 보인다.
1938년.

페어몬트 호텔 비에르 야흐레자이텐(Fairmount Hotel Vier
Jahreszeiten). 함부르크. 2014년.

윌리엄 노트먼 & 손(William Notman & Son) 〈캐나다 몬트리올의 윈저 호텔 다이닝 룸〉 1916년 사진.

향신료를 써서 인도풍이 가미되어 나왔다.[3] 그 외 많은 나라에서 철도 회사들이 승객에게 다양한 음식과 서비스를 제공했다. 출발과 동시에 인기를 끈 기차의 식당차는 20세기 기차 여행의 주요 매력으로 자리 잡았다.[4]

⑥ 식당차의 주방

식당차의 요리사는 열차 안의 좁은 주방, 그것도 달리는 기차 안에서 어떻게 근사한 요리를 만들 수 있었을까? 식당차의 주방은 보통

스트로브리지사(Strobridge & Co) 〈풀먼 기차 식당칸 내부, 신시내티-해밀턴-데이턴 노선〉 1894년 컬러 석판화.

조지 H. 미드(George H. Mead) 〈시카고 그레이트 웨스턴社의 시카고-두부크-세인트 폴-미니애폴리스-디모인-세인트 조셉-캔자스시티 노선〉 1899년경 사진.

가로세로 2.4미터 크기밖에 되지 않았다. 일반 가정집에서 볼 수 있는 작은 주방 정도였다. 그 좁은 주방 안에서 요리사들은 동시에 최대 48인분의 음식을 준비했다. 싱크대, 스토브, 조리대, 식품 저장고가 있었고, 이동식 냉장고도 있었다.[5] 식당차에서 제공하는 메뉴는 보통 담당 요리사가 재량껏 관리했다. 1893년 어느 식당차의 운영 매뉴얼을 보면, 식당차의 책임자는 식당차 영업에 필요한 물건을 재량에 따라 모두 구매할 수 있었다.

풀먼 철도 회사의 식당칸 직원은 특이하게 모두 아프리카계 출신으로 구성되었다. 단, 요리사는 백인과 흑인이 섞여 있었다. 식당

디트로이트 출판사 〈디럭스 오버랜드 철도회사 식당차〉 1910년~1920년 사진.

조지 R. 로렌스(George R. Lawrence) 〈식당차 내부〉 1905년경 사진.

차의 직원들은 간혹 조합을 결성해서 일했다. 식당차의 유명 요리사로는 풀먼 회사에서 정년까지 25년 동안 일한 아프리카계 미국인인 제임스 쿠퍼James Copper를 꼽을 수 있다. 1925년 그의 퇴임 때 〈뉴욕타임스〉에 그에 관한 기사가 소개되었는데, 전체 기사는 피아니스트이자 폴란드 총리를 역임한 이그나치 얀 파데레프스키Ignacy Jan Paderewski와의 관계를 중점적으로 다루었지만, 쿠퍼의 업무 성과에 대해서도 좋은 반응을 보였다. 풀먼 철도 회사는 서비스직에 있는 직원들에게 회사에 대한 충성심을 강조하고, 노동자의 권리를 행사하지 못하게 막았다. 그러나 철도 회사 노동자들은 심지어 잡역부라도 그들의 직업을 발판 삼아 중산층에 오를 수도 있었다. 〈뉴욕타임스〉 기사에는 철도회사의 요리사가 그 직업을 통해 성공하는 몇 가지 방법을 다루면서 제임스 쿠퍼가 파데레프스키와 나눈 대화를 소개했는데, 식당차의 종업원과 손님 간의 복잡미묘한 관계가 드러난다. 파데레프스키는 식사를 마치고 웨이터를 불러 이렇게 말했다.

"쿠퍼 씨에게 전해 주게. 오늘 고기는 아주 탁월했고, 샐러드는 놀라울 정도였고, 페이스트리는 완벽했다고 말이네."

웨이터가 그 말을 전하고 다시 돌아왔다.

"쿠퍼 씨가 감사하다는 말을 전하셨습니다. 그리고 수프도 좋았다고 전해 달라십니다."

〈뉴욕타임스〉에 따르면, 제임스 쿠퍼는 자신의 뒤를 이어 제임스 데이비스James Davis라는 시카고 출신의 젊은 아프리카계 미국인 요리사를 써 달라고 회사에 요구했다.[6] 식당차의 요리사들은 기차 안이라는 한정된 공간 속에서도 비품과 식자재를 관리하고, 고객과 유대 관계를 형성해 나갔으며, 후배들도 자신들처럼 경력을 쌓아 성공할 수 있도록 길을 닦아 주었다.

⓫ 하비 하우스 스탠더드

풀먼사에서 운영한 식당차가 인기가 높았던 것은 동부 해안 노선에는 정차역이 많아서 이용하는 승객이 많았기 때문이다. 그러나 서부 노선에서는 정차 역 간의 간격이 넓고, 이용하는 승객이 많지 않을 뿐더러, 차량 사이를 오갈 수 없었기 때문에(차량과 차량을 연결하는 통로는 나중에 만들어졌다) 식당차가 실용적이지 못했다.[7] 서부 노선을 이용하는 승객들은 기차가 중간 역에 설 때, 역에서 파는 음식을 사서 먹었다. 하지만, 보통 30분 내외로 다시 출발했기 때문에 음식을 먹을 수 있는 시간이 길지 않았다. 중간 역에서는 미리 만들어 둔 음식을 팔곤 했는데, 그래서 음식 값이 기차 요금에 포함될 때도 있었다. 음식의 질은 동부 노선이 훨씬 좋았다. 동부에 있는 주들은 인구 밀도가 높아 업자들 간에 경쟁이 치열하고, 좋은 식자재를 구하기가 쉬웠다. 반면 서부 노선의 레스토랑은 음식이 형편없기로 유명했다. 특히 고기가 질기고, 빵이 딱딱하고, 커피는 오래되어 향이 없고, 기름에서 나쁜 냄새가 났다. 게다가 서비스도 문제가 많았다. 어떤 때는 기차가 출발할 때까지 음식이 나오지 않아서 구경도 못 한 음식에 돈만 내고 나오는 일도 있었다. 이런 일이 자주 있다 보니 사람들은 회사가 이윤을 남기려고 일부러 그런다고 생각했는데, 대부분은

펜실베이니아 철도 회사의 요리사가 식당차에서 일하는 모습. 1907
년 이전 엽서.

웨이터나 주방 직원을 효율적으로 관리하지 못한 문제였을 가능성
이 컸다.[8]

　프레드 하비는 뉴욕의 작은 식당에서 접시닦이로 시작해 나중에
는 수많은 레스토랑 체인점을 운영하며 미국 서부의 관광업을 주도
한 기업가다. 그는 서부의 철도 여행객들이 제대로 된 식사를 즐길

만한 곳이 없다는 사실에 주목하고, 캔사스 퍼시픽Kansas Pacific 철도 회사와 계약을 맺고는 재스퍼 라이스Jasper Rice라는 친구와 동업으로 철도역에서 음식점을 운영하기 시작했다. 그러나 그 사업은 오래가지 못했다. 우선 라이스가 레스토랑 사업을 좋아하지 않았고, 캔사스 퍼시픽 회사에서 비품비를 높게 책정해서 돈을 우려먹는 방식을 마음에 들지 않아 했다. 결국 얼마 안 가 레스토랑 사업을 접었다.

1875년, 하비는 한 번 더 레스토랑 사업에 도전했다. 이번에는 아치슨, 토페카, 산타페Atchison, Topeka and Santa Fe(ATSF) 철도 회사와 손을 잡았다. ATSF는 레스토랑으로 이용될 장소와 설비, 주방 장비, 물품과 종업원의 이동에 필요한 교통을 지원하기로 했고, 하비는 식자재에 드는 모든 비용과 고객이 직접 사용하는 접시나 비품 같은 물품을 제공하면서 레스토랑으로 들어오는 모든 이윤을 갖기로 했다.[9] 회사 측에서 보면 말도 안 되는 조건 같았지만, 결과적으로 회사 측에도 큰 이윤을 안겨 주었다. 하비 하우스 레스토랑은 재정적으로도 큰 성공을 거두었지만, 레스토랑 운영 방침과 메뉴를 표준화하고, 음식의 맛과 위생을 우선으로 생각하고, 수요 예측을 통해 레스토랑 체인 사업의 토대를 다지는 등 여행객을 위한 20세기 레스토랑의 기준을 제시했다고 할 수 있다.

지저분하고 냄새나는 레스토랑이 대부분이었던 시절, 하비 하우스의 고급스럽고 깔끔한 실내 장식은 그들의 성공에 결정적인 역할을 했다. 1876년 〈레번워스 타임스Leavenworth Times〉는 하비 하우스 1호점에 대한 첫 리뷰에서 그 점을 확실히 언급했다.

"미국에서 가장 깨끗하고 깔끔한 레스토랑. 새것 같은 접시, 은그릇, 수저로 완벽하게 세팅된 테이블. 그런 훌륭한 테이블에 앉는다는 자체가 하나의 호사였다."

과장된 표현 같지만, 사실 테이블 세팅에 대한 하비의 관심은 과소평가할 수 없다. 그는 영국 셰필드*에서 주문 제작한 은 식기를 썼고, 리넨 냅킨과 테이블보는 일반적으로 사용되던 크기보다 크게 제작해서 썼으며, 자기 그릇은 프랑스에서도 도자기로 유명한 리모주산을 구입해서 썼다.[10] 단순히 여행 중 밥을 먹기 위해 들르는 장소가 아닌, 제대로 된 식사를 즐길 수 있는 곳, 프레드 하비는 하비 하우스를 그런 곳으로 만드는 것이 목표였다.

미국의 서부 철도 이용자들에게 깨끗한 실내 환경과 훌륭한 종업원이 갖춰진 레스토랑을 선보인 것은 확실히 대단한 시도였다. 그러나 이것은 프레드 하비가 레스토랑 역사에 남긴 핵심적인 업적은 아니다. 진짜 핵심은 그가 하비 하우스를 운영한 방식에 있다. 프레드 하비는 체인사업, 즉 본사에서 일련의 지역 소매점을 관리하는 시스템의 토대를 닦았다고 할 수 있다. 체인사업은 19세기 말에 등장한 비교적 새로운 형태의 사업 모델이지만, 전례가 없지는 않아서 미국을 포함한 유럽과 아시아에서 기본적인 사업 원리를 개척한 초기 형태의 체인점이 운영된 사례들이 있었다. 그러나 하비의 경우, 그가 운영한 체인점의 규모가 이전과 비교할 수 없을 정도로 컸다. 무엇보다 그의 사업 모델이 한 세기가 지난 지금까지도 관련 업종에 영향을 줄 정도로 체계적이고 조직적이다.

---

* 제강업이 발달해 있고 은세공, 식기 제조업 등으로 유명하다.

미국 레스토랑이 소고기를 구매해 온 역사를 잠시 살펴보면, 프레드 하비가 레스토랑을 열기 전부터 미국의 소고기 유통 과정에 큰 변화가 있었다. 미국의 대륙 횡단철도 사업은 소고기 공급이 절실했던 영국 자본의 대규모 투자에 대부분 의존해서 이루어졌다. 이때 소고기를 선적하는 배와 기차에 냉장 설비를 갖춘 저장고가 등장하게 되었고, 결과적으로 1870년대에 이르러 미국인의 식탁에서 소고기가 큰 비중을 차지하게 되었다.[11]

하비 하우스가 문을 열 때의 상황을 보면, 미국의 소고기 운송 시스템과 가공 방식에는 변화가 있었지만, 개별 레스토랑에서 소고기를 구매하는 방식은 대부분 지역적, 단편적으로 이루어졌다. 즉 과거에는 각 레스토랑의 매니저나 요리사가 개별적으로 식품 공급업자를 찾아서 식자재를 구매하는 식으로 이루어졌는데, 하비는 그 방법이 효율적이지 못하다고 생각했다. 그는 지역별, 레스토랑별로 공급업자를 찾는 대신, 모든 체인점에 공급할 소고기를 한 곳에서 주문하는 방식으로 원가를 줄이고 스테이크의 맛도 표준화하는 방법을 떠올렸다. 하비는 캔자스시티에 있는 슬래븐스 & 오번Slavens & Oburn이라는 도축업자를 찾아 일주일에 540킬로그램 이상의 소고기를 주문하는 조건으로 1파운드당 12.5센트에 소고기를 공급받기 시작했다. 각 지역의 레스토랑 매니저에게도 좋은 조건으로 식자재를 제공하는 업체를 찾으면, 대량 구매를 통해 체인점 전체에 필요한 양을 구입할 수 있게 권한을 위임했다. 하비 하우스는 이 시스템을 통해 원가 절감과 품질 관리를 동시에 해결할 수 있었다. 더욱이 하비 하우스는 철도역에 있다는 지리적 이점이 있어서 대량 구매한 식자재를 기차로 다음 역의 레스토랑에 빠르게 운송할 수 있었다. 하비 하우스의 소고기 거래 방식에 한 가지 부작용이 있었다면, 하비 하우스에서는 붉은색이 도는 '레어' 상태로 스테이크가 나와서 완전히 익힌 고기만 먹던 손님들 사이에서 안전상의 문제를 우려하는 반응이 있었다는 정도다.[12]

또한, 하비 하우스는 음식 조리법도 규격화했다. 하비 하우스의 체인점에서 나오는 모든 요리는 본사의 셰프가 개발한 조리법에 따라 만들어졌다. 하비 하우스는 직원들의 기숙사 통금 시간(밤 11시)부터 빵 두께(0.95센티미터)에 이르기까지 지켜야 할 규정이 매우 많았다. 심지어 커피 내리는 법도 여러 페이지로 된 매뉴얼이 있었다. 체인점에서도 여러 가지 문서를 꼼꼼하게 기록해서 본사로 보냈다. 달걀 판매량, 버터 재고량부터 어느 직원이 업무를 잘하고, 어느 직원에게 승진이 필요한지, 혹은 문제가 있는지와 같은 인사 관리 기록을 본사로 전달했다.[14]

하비 하우스는 직원들이 서비스 체계를 개발해서 다른 체인점들이 모방할 수 있게 전파하기도 했는데, '컵 코드'가 그 대표적인 예다. 하비 하우스에서는 손님이 음료를 주문하면 웨이트리스가 이를 종이에 기록하는 대신, 컵을 놓는 방식으로 음료 담당 직원에게 어떤 음료를 서빙하면 되는지 알렸다. 가령, 컵을 위로 해서 받침 접시 위에 올려 두면 커피를 의미하고, 컵을 뒤집어서 테이블 위에 놓으면 우유를 의미하며, 컵을 뒤집어서 받침 접시에 비스듬히 올려 두면 아이스티를, 그리고 컵을 뒤집어서 받침 접시 위에 올려 두면 뜨거운 차를 의미했다. 컵의 손잡이 방향은 손님이 원하는 차의 종류를 의미했다. 하비 하우스를 이용하는 손님들은 기차가 정차하는 짧은 시간 안에 음식을 주문해서 먹고 가야 하므로 이런 시스템이 특히 중요한 역할을 했다. 그래서 하비 하우스에서는 음식이 나오는 과정을 분 단위로 계산해 관리했다.[15]

30분 만에 기차의 전 승객에게 완벽한 음식을 제공한다는 것은 쉬운 일이 아니었다. 따라서 무엇보다 철저한 계획과 꼼꼼한 관리가 중요했다. 컵 코드도 그 철저한 계획과 관리를 보여 주는 사례였지만, 그 외에도 하비 하우스에는 많은 규정과 체계가 있었다. 각 지역의 체인점은 기차가 도착하기 전에, 기차에 탄 승객 수와 일반 식당을 이용할 것으로 예상되는 승객 수, 다이닝 룸을 이용할 것으로 예상되는 수를 따로 구분해서 전보를 받았다. 다이닝 룸 이용객은 좀 더 비싼 가격에 더 고급스러운 음식을 맛볼 수 있었다. 1920년대까지는 다이닝 룸을 이용하려면 재킷을 입어야 했는데, 레스토랑에서 빌려주기도 했다.[16]

손님에게 좋은 서비스를 제공하기 위한 하비 하우스의 노력은 속도뿐 아니라 경험의 질적인 측면에서도 이루어졌다. 가령, 같은 노선에 있는 체인점은 손님들이 같은 요리를 반복해서 먹지 않도록 역마다 메뉴를 다르게 구성했다. 또한, 그 메뉴도 본사의 수석 셰프가 내려 준 조리법으로 4일에 한 번씩 전 지점이 돌아가며 사용했다.[17]

자동차의 발달로 무대의 중심이 기차역에서 아스팔트로 옮겨 오기는 했지만, 하비 하우스가 선보인 표준화와 스케일에 관한 기본 틀은 이후에 등장하는 여러 형태의 로드 레스토랑에 많은 영향을 끼쳤다. 오늘날 미국 레스토랑의 음식은 특히 양이 많기로 유명한데, 이것도 하비 하우스에서 영향을 받았다고 할 수 있다. 하비 하우스에는 '매머드스테이크'라는 이름의 스테이크가 있었다. 또 파이 하나를 6~8조각으로 잘라서 1인분으로 내는 대신, 4조각으로 잘라 1조각을 1인분으로 냈다. 프레드 하비의 마지막 말은 "햄을 너무 얇게 자르지 마라."였다.[18]

🍴 자동차와 런치 왜건, 다이너, 그 외 도로변 식당들

자동차는 전 세계 외식 문화에 또 한 번 변화의 바람을 몰고 왔다. 특히 자동차 산업과 함께 성장한 패스트푸드는 오늘날 외식 문화를 대표하는 특징 중 하나다. 패스트푸드에 대해서는 8장에서 자세히 다루고, 여기서는 먼저 도로를 따라 성장한 외식 문화의 토대를 살펴보겠다.

미국의 로드 레스토랑에 관한 이야기는 런치 왜건lunch wagon으로 시작한다. 런치 왜건은 1870년대에 등장한 일종의 푸드 트럭으로, 월터 스콧Walter Scott이 만든 파이오니아 런치Pioneer Lunch를 대표적인 사례로 꼽을 수 있다. 런치 왜건은 주로 늦은 시간 공장 일을 마치고 퇴근하는 노동자들에게 샌드위치 같은 가벼운 음식을 팔았다. 1880년대부터는 크기도 커지고 내부도 좀 더 화려하게 꾸며졌는데, 새뮤얼 존슨은 왜건 안에 카운터를 추가했고, 찰스 파머라는 사람은 스툴을 추가했다. 1897년, 토마스 버클리는 대형 런치 왜건을 선보이며, 램프와 모자이크로 실내를 장식했고, 니켈 도금 커피포트를 썼다. 런치 왜건은 장소를 이동하며 영업한다는 점만 빼면 오늘날의 식당과 크게 차이가 없었다.

런치 왜건의 다음 모델은 오늘날 도로변에서 볼 수 있는 푸드 트럭의 시초라 할 수 있다. 20세기 초 패트릭 티어니Patrick Tierney라는 사람이 런치 왜건을 더 크게 제작해서 판매했는데, 이 왜건은 일정 기간 한 장소에 고정해서 사용할 수도 있고, 전등, 칸막이, 바닥 시설, 실내 화장실까지 현대적인 시설을 갖추고 있었다. 티어니는 이 업그레이드된 런치 왜건을 홍보하기 위해 '다이너diner'라는 이름을 처음으로 사용했다.

식당을 운영하는 사람들, 특히 이런 이동식 음식업에 종사하는 사람들은 재산세나 토지사용제한법 등 사업 환경의 전환기를 맞고 있었다. 그 때문에 왜건형 식당의 이동성과 고정성을 오가는 사업적 특징이 중요한 역할을 했다. 또한 레스토랑을 열려면 많은 돈이 들었지만, 이런 왜건 형태의 식당은 큰돈을 들이지 않고도 식당을 운영할 수 있다는 장점이 있었다. 게다가 왜건을 좀 더 쉽게 구매할 수 있는 새로운 결제 방식이 생겨서 1930년경에는 왜건 형태의 다이너가 최소 4,000개가 넘었다.[19]

도로변에 생기는 식당들은 잠시 유행했다 사라진 형태도 많았다. 1920년대에는 로드사이드 스탠드roadside stand라는 노점 형태의 식당이 인기를 끌었는데, 주로 1층짜리 건물로 되어 있고, 음식을 건네고 돈을 주고받을 수 있는 창문과 계산대가 있었다. 보통 이런 가게들은 미국에서 사람들이 차를 몰고 여행하는 여름 드라이빙 시즌

아서 로스타인(Arthur Rothstein) 〈콩밭 노동자를 위한 런치 웨건, 플로리다 벨글레이드.〉 1937년 사진.

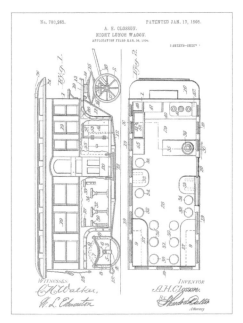

A. H. 클로슨(A. H. Closson) '나이트 런치 왜건(Night Lunch Wagon)' 미국 특허 도면, 1905년 1월 17일 등록.

에 맞춰 문을 열고, 이 시즌이 끝나면 문을 닫았다. 캘리포니아, 텍사스, 플로리다 같은 주에서 드라이브인drive-in 식당과 패스트푸드가 처음 탄생한 것도 같은 맥락에서 생각해 볼 수 있다. 로드사이드 스탠드는 초기 사업비로 많은 돈이 들지 않아서 1년 중 몇 달만 영업해도 사업성이 괜찮았다. 그들은 드라이브인의 전신이라 할 수 있는 '커브사이드 서비스kerbside service'를 제공했다. 차 안에서 바비큐를 주문해서 먹을 수 있는 방식이 인기를 얻으면서, 피그 스탠드Pig Stand라

월터 에반스(Walter Evans) 〈런치 왜건 묘사, 뉴욕〉 1931년 젤라틴 실버 프린트.

는 곳이 1921년 텍사스주 댈러스에 최초의 드라이브인 식당으로 문을 열었다. 드라이브인은 미국 서부에서 먼저 유행했는데, 광활한 영토를 배경으로 자동차 문화가 발달한 덕분에 차 안에서 음식을 먹는 새로운 형태의 외식 문화가 일찍 발달했다. 피그 스탠드는 드라이브인 방식의 모델을 제시했다.[20] 즉, 손님이 차를 몰고 가게 앞에 가면, 종업원이 주문을 받아 나중에 손님의 차로 음식을 가져왔고, 이때 종업원은 손님의 자동차 문에 일종의 받침대를 연결해서 식탁으로 이용할 수 있게 했다.

이런 식당에는 미적 감각을 고려하지 않은 대형 간판이 걸린 곳이 많았다. 기차 여행자들이 주로 이용한 레스토랑이나 초기 순례길에 등장한 음식점은 꾸준히 찾아오는 손님들이 있었지만, 자동차 이용객이 많은 식당은 손님을 끌기 위해 무엇보다 운전자의 관심을 끄는 것이 중요했다. 어떤 곳은 건물 자체를 아예 특이한 형태로 만들어서 광고 효과를 냈다. 그래서 미국 고속도로를 달리다 보면, 개, 올빼미, 커피포트, 아이스크림 통, 오렌지, 닭 모양으로 된 식당이 눈에 띄기도 한다. 또한 로드 레스토랑은 무엇보다 비용 절감이 중요해서 주차장이 없는 곳이 많았다. 역사학자인 존 A. 자클John A. Jakle과 케이스 A. 스컬은 이런 형태를 두고 '특정 계층의 자극에서 나온 좋은 디자인'이라는 표현을 썼다.[21]

미국 전역에 도로변 식당이 많아지자 '전국 스탠드 운영자 협회National Standowners' Association'라는 단체가 조직되어 제대로 관리되지 않는 가건물 형태의 식당을 없애려는 움직임이 생겼다.[22] 당시 미국 지역 신문에 난 기사를 종합해 보면, 이 협회는 세 가지 방법을 취한

존 마골리스(John Margolies) 〈콜린스 다이너(Collin's Diner), 코네티컷 케이넌 7번 도로〉 1977년 사진.

것으로 보이는데, 그중 하나는 협회에서 허가증을 발행하는 것이었다. 그러나 이 허가증 제도는 제대로 결실을 보지 못했던 것으로 보인다. 중서부 지방의 어느 신문 기사를 보면, 몇몇 식당에서는 식당의 위생 상태를 보증하는 인증서를 받는 대가로 5달러의 수수료를 냈지만 돈만 내고 인증서는 받지 못했다고 전한다. 다른 지역 신문에서는 협회를 좀 더 좋게 평가하고, 로드사이드 비즈니스의 성장과 산업 변화에 관해 보도했다(핫도그 판매가 감소하고, 바비큐 샌드위치가 뜨고 있다는 기사가 있었는데, 이 바비큐 샌드위치가 사실상 맥도날드에서 처음 선보인 메뉴다). 전국 스탠드 운영주 협회가 로드 레스토랑을 직접적으로 변화시키지는 못했지만, 좋은 레스토랑에 대한 인식의 변화에는 어느정도 기여했다고 할 수 있다. 시간이 갈수록 스탠드 형태의 음식점은 점차 사라졌고, 카페나 레스토랑의 기준에 좀 더 부합되는 가까운 깨끗하고 서비스 지향적인 식당들이 길거리 음식 문화를 지배하기 시작했다.

🍴 가족 외식

19세기 말에서 20세기 초까지 레스토랑 산업이 크게 성장하게 된 것에 여성의 기여가 컸듯이 20세기 로드사이드 레스토랑이 발전하게 된 것도 여성의 역할이 큰 비중을 차지한다. 특히 미국은 두 차례의 세계 대전 이후 중산층이 급격히 증가하면서 자동차 보급이 확대되고, 휴가 시즌을 이용한 여행 문화가 발달해서 가족 단위의 여행이 매우 활발해졌다. 더욱이 이 시기 고속도로 시스템이 체계화되면서 로드사이드 레스토랑들은 메뉴와 광고, 실내장식을 계획할 때 가족 단위 손님에게 어필하는 것을 가장 중요한 목표로 삼았다. 이때부터 어린이용 메뉴와 냉방 시설, 가족 단위 손님이 이용할 수 있는 큰 테이블, 이용객의 편의를 좀 더 세심하게 고려한 실내 디자인이 등장하기 시작했다.[23] 이런 가족 단위 외식업의 특징이 가장 뚜렷하게 나타난 곳으로 하워드 존슨Howard Johnson's이라는 레스토랑을 꼽을 수 있다.

1930년대부터 미국 전역의 크고 작은 도시에 화이트 캐슬White Castle 같은 체인점이 들어섰다. 그러나 미국의 식당은 음식의 질이 떨어지는 곳이 너무 많았다. 특히 가족 단위의 손님이 이용할 만한

캐롤 M. 하이스미스(Carol M. Highsmith) 〈테오즈 드라이브인 레스토랑 네온사인, 텍사스 그랜드 프레리〉 2014년 사진.

식당이 별로 없었다. 프레드 하비가 철도역의 레스토랑에서 문제점을 발견하고 기회를 찾았듯이, 하워드 존슨 레스토랑을 설립한 하워드 존슨도 미국 도로변에 놓인 체인점들이 놓치고 있는 기회를 발견했다.

1935년 존슨은 미국의 인기 휴양지인 케이프 코드로 향하는 도로변에 프랜차이즈 가맹점을 열었다. 그리고 1936년 여행 시즌이 돌아오기 전 연이어 네 곳을 더 오픈했다. 가맹점은 모두 흰색 바탕에 오렌지색 지붕과 청록색 첨탑을 올린 식민지풍 양식으로 지어졌고, 가맹점에서 나오는 음식은 프레드 하비가 50년 전 만든 유통 체

존 마골리스〈커피포트 모양의 레스토랑, 버지니아주 렉싱턴〉1982년 사진.

계처럼 본사에서 총괄하여 관리했다. 1937년에는 '하워드 존슨'라는 상호를 사용하는 식당이 39개로 늘었다. 하워드 존슨은 이후 뉴욕을 비롯해 많은 대도시에 등장하게 되는데, 원래는 고속도로변이 주 무대였다. 1940년 펜실베이니아주의 유료고속도로인 펜실베이니아 턴파이크가 개통했을 때, 고속도로 전 구간을 따라 80킬로미터 간격으로 하워드 존슨 간판을 볼 수 있었다.

하워드 존슨 1930~1945년 엽서.

하워드 존슨은 최고의 레스토랑은 아니지만, 눈에 띄는 외관에 접근성이 좋았다. 또한, 식품 유통 체계와 동일한 건축 양식을 가진 특징 덕분에 미국 고속도로 체인점의 대명사로 불렸다. 하워드 존슨은 중앙화된 시스템으로 새로운 지역에서 사업을 확장할 때, 초기 에너지가 많이 들지 않는다는 장점이 컸다. 가령 새로 오픈하는 가맹점은 메뉴를 개발하거나, 건물을 새로 디자인하거나, 주방용품업자를 찾을 필요가 없었다. 더욱이 하워드 존슨은 '고객의 충성도'라는 개념을 개발했다고 할 수 있는데, 하워드 존슨을 이용하는 손님은 낯선 지역에서 모르는 식당에 갔다가 낭패를 당하는 경험을 줄이고, 어디에서나 익숙한 시설, 익숙한 메뉴를 즐길 수 있다는 점을 특히 좋아했다. 1930년대 말부터 40년대 초까지 미국 북동부 지역의 고속도로를 이용하는 사람들은 청록색 첨탑과 오렌지색 지붕을 어디에서나 볼 수 있었다. 또, 200여 개가 넘는 가맹점 어디에서나 조개 튀김, 감자튀김, 롤빵, 버터로 이루어진 세트 메뉴와 크림치즈, 구아바 잼, 호두, 땅콩버터, 양상추가 들어간 클럽 샌드위치를 똑같은 크기, 똑같은 맛으로 즐길 수 있었다.

❶ 미슐랭 스타와 옐프 리뷰

요리사와 레스토랑을 평가하는 것은 요리사와 레스토랑 그 자체만큼 역사가 오래된 일이다. 여행자를 위해 좋은 식당을 안내하는 글은 고대 세계에서도 찾아볼 수 있다. 어떤 면에서 비평가들의 일은 예나 지금이나 큰 차이가 없어 보인다. 가령 그리모가 조직한 익명의 '미식 심사 위원회'는 현대의 '다이너스 클럽 월드 50대 베스트 레스토랑 아카데미'를 구성하는 요리계의 엘리트들과 거의 비슷해 보인다. 한편 비평의 역사는 여행의 역사와도 깊이 관련되어 있다. 여행에 접근하는 사람들이 더 많아지면서 여행 관련 안내업도 점점 발달했는데, 19세기에도 레스토랑에 관한 안내서는 있었지만, 미슐랭 가이드를 비롯해 오늘날 우리가 접하는 안내서는 모두 20세기 이후에 탄생했다.

미슐랭 가이드는 1900년에 미쉐린 타이어 회사에서 자동차 여행을 장려할 목적으로 타이어 구매 고객에게 나눠 주던 자동차 여행 안내서에서 출발했다. 미슐랭 가이드 중 레스토랑을 소개한 '레드북'은 당시 파리에서 열린 세계 만국박람회에서 첫선을 보였다(이 만국

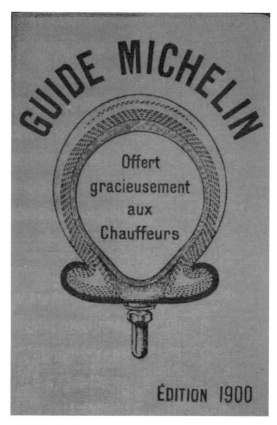

미슐랭 가이드 커버, 1900년.

박람회에서 컨베이어벨트, 유성영화, 에스컬레이터, X-선 기기, 캠벨 수프도 등장했다). 이 시기 프랑스는 자동차 보급률 면에서는 다른 나라들보다 앞서 있었지만, 자동차가 아직 이동 수단으로 활발하게 사용되지 않았고, 여행으로 여가를 즐긴다는 개념이 낯설었다. 미슐랭 가이드는 전국 곳곳의 식당과 숙박에 대한 정보를 담아서 자동차 여행을 장려하기 위해 만들어졌지만, 처음에는 수익성이 없었다. 그러나 이후

100년 넘게 정보의 엄격함과 신뢰를 바탕으로 미슐랭 가이드의 명성이 높아지면서 회사의 이름을 더 널리 알리는 수단이 되었다.

미슐랭 가이드를 편집하는 사람들은 언제나 좋은 레스토랑, 좋은 음식을 찾아다녔다. 미슐랭 가이드의 초판에는 '우리는 음식, 룸, 화장실, 기타 서비스 시설이 좋지 않은 곳으로 보고된 모든 호텔을 이 책에 절대 싣지 않을 것이다'라는 문구가 적혀 있다. 미슐랭에서 별 등급을 도입하게 된 것은 1926년부터였는데(1923~1925년까지 사용된 별은 평가 등급의 의미라기보다는 가격과 상태를 구분하는 용도로 쓰였다), 1920년대에도 미슐랭 별을 따기는 지금처럼 하늘의 별 따기여서 2차 세계 대전이 발발하기 전까지 별 3개를 받은 레스토랑은 십여 곳에 불과했다. 오늘날에도 엄격한 미슐랭 가이드 제도 아래 별 3개를 얻는 레스토랑은 세계적으로 백여 곳이 전부다. 별 3개는 따기도 어렵고, 유지하기도 어렵다.[24]

미슐랭 가이드는 처음에 회사 소속 여행팀에서 지방 의회와 지인, 기업가들의 도움을 받아 작성되다가 나중에는 레스토랑 평가와 리뷰를 담당하는 전문 집단이 구성되었다. 레스토랑 평가단은 철저히 신분을 감춘 채 활동한다. 심지어 가족에게도 자신이 하는 일을 비밀로 한다(평가단에 관한 이야기는 주로 언론에서만 언급하고, 회사에서는 언급하지 않는다). 최근 몇 년간 미쉐린에서 평가단에 대한 정보를 일부 제공했는데, 대부분 요리나 서비스 업종에서 박사 학위를 보유한 전문가들로 구성되어 있다. 평가단은 1년에 200~300개의 레스토랑을 방문하며, 레스토랑 코스 요리를 모두 시식하고, 음식 값은 나중에 회사 비용으로 처리한다. 공식 프로그램에서 교육을 받고 수습 기간

던컨 하인즈 《즐거운 식사를 위한 모험》(1945)

을 거쳐 평가단으로 활동하는데, 몇 가지 영역에 대한 특정 평가 요
소를 반영하여 등급을 매기게 된다.[25]

　미국에서도 1936년 두 권의 유명한 레스토랑 안내서가 탄생
했다. 한 권은 던컨 하인즈Duncan Hines의 《즐거운 식사를 위한 모험
Adventures in Good Eating》이라는 책이며, 다른 한 권은 빅터 휴고 그린
Victor Hugo Green의 《흑인 운전자를 위한 그린북The Negro Motorist Green
Book》이라는 책이다. 《즐거운 식사를 위한 모험》은 미국에서 최초로

발행된 여행용 레스토랑 안내서라 할 수 있다.

던컨 하인즈는(케이크 믹스 제품 업계에서도 유명하다) 1930년대에 여행 판매사로 일하면서 남는 시간에는 개인적인 여행을 즐겼다. 《즐거운 식사를 위한 모험》은 던컨 하인즈가 저자로 등재되어 있는 것은 맞지만, 그의 여행 동반자였던 아내 플로렌스의 공도 무시할 수 없다. 1955년 하인즈는 그의 회고록에서 "우리 부부는 우리가 특히 좋아했던 식당에 관해, 그 식당에서 나오는 음식의 전반적인 질과 가장 중요하게 생각한 부분인 위생 상태, 서비스, 특색 등에 관해 메모를 남겨 두기 시작했다."라고 말한다.[26] 하인즈 부부는 1935년 크리스마스 때, 친구들에게 줄 선물로 레스토랑 167곳을 선정해서 간략한 정보를 기록한 인쇄물을 만들었다. 다행히 친구들의 반응이 아주 좋았다. 몇몇 친구는 다른 사람에게 선물하고 싶다며 복사본을 구할 수 없느냐고 물어왔다. 리스트는 사람들의 입을 오르내리며 점점 많은 사람에게 알려졌다. 결국 하인즈는 자동차 여행자를 위해 광고 목적과 관계없는 안내서에 대한 필요성을 느끼고 다음 해인 1936년 그 리스트를 책으로 출판하여 우편 주문으로 판매하기 시작했다.

이 안내서는 청결도와 서비스, 음식의 질 면에서 하인즈 부부의 기준에 맞는 레스토랑의 이름과 그 레스토랑에 관한 간략한 정보를 담았다. 책에 이름을 올린 레스토랑의 종류도 꽤 다양해서, 정식 레스토랑을 비롯해 카페테리아, 체인점(다수의 하비 하우스점), 지역 식당, 여행자들이 이용할 수 있는 저렴한 호텔(애리조나의 크리스마스트리 인 Christmas Tree Inn)의 정보가 담겨 있었다. 1938년 아내가 사망한 후로도

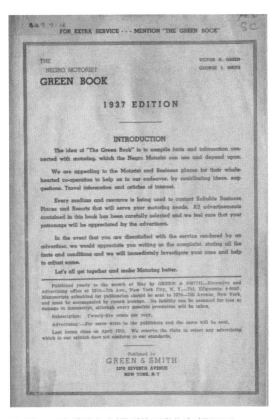

빅터 휴고 그린 《흑인 운전자를 위한 그린북》의 서문(1937)

던컨 하인즈는 책 작업을 계속했고, 이후 자동차 운전자가 증가하면서 책의 인기도 높아졌다. 사실 그가 케이크 믹스 제품과 그 외 다수 식품의 대표 주자가 된 것은 이 책으로 얻은 명성 덕분이라 할 수 있다. 하인즈는 이후로 편집자를 고용하고 책에서 추천된 기존 레스토랑들이 계속해서 기준에 부합하는지를 확인해 가며 1962년까지 정기적으로 책을 업데이트해서 발간했다. 하인즈는 자신이 추천한 레스토랑으로부터 어떤 돈이나 상품, 서비스를 받지 않는다고 선언한

만큼 이 책에는 광고가 없다. 그러나 책에 이름이 실리면 그 레스토랑에 인증 마크를 팔아 책을 판매하는 데 이용했다. 또한 리스트에 오른 레스토랑과는 모종의 관계를 형성해서 '던컨 하인즈 패밀리'라는 이름으로 불리기도 했기 때문에 그들과 어떤 뒷거래가 있었는지는 정확히 알 수 없다. 그러나 그는 훌륭한 판매원이자 사업가였고, 특히 백인 가족과 여성들을 위해 좋은 식당을 찾아내서 평가하고 추천하려고 노력한 인물로 평가받는다.

미국 백인들이 하인즈의 안내서와 각종 상업 단체에서 만든 정보지, 잡지에 실린 식당 리뷰로 여행 정보를 즐기고 있을 때, 흑인들은 그런 정보와는 전혀 무관한 위치에 있었다. 당시 아프리카계 미국인은 이런 안내서에 실린 레스토랑에는 거의 출입할 수 없었다. 사실 흑인들에게는 철저한 계획과 준비 없이는 여행 자체가 위험이 따르는 일이었다. 일명 '그린북'으로 통한 휴고 그린의 《흑인 운전자를 위한 그린북》은 흑인의 안전한 여행을 돕는 안내책으로 쓰였다. 하인즈의 안내서처럼 흑인 여행자들이 이용할 수 있는 레스토랑의 이름과 주소 같은 정보가 담겨 있고, 그 외 여관이나 주유소 같은 주요 서비스 업종에 관한 정보가 담겨 있었다. 출판된 기간도 하인즈의 안내서와 비슷했다. 그러나 '그린북'에 이름을 올리기 위해서는 무엇보다 흑인에게 개방적인 곳이라야 했다.

'그린북'을 쓴 빅터 휴고 그린은 원래 우체부였는데, 던컨 하인즈처럼 책에 필요한 정보를 직접 현장을 돌며 구하지는 못했지만 동료 우체부들과 다른 흑인들의 도움으로 그린북을 제작할 수 있었다. 상업이나 관광업에 종사하는 흑인들의 도움도 받았다. 책에 도움을 준

러셀 리(Russell Lee) 〈팜 태번의 바 모습, 일리노이주 시카고 47번가의 흑인 식당〉 1941년 4월 사진.

사람들에게는 수수료를 지급했고, 일정 부분은 광고로 재원을 마련했다. 미슐랭 가이드에게 고급 요리에 대한 정보가 중요했다면, 혹은 하인즈의 안내서에게 위생 상태가 좋으면서 괜찮은 음식을 제공하는 식당에 대한 정보가 중요했다면, '그린북'의 경우, 시민 운동가인 줄리안 본드Julian Bond의 표현대로 '좋은 레스토랑에 대한 정보보다 어디든 갈 수 있는 레스토랑에 대한 정보'가 중요했다.[27] 그린북의 출판에 관여한 사람들은 시민권 운동이 열매를 맺어 그린북을 출판하지 않아도 되는 날이 오기를 더 간절하게 바랐다. 실제로 1964년 민권법이 통과된 후로 출판이 중단되기는 했지만, 인종차별 문제는 여전히 현실적인 문제로 남았다.

여행자를 위한 레스토랑 안내서가 꾸준히 성장하는 동안, 레스토랑 등급을 평가하는 또 다른 시스템이 20세기 후반 새롭게 등장했다. 여행에 초점을 맞춘 안내서는 낯선 곳에서 밥을 먹는 시간이 즐거운 경험이 되게 하는 것을 목표로 출발했다. 그러나 이 과정에서 탄생한 등급 시스템으로 레스토랑 자체가 여행의 목적지나 동기가 되기도 했다. 더욱이 이제는 비전문 비평가와 설문 조사 방식이 전문 비평가의 자리를 대신하고 있다. 새로운 레스토랑 평가 시스템은 큰 줄기로 보면 그린북이나 하인즈의 안내서와 크게 다르지 않다. 비전문가의 리뷰와 크라우드소싱을 기반으로 하는 이 시스템은 '개인 블로그'에서 '옐프Yelp*'에 이르는 온라인 리뷰와 함께 기하급수적으로 늘었는데, 가장 대표적인 예로 저갯 서베이Zagat Survey를 들 수 있다. 저갯 서베이가 처음에 자료를 모은 방식은 미슐랭 가이드와 비슷하다. 팀 저갯Tim Zagat과 니나 저갯Nina Zagat 부부가 지인들을 대상으로 뉴욕에 있는 레스토랑에 점수를 매기게 하여 소책자를 출판한 것이 저갯 서베이의 시초였다. 그러나 미슐랭의 경우 익명으로 활동하는 전문 비평가들을 고용하는 방향으로 운영 방침을 변경했다면, 저갯 부부는 평가단의 범위를 넓혀서 수십만 명에 이르는 일반인을 대상으로 자료를 수집했다. 이 방법은 레스토랑을 몇 가지 절대적인 기준으로 평가하는 것이 아닌, 모든 레스토랑을 평가 대상으로 포함하는, 보다 민주적인 방식의 평가 방식으로 볼 수 있다.**28**

---

* 크라우드소싱을 이용해 식당, 백화점, 병원 등에 대한 추천과 리뷰를 제공하는 지역 기반 소셜네트워크.

대신 저갯 서베이는 집단 데이터의 평균과 다수의 일반인이 제공하는 리뷰의 힘을 믿었다. 저갯 서베이의 운영방식은 옐프 같은 대표적인 온라인 리뷰 사이트를 만들어 낸 토대가 되었다.

옐프에서는 별로 등급을 매기는 방식이 운영되고 있지만, 특별한 평가 기준이 주어지는 것은 아니다. 반면 저갯 서베이에는 '음식', '서비스', '실내장식' 같은 카테고리가 있다. 옐프 사용자들이 이용 장소를 언급하면서 기준을 제시할 때가 있지만, 그렇지 않을 때도 많다. 대신 옐프의 강점은 스토리가 있다는 것이다. 즉 옐프 이용자들은 음식이나 종업원의 태도같이 자신이 경험한 것을 자세히 설명하고, 사진을 남기기도 한다. 일반적으로 사람들은 특별한 경험을 했을 때, 특히 부정적인 경험을 했을 때 리뷰를 남길 가능성이 크다. 그런 점에서 옐프 같은 평가 시스템은 일반적인 레스토랑 안내서와 상당한 차이가 있다. 미슐랭 가이드나 그린북 같은 레스토랑 안내서에는 나쁜 후기에 관한 이야기는 없다. 그들의 역할은 나쁜 곳에 대한 정보보다는 좋은 곳에 대한 정보에 초점을 맞추는 것이다. 따라서 옐프는 부정적인 평가와 긍정적인 평가를 동시에 제공하는 레스토랑 평가 전문 저널리스트의 역할을 한다고 볼 수 있다.

옐프가 이용자들에게 제공하고자 하는 것은 하비 하우스가 100년 넘게 추구해 온 방향과 다르지 않다. 방식은 다르지만, 식당에 관한 정보를 제공한다는 점, 어떤 레스토랑이 안심하고 맛있는 음식을 먹을 수 있는 곳인지 확신할 수 있게 해 준다는 점, 익숙하지 않은 음식이 익숙해질 수 있게 도와준다는 점에서 그러하다. 익숙함과 신속함이라는 특징은 자동화 사회가 등장하는 20세기에 들어서도 레스토랑의 발전에 계속해서 중요한 역할을 하는데, 다음 장에서는 그 자동화 문제에 관해 더 자세히 알아보겠다.

7장

레스토랑과
기술혁명

2009년 코카콜라에서 개발한 '프리스타일'은 버튼 하나로 소비자의 취향에 따라 100여 가지 이상의 맛을 선택할 수 있는 음료 자판기다. 프리스타일 같은 새로운 기계 장치는 오랫동안 레스토랑의 역사와 함께 발전해 왔다. 17세기 문헌에는 음식과 음료를 제공하는 기묘한 기구에 관한 기록이 등장한다. 1633년 헨리 반 에튼Henry van Etten은 그가 설계한 음료 자판기에 대한 기록을 남겼는데, 이 기록을 토대로 헨리 위스탠리Henry Wistanly가 1690년대에 실제로 '매직 배럴Magic Barrel'이라는 장치를 개발했다. 이 장치는 신기하게도 통에 달린 꼭지 하나에서 손님의 선택에 따라 커피, 와인, 맥주, 우유, 물이 나왔다. 1710년, 런던에 있는 블랙 호스Black Horse라는 태번에서도 '수학의 샘Mathematical Fountain'으로 불린 비슷한 장치가 있었다.[1]

이 장에서는 요리 과정 전반과 재고 관리, 서빙 분야에 나타난 핵심적인 기술혁명이 레스토랑의 발전에 어떤 영향을 미쳤는지 알아본다. 이를 위해 기계식 자동판매식당인 오토매트automat와 회전 초밥, 급속 냉동법, 수비드 조리법에서 사업용 컴퓨터와 카페테리아 쟁반에 이르기까지 레스토랑 안팎에서 사용되는 다양한 과학기술을 살펴볼 것이다. 음식 산업이 지금처럼 발달하게 된 것이 가스레인지, 냉장고, 구리 냄비의 발명 덕분이라는 주장도 있지만, 그보다는 산업 혁명과 함께 시작되었다고 보는 것이 옳다. 레스토랑에서 나타난 기술 발전은 기계를 어떻게 이해하고, 이용할 것인가를 고려하는, 넓은 의미에서의 문화적, 과학적 변화와 밀접한 관련이 있다. 공장의 조립 라인에서 볼 수 있듯이 획기적인 기술 발전은 필연적으로 인간의 행동을 기계화했다. 그러므로 레스토랑에서 가장 중요한 기술은 대부분 인간의 노동에 관한 것을 다룬다.

🍴 기계 서비스

매직 배럴과 파리의 카페 메케니크는 인간이 기계에 의한 서비스에 만족감을 얻은 초기의 사례에 해당한다. 이런 기계는 만족감을 이용해서 어떻게 돈을 벌 수 있는지도 보여 준다. 19세기 말까지 신문물로만 여겨지던 이런 서빙 장치는 이후 더 광범위한 규모로 발전하여 레스토랑의 서비스 문화를 크게 바꾸어 놓았다.

1890년대 중반부터 전 세계 많은 나라에서 빠른 서비스가 이루어지는 체인점 형태의 레스토랑이 인기를 얻었다. 노동자 손님이 주로 이용한 저렴한 식당에서 단정한 차림의 여직공이 즐겨 찾는 구내식당, 여행자 손님이 많은 하비 하우스에 이르기까지 레스토랑의 형태는 다양했지만, 이런 곳에는 모두 음식을 서빙하는 종업원이 있었다. 그러나 셀프서비스와 다양한 서비스 기계가 등장하면서 레스토랑의 물리적 레이아웃이 완전히 달라지고, 음식이 서빙되는 방식에도 변화가 나타났다.

카페테리아는 손님이 직접 음식을 서빙하게 하는 방식으로 운영되는 레스토랑이다. 이 카페테리아가 생기면서 레스토랑의 모습이 달라지는 몇 가지 새로운 기술이 등장했다. 기본적으로 카페테리아는 뷔페에서 발전되어 나왔다. 지금도 많은 나라에서 보편적으로 이용하고 있는 뷔페식은 18세기 유럽의 황실에서 축제나 행사 때 음식을 제공하는 방식으로 자주 사용했다. 뷔페가 유럽 대륙 전역에 널리 퍼지면서, 일반 사람들이 이용하는 펍, 태번, 술집에도 음식을 제공하는 하나의 방식으로 사용되기 시작했다. 뷔페에는 원래 음식을 빨리 제공해야 하는 역할은 없었다. 그러나 레스토랑이 현대화하는 과정에서 나타난 새로운 문제, 즉 속도라는 문제를 해결하기 위해 자기가 먹을 음식을 자기가 가져가는 뷔페식 모델이 적용되었다. 한편 카페테리아가 생기면서 몇 가지 새로운 발명품도 등장했는데, 그

코카콜라에서 나온 '프리스타일' 자판기, 텍사스주 어빙의 웬디스 (Wendy's)에 설치되었다. 2010년.

에스더 버블리(Esther Bubley) 〈워싱턴 DC 카페테리아〉 1943년 사진.

중 하나가 카페테리아에서 이용되는 '트레이'였다. 이 트레이는 원래
부터 있던 것이 아니고, 1898년 윌리엄과 새뮤얼 차일즈 형제가 카
페테리아형 프랜차이즈 식당을 대규모로 운영할 때 도입한 새로운
아이디어였다.

초기의 뷔페식이 상황에 따라 그때그때 편한 방식대로 이루어졌
다면, 카페테리아는 '기하학적으로 배치한 여러 종류의 음식'을 모아
두는 장소가 있었고, 이 장소에서 손님이 음식을 직접 가져가거나

뉴욕 익스체인지 뷔페의 점심시간 모습. 카운터 중간에 웨이트리스가 서 있다. 1920년경 사진.

받아 왔으며, 이후에는 음료가 있는 곳으로 이동했고, 음식을 먹고 나면 마지막으로 음식 값을 계산하는 카운터로 이동하는 방식으로 이루어졌다.[2] '카페테리아'라는 이름은 1893년 콜롬비아 박람회에서 존 크루거John Kruer라는 사업가가 처음 소개했다. 크루거는 시카고에서 운영되는 스웨덴식 뷔페 식당인 스뫼르고스보르드smörgåsbord에 착안해 셀프서비스로 형태로 이용하는 식당을 만들었다. 카페테리아라는 이름은 스페인어로 가게를 뜻하는 '테리아teria'와 '카페'를 합쳐서 만든 것이다. 크루거 외에도 더 많은 사람이 이런 형태의 식당을 개발했다. 19세기 말부터 20세기 초까지 셀프서비스 방식은 식당뿐 아니라 여러 업종에서 인기를 얻었다. 셀프서비스는 무엇보다 인건비를 절감할 수 있고, 더 빨리, 더 많은 사람에게 음식을 제공할

플라티나크롬社 〈차일즈 플레이스(Childs' Place), 펜실베이니아주 필라델피아〉 1908년 엽서.

수 있다는 장점이 있었다. 뉴욕에는 1885년 '익스체인지 뷔페Exchange Buffet'라는 셀프서비스 레스토랑이 문을 열었다. 카페테리아가 친숙한 개념으로 자리 잡으면서 1894년 〈시카고 트리뷴〉에는 심지어 보따리장수도 셀프서비스로 물건을 판다며 비꼬았고, 이런 셀프서비스 식당에서 음식만 먹고 돈을 내지 않고 달아난 사람들에 관한 기사도 실었다.[3]

하숙집, 뒷골목 술집, 심지어 집에서 먹는 저녁에도 셀프서비스 바람이 불었다. 그러나 셀프서비스는 큰 매력이 있다고 볼 수 없었다. 매력 없는 셀프서비스에 매력을 불어넣은 것이 기계 장치였다. 대표적인 예가 오토매트인데, 오토매트는 쉽게 말해 자동판매기로 운영되는 식당을 말한다. 오토매트 식당에 가면 유리문이 달린 진열장이 있고, 그 진열장 안에 여러 음식이 진열되어 있다. 진열장 옆에는 동전 구멍이 있고, 그 동전 구멍에 동전을 넣고 원하는 음식을 선택하면, 유리문이 열려서 음식을 가져갈 수 있게 되어 있었다.

오토매트가 레스토랑 역사의 한 페이지를 장식할 수 있는 것은 레스토랑의 특징이 있기 때문이며, 그 특징들을 살펴보면 레스토랑이 진화해 온 방식을 이해할 수 있다. 오토매트는 식당 안에 음식을 먹을 수 있는 장소가 있었기 때문에 테이크아웃 음식점으로 볼 수 없다. 거울이 있고 대리석 테이블도 있었으며, 혼자, 혹은 여럿이 앉아서 음식을 먹을 수 있었다. 선택할 수 있는 음식의 종류가 다양했고, 종업원이 음식을 서빙할 때처럼 접시에 요리가 담겨서 나왔으며, 완성된 요리를 눈으로 확인할 수 있었다. 다시 말해 오토매트는 단순히 자동판매기를 모아 두기만 한 곳이 아니었다.

❶ 오토매트의 탄생 과정

오토매트는 오랜 시대에 걸쳐 여러 문화가 서로 영향을 주고받으며 탄생한 결과물이라고 할 수 있다. 최초의 자동판매기는 1세기 때 그리스에서 성수를 팔기 위한 용도로 사용된 것으로 보인다. 이후 수 세기 동안 담배나 책 등의 물건을 판매하는 자동 장치가 드문드문 사용되어 왔다. 자동판매기 역사에 한 획을 그은 사건은 1867년 한 영국인이 동전으로 작동하는 기계를 발명한 것이다. 1880년대에 이르러 동전식 자동판매기는 초콜릿, 향수 등 품목을 가리지 않고 사용되었다. 1891년에는 카페 메케니크가 있던 파리에 자동판매기로

베레니스 애보트(Berenice Abbott) 〈오토매트, 맨해튼 8번가 877번지〉 1936년 사진.

운영되는 '바 오토매티크Bar Automatique'라는 또 다른 술집도 생겼다. 이 술집을 연 필리프 레오니Philippe Leoni는 5년 뒤에 자동판매기 회사에서 엔지니어로 일한 막스 지라프Max Sielaff라는 사람과 바 오토매티크를 한 단계 더 업그레이드하는 계획에 착수했다. 두 사람은 완전히 자동 시스템으로 운영되는 레스토랑을 개발해서 1896년 베를린 무역 박람회에 선보였는데, 반응이 좋아서 3개월 만에 이 자동식 레스토랑을 실제로 열었다.[4] 그 레스토랑의 이름이 '오토매트'였고, 이후로 오토매트라는 명칭은 제록스, 밴드에이드, 크리넥스 같은 상표처럼 보통명사로 쓰이게 되었다.

　무역 박람회의 긍정적인 반응에도 불구하고 오토매트 1호점은

'Serve Yourself!' 오토매트가 설치된 스톡홀름의 레스토랑, 1905년 사진.

오래가지 않았다. 레오니와 지라프는 레스토랑 사업을 접고 원래 몸담았던 기계제조업으로 돌아가 오토매트 장치를 파는 회사인 오토매트 G.m.b.H를 세웠다. 이후에도 유럽 몇몇 나라에서 독자적으로 오토매트를 운영했다. 오토매트는 자동판매기, 계산대, 커피 자판기, 표지판 등이 포함된 부품 세트를 조립해서 설치했기 때문에 외관과 운영방식이 비슷하고, 이용하는 고객층도 비슷했다. 그러나 판매하는 음식은 식당마다 차이가 있었고, 광고 전략도 지역마다 달랐다. 어떤 곳은 기계 장치를 개조해서 새로운 모델을 만들기도 했는데, 가령 네덜란드에 있는 오토매트는 가열 장치가 들어 있는 자판기를 개발해서 크로켓, 프렌치프라이, 소시지 같은 뜨거운 음식도 팔았다. 이 가열 장치는 나중에 모든 오토매트에서 일반적

독일 베를린의 한 정육점 앞에 설치된 '소시지와 고기' 판매용 오토매트, 1935년.

프랑스 요리사, 피에르 샤를로(Pierre Charlot)가 1969년 3월 5일 오토매트 기계 앞에서 샌드위치
를 받는 모습. 프랑스 요리사 55명과 뉴욕시를 여행하면서 오토매트 식당에 방문했을 때, 매니저가
오토매트의 유리 진열장 뒤에서 샌드위치를 내어 주었다.

으로 쓰였다.

　오토매트 식당은 런던, 맨체스터, 코펜하겐, 파리 등 유럽 곳곳
의 오토매트 사업주와 오토매트 G.m.b.H에 큰 이익을 안겨 주었다.
1913년에 출판된 《유럽 경제 가이드The Economical European Guide》에는
오토매트 식당 서른 곳의 이름과 주소가 실렸다.

　셀프서비스로 운영되는 '오토매트' 식당은 독일과 스위스에서 반응이 좋
　고, 그 외 많은 도시에서도 운영되고 있다. 이탈리아는 밀라노에만 오토
　매트 식당이 있다. 다양한 요리와 음료가 종류별로 구비되어 있으며, …
　가격은 보통 70페니히에서 1마르크 사이다. 오토매트 식당에는 남녀 휴

게실이 있고, 대부분 시설이 아주 좋다. 오스트리아 빈에는 다수의 대형 오토매트 식당이 운영되고 있다.[5]

책의 저자 칼 윌슨Carl Wilson이 이 글을 쓸 무렵, 미국에도 오토매트 식당이 운영되고 있었다.

미국에서는 1902년에 오토매트 1호점이 문을 열었다. 조셉 혼 Joseph Horn은 동업자인 존 하다트John Hardart와 필라델피아에서 카페테리아를 운영하고 있었는데, 독일에 방문했을 때 우연인지, 막스 지라프를 통해서였는지 오토매트 식당을 직접 볼 기회가 있었다. 미국에서도 좋은 반응을 얻을 것으로 직감한 조셉 혼은 필라델피아에 설치할 대형 오토매트 세트를 주문했다. 그러나 장비를 싣고 오던 배가 난파하는 바람에 첫 번째 주문한 장비는 받지 못했고, 두 번째 주문한 장비를 받아 지라프의 감독 아래 설치할 수 있었다. 혼과 하다트가 만든 오토매트는 미국에서 성공적인 반응을 얻었다. 얼마 후 두 사람은 뉴욕에 '혼 앤 하다트Horn & Hardart'라는 오토매트 식당을 열었다. 혼 앤 하다트사는 레스토랑 체인점 업계를 대표하는 회사가 될 정도로 큰 성공을 거두었고, 1941년 당시 미국 북동부 지역을 통틀어 총 147개 지점을 운영했다.

◐ 오토매트의 현대적 매력

유럽과 미국에서 유행한 오토매트는 다양한 매력이 공존했다. 그 매력은 대부분 오토매트를 독특한 장소로 만드는 이유, 즉 레스토랑이라는 공간 안에서 기계가 인간의 행위를 어떻게 재배치하는가와 관련이 있다. 오토매트는 종업원 대신 자판기를 둠으로써 손님이 음식을 먹고 나가는 전 과정의 속도를 빨라지게 했다. 오토매트에서는 사람들 간의 상호작용이 아니라 손님의 결정에 따라 속도가 정해졌다. 오토매트를 이용하는 손님은 먹고 싶은 음식을 천천히 고민해서 결정해도 되고, 즉시 선택할 수도 있다. 주방에서 음식을 준비할 때까지, 혹은 종업원이 음식을 가지고 올 때까지 기다릴 필요도 없다. 원하는 음식을 선택하고, 동전 구멍에 동전을 넣기만 하면, 곧바로 유리문이 열려 음식을 가져갈 수 있다. 음식 값은 이미 계산된 상태이므로 음식을 다 먹은 사람은 계산대에 들를 필요 없이 바로 식당을 나갈 수 있고, 몇 시간씩 테이블을 차지하고 앉아

〈혼 앤 하다트 오토매트 식당〉 뉴욕시 타임스퀘어 1930년~1940년 엽서.

에드워드 호퍼 〈오토매트〉 1927년 캔버스 유화.

있을 수도 있다.**6**

　도시 노동자들에게는 빠른 속도가 큰 장점이 될 수 있었다. 오토매트에서는 짧은 시간 안에 괜찮은 식사를 마치고 일터로 돌아갈 수 있었다. 동전 구멍에 돈을 넣기만 하면 되므로 음식 값을 내는 과정이 단순해졌고, 종업원이 없으니 팁을 낼 필요도 없었다.

　오토매트는 속도와 단순미, 평등주의 같은 요소가 주목을 받으며 작가와 예술가들에게 영감을 불러일으키는 장소로 떠올랐다. 가령 1932년에 어빙 벌린Irving Berlin과 모스 하트Moss Hart가 공동 작업한 대공황 시대의 풍자 뮤지컬인 〈페이스 더 뮤직Face the Music〉에는 오토매트에 관한 노래가 두 곡 삽입되어 있다. 오프닝넘버*는 대공황으로 오토매트에서 샌드위치와 콩 요리를 먹게 된 미국 상류층을 풍자했고, 두 번째 곡인 '커피를 한 잔 더 마시자Let's Have Another Cup of Coffee'는 좀 더 밝고 희망찬(혹은 현실 도피적인) 분위기로 그려졌다. 1934년에 나온『새디 맥키Sadie McKee』라는 영화에서는 대공황이라는 배경이 더 암울하게 그려지는데, 조안 크로포드Joan Crawford가 연기한 불운의 여주인공 새디 맥키가 오토매트 식당에서 다른 손님의 파이를 간절하게 쳐다보는 장면이 인상적이다. 1937년 영화인『이지 리빙Easy Living』에서도 오토매트는 비슷한 효과를 내는 장소로 사용된다. 가난한 여주인공이 오토매트에서 일하는 직원과 사랑에 빠지는데, 이 남자는 사실 아주 돈이 많은 남자였다. 실제로 오토매트의 매력 중 하나가 오토매트를 이용하는 손님 간에는 누가 돈이 많고 적은지가 잘 드러나지 않는다는 것이었다.

　　오토매트는 레스토랑에서 이루어지는 사회적 행동에도 일부 변화를 가져왔다. 가령, 에드워드 호퍼Edward Hopper의〈오토매트〉(1927)라는 그림은 오토매트를 가장 인상 깊게 그려 낸 작품 중 하나로 꼽히는데, 호퍼의 또 다른 대표작인〈밤의 사람들Nighthawks〉처럼 식당 안팎의 분위기가 뚜렷하게 대조를 이루는 모습도 인상적이지만, 무엇보다 그림 속 여성의 모습이 눈길을 끈다. 옷을 잘 차려입은 그림 속 여성은 깨끗하고 조명이 환하게 켜진 식당에 혼자 앉아 있다. 즉,

---

*　　뮤지컬에서 서곡이 끝난 뒤에 나오는 노래로, 뮤지컬의 상황을 설명하며 관중의 관심을 불러일으키는 역할을 한다.

혼자 온 여성도 편하게 음식을 먹을 수 있다는 점은 오토매트 같은 식당의 또 다른 장점이 될 수 있었다.

　스웨덴에서는 여성들이 이용한 최초의 레스토랑 중 하나가 오토 매트였다. 1912년까지 스톡홀름에 있는 오토매트의 주 고객은 '수입 이 적어 고급 요리는 못 먹지만 하숙집의 형편없는 식사를 원치 않 는 방직공장의 여성 노동자'였다. 스웨덴의 오토매트 식당도 미국에 서처럼 먼저 대도시의 부유층 지역에서 시작한 뒤 노동자 계층이 있 는 지역으로 옮겨 갔다. 스웨덴의 다른 모든 레스토랑은 계층별로 완전히 구분되어 있었지만, 오토매트 식당은 유일하게 상류층과 노 동자 계급이 동시에 이용했다.[7]

　오토매트는 처음부터 익명성이 발휘되는 공간으로 기능했다. 파 리의 초기 레스토랑처럼 혼자 온 손님이 모르는 사람들 사이에서 밥 을 먹을 수 있었다. 레스토랑은 다양한 계층의 사람들이 손님의 위 치에서 다양한 지위를 경험할 수 있는 하나의 문화적 형태다. 게다 가 오토매트에서는 종업원을 두지 않음으로써 이런 측면을 더 강화 했다고 할 수 있다. 미국의 유명 가수 패티 스미스는 그녀의 회고록 인 《저스트 키즈Just Kids》에서 과거 어느 오토매트 식당에서 앨런 긴 즈버그*를 만난 일화를 기록했는데, 이 사실만으로도 가난한 가수 지망생과 유명 시인이 동시에 이용할 수 있는 곳이 오토매트였다는 것을 알 수 있다.

----

*　미국의 시인이자 '비트 제너레이션'이라는 문학 장르를 대표하는 작가이다. 1960년대 이후 사회 운동에 적극적으로 참여하며 록 뮤지션, 세계 지도자들과의 교류를 통해 히피 세대의 계관시인 역할을 했다. 대표작으로 〈울부짖음(HOWL)〉이라는 시가 있다.

이슬비 내리는 어느 날 오후, 나는 치즈 샌드위치를 몹시 먹고 싶었다. … 쟁반을 가져와서 동전을 넣었는데 유리 덮개가 열리지 않았다. 다시 해 봐도 허사였다. 기계를 다시 살펴보고 나서 가격이 65센트로 올라간 것을 알았다. 몹시 실망해 있던 찰나에 누가 말을 걸어왔다.

"도와 드릴까요?"

뒤를 돌아보니 앨런 긴즈버그가 서 있었다. … 앨런은 모자란 돈을 넣어 주고, 커피도 사 주었다. 나는 조용히 그의 자리로 따라갔다. 그리고 샌드위치를 한 입 크게 베어 물었다. 앨런이 자기를 소개했다. 그가 월트 휘트먼에 관해서 이야기하길래 나는 휘트먼의 묘가 있는 캠던 근처에서 자랐다고 했다. 그때 그가 고개를 쑥 내밀고 나를 자세히 쳐다보더니 이렇게 물었다.

"여자였어?"

"네. 뭐 문제라도?"

그가 살짝 웃었다.

"미안. 예쁘장한 남잔 줄 알았지."

나는 무슨 상황인지 곧장 눈치를 챘다.[8]

　　오토매트는 종업원이 없고 음식 값이 저렴해서 손님들끼리 서로 도와주는 장면이 자주 연출되었고, 영화에서도 종종 그런 장면을 볼 수 있었다. 오토매트는 낯선 사람들끼리 만날 수 있는 공간이자 다른 나이와 계급, 성별, 혹은 성적 취향을 가진 사람들이 한데 어울려 예상치 못한 즐거움을 경험할 수 있는 그런 장소였다.

🍴 오토매트와 위생 문제

오토매트는 무엇보다 현대적인 감각을 장점으로 내세웠다. 초기의 오토매트는 당시 유행한 아르 누보 스타일로 제작되어 정교한 유리 공예나 목공예, 돌고래 모양의 꼭지가 달린 커피포트를 사용했다. 1920년대부터는 아르 데코 양식을 쓰기 시작해서 직선 형태의 단순한 디자인과 반짝거리는 느낌을 강조했다. 그러나 오토매트의 외관에서 가장 주목할 만한 특징은 유리 덮개가 덮인 수많은 칸막이 상자와 그 상자 안에 그림처럼 완벽한 형태로 들어 있는 음식이었다.

오토매트 식당은 테이블 뒷정리를 담당하는 직원을 제외하면, 홀에 직원이 없었다. 또, 음식이 모두 유리 진열장 안에 깔끔하게 들어가 있어서 청결한 인상을 주었다. 19세기 말부터 사람들은 더 안전한 음식을 추구하기 시작했다. 1896년 독일에서는 1879년에 나온 '식품 및 생활용품에 관한 법Food and Commodities Law'을 집행하기 위해 식품 화학자 훈련 프로그램을 시행했고, 미국에서는 1906년 '순수 식품 의약품법Pure Food and Drug Act'이 만들어졌다.⁹ '혼 앤 하다트' 같은 식당 체인점은 본사의 통제를 받는 규격화된 음식을 팔아서 손님들에게 신뢰감을 주었다(이때부터 브랜드화된 식당이 인기가 더 많아졌다고 할 수 있다). 특히 오토매트는 음식이 유리 진열장 안에 들어가 있어서 사람들이 손을 댈 수 없으며 공기 중에 노출되지 않아서 깨끗하고 안전하다는 이미지가 강했다. 특히 혼 앤 하다트는 그날 만든 음식만 판다고 광고하여 신선함을 더욱 강조했다(하루 지난 음식은 확실한 표기와 함께 저소득 지역에 있는 별도의 식당에서 팔았다). 현대적인 분위기,

청결함, 무인으로 운영되는 기계식 식당, 분리된 식품 진열장, 이 모든 특징이 혼 앤 하다트가 안전하고 깨끗한 식당이라는 이미지를 심어 주는 역할을 했다.

그러나 혼 앤 하다트사는 한 민사 사건을 통해 식품 관리 수준을 어디까지 기대할 수 있는가에 관한 중요한 선례를 남겼다. 1926년 5월 12일, 펜실베이니아에 사는 어느 여성이 혼 앤 하다트 식당에서 딸기를 사 먹고, 딸기에 든 어떤 이물질 때문에 잇몸에 상처를 입었다. 그녀는 식품 관리 소홀을 문제 삼으며 식당을 상대로 소송을 제기했다. 그녀는 식당 측의 과실을 주장하며 손해배상 소송을 제기했는데, 최종적으로 법원은 이를 기각했다. 법원에서는 혼 앤 하다트사에서 관리하는 딸기 준비 과정을 근거로 제시했는데, 판결문에 따르면 하다트 식당은 "딸기를 체에 밭쳐서 흐르는 수돗물에 씻고 꼭지를 따서 수건으로 물기를 닦은 뒤 개별 접시에 담는다."라며, 식당 측은 필요한 절차를 모두 지켰으므로 원칙적으로 문제가 없다고 설명했다. 다음의 판결문은 20세기 초의 식품 관리 기준에 대한 인식과 소비자에게 요구되는 기대를 반영하고 있다.

식품에 이물질이 섞여 있는 사건과 관련하여 우리가 익히 알고 있는 바와 같이 고기와 음료의 특성상 전염병을 일으키고 불순물이 섞이는 것은 가정과 공공 식당에서 일반적으로 경험할 수 있는 일이다. 우리가 먹는 음식은 각기 다른 장소에서 온다. 즉 이 음식들은 여러 소유권자의 취급 과정을 거쳐 우리에게 도달하게 되므로 본질적으로 완전히 깨끗하거나 안전할 수 없다. 그러므로 5월이라는 지금의 계절을 고려할 때, 딸기가 다른 먼 지역에서 왔다는 사실은 틀림없다. 따라서 원고가 딸기를 먹다가 이물질을 씹게 된 것은 피고 측에 과실이 있다고 보이지 않는다.[10]

이 판결문은 음식에 이물질이 있는 것은 현대 세계에서 예상될 수 있는 일이라는 메시지를 담고 있다. 즉 오토매트에서 딸기가 준비되는 과정 그 자체가 그 속에 이물질이 생길 수 있음을 의미하고, 더욱이 식당 측은 유리 진열장 안에 완벽한 상태로 딸기를 넣어 두었으므로 이물질에 대한 책임을 물을 수 없다는 것이다. 이 판결에 따르면, 딸기 섭취를 위험하게 만드는 것은 식품 관리 시스템에 대한 소비자의 잘못된 믿음 때문이다(이 표현은 미국의 소송 사건에서 이후로도 계속 인용되었다).[11]

● 오토매트의 종업원

다음 글은 스톡홀름에 처음 생긴 오토매트 식당을 방문한 어느 손님의 기록이다. 이 글을 보면 무인으로 운영되는 식당에 대해 당시 사람들이 어떤 생각을 하고 있었는지 알 수 있다.

서빙은 종업원 없이 자동으로 이루어졌다. 마치 음식들이 알아서 손님 자리로 걸어오는 것 같았다. … 기계가 알아서 작동하므로 가게 안의 손님은 특별한 노력 없이 서비스를 받는다. 종업원이 요리를 가져다주는 서비스는 없고 대신, 반짝이는 유리문과 다른 섬세한 장식들이 달린 커다란 진열장 세 개만 있었다.

나는 오토매트를 기술의 기적이라고 생각했다. … 나는 그 안에 사람들이 있다는 것을 오랫동안 믿으려 하지 않았다. 오토매트는 순전히 '자동'으로 작동된다고 믿고 싶었다. 나는 니켈로 도금된 그 기계 장치 뒤에서 모든 일이 알아서 처리되는 모습을 상상했다. 그 상상이 깨진 건 반쯤 열린 기계의 출입문으로 어떤 사람이 땀에 젖은 벌건 얼굴을 내밀면서 내가 넣은 40페니로 소시지를 원하는지 라이스 푸딩을 원하는지 물을 때였다. … 나는 깜짝 놀랐다. 기계는 나의 의도를 정확히 이해하지 못했다. 오토매트에는 결국 사람의 개입이 필요했다.**12**

노동력이 보이지 않는다는 것은 오토매트에서 체험하는 마법 같은 경험 중 하나였다. 물론 눈앞에서 물건을 사라지게 하는 마술이 그렇듯, 문제는 우리의 시선이 어디에 있는가 하는 것이다. 오토매트에 대한 환상은 손님의 시선을(또한 모든 문화적 관찰자의 시선을) 진열장 안에 있는 음식에 향하게 함으로써 이루어졌다. 사실 오토매트에서는 노동력이 두 곳에 분산되어 있었는데, 둘 다 그 나름대로 중요한 역할을 했다.

오토매트에서 노동력이 가장 확실히 드러나는 지점은 손님에게 있다. 손님이 제공하는 이 노동력을 우리는 주로 '셀프서비스'라고 부른다. 테이크아웃 형태와 비슷한 줄기에 있는 셀프서비스는 수천 년 전에도 존재했는데, 가령 폼페이의 태번에서도 셀프서비스 방식이 주로 사용되었다. 그러나 손님이 직접 음식과 음료를 가져와서 먹는다는 개념은 여러 모로 새로운 발상에 속했다. 술집이나 태번, 커피하우스에서 손님이 직접 음식을 가져가 먹는 일은 과거에도 종종 있었지만, 일반적으로 술은 바텐더가 서빙했다. 심지어 아주 허름한 음식점에도 서빙을 담당하는 사람은 있었다. 그러나 오토매트에서 이루어지는 서비스는 기존의 서비스 방식과 개념부터 큰 차이가 있었다. 20세기 이후 패스트푸드 레스토랑이 증가할 수 있었던 것은 오토매트 식당과 카페테리아에서 손님이 종업원의 역할을 하는 이런 노동 구조를 '셀프서비스'라는 이름으로 이미지를 쇄신한 덕분이라 할 수 있다.

오토매트는 노동력을 손님에게 이동시켜 인건비 절감 효과를 누렸을 뿐 아니라, 셀프서비스라는 경험 자체가 손님에게 이득이라는 인식을 심어 주었다. 당시 오토매트 식당에는 'Help yourself(마음껏 드세요)'라는 문구가 곳곳에 붙어 있었는데, 이 표현은 식당 이용법을 안내하는 효과도 있었지만, 일종의 홍보 전략으로 쓰이기도 했다. 신문, 잡지, 엽서에도 등장한 이 표현에는 말하자면, 종업원이 없으므로 음식을 더 빨리 먹고 나올 수 있고, 다른 사람의 방해를 받지 않고 개인적으로 이용할 수 있으며, 다른 사람이 내가 먹는 음식에 손을 대지 못하고, 팁을 내지 않아도 된다는 명시적, 암시적 메시지가 담겨 있었다. 다시 말해 노동력이 종업원에서 손님에게로 옮겨오는 것이 그만한 가치가 있는 일로 그려졌다.

사실 오토매트에도 종업원은 있었다. 음식 진열장 뒤에서 조리를 담당하는 직원과 홀에서 청소나 테이블 정리를 맡은 직원이 있었는데, 혼 앤 하다트사의 매니저 지침서를 보면, 보이지 않는 곳에서 일하는 이런 직원들의 직무기술서가 명시되어 있었다. 원래 주방 노동력이 보이지 않는 곳에서 일하는 것은 레스토랑에서 특별히 새로운 현상은 아니었다. BOH_{Back of the House}, 즉 주방 팀은 일반적으로 고객에게 노출되지 않는 것이 특징이다. 20세기에 들어 조리 과정의 투명함에 대한 요구가 높아지면서 개방식 주방이 인기를 끌었지만, 어쨌든 오토매트에서는 종업원이 보이지 않는 것이 매우 중요했다. 구글에서 서적의 디지털화 작업을 맡은 직원들처럼 오토매트에서 일하는 노동자에 대한 이미지는 일종의 투명인간으로 정의될 수 있다.

오토매트 식당에서는 커피를 준비하는 과정에 많은 노동력이 들어갔다. 혼 앤 하다트에 관한 기록에는 커피에 관한 이야기가 거의 빠짐없이 등장하는데, 혼 앤 하다트의 커피는 값이 싸다는 장점 외에도 맛이 아주 뛰어나서 미국의 커피 시장을 크게 변화시켰다는 평가를 받는다. 혼 앤 하다트는 유럽에서 들여온 커피 기계로 미국 사람들에게 처음으로 드립 커피를 소개했다고 할 수 있다. 당시 미국에는 커피 맛이 떨어지는 식당이 너무 많아서 커피 맛이 좋은 것은 식당 홍보에 큰 장점이 될 수 있었다. 미국에서 커피가 마실 만한 수준이 된 것은 거의 20세기 초부터였다(지금도 커피는 레스토랑 영업에 중요한 비중을 차지한다. 그래서 맥도날드와 던킨도너츠 같은 대형 패스트푸드점도 2000년대에 들어 커피에 많은 돈을 투자하고 있다). 하비 하우스가 신선한 커피를 장점으로 내세웠듯이, 혼 앤 하다트도 비슷한 전략을 사용했는데, 두 곳 모두 커피 준비 과정을 상세히 안내한 지침이 있었고, 혼 앤 하다트의 경우 커피콩을 직접 볶아서 사용했다. 다음은 1942년 혼 앤 하다트의 〈관리자 지침서〉에 포함된 내용이다.

커피를 잘 관리하고 준비하는 것은 우리 업무의 가장 중요한 부분이다. 커피가 항상 최상의 맛을 유지할 수 있도록 다음 규칙을 철저히 준수한다. 커피 1파운드당 끓는 물 2갤런을 사용한다.

커피에 사용하는 물은 항상 끓인 후 사용한다. 커피포트 덮개에 들어가는 물도 마찬가지다. (커피 자판기를 데울 때도 뜨거운 물을 사용한다.)

1. 새 커피 통에 드라이 커피 1파운드를 넣는다.
2. 계량컵에 끓는 물을 넣고 드라이 커피에 천천히 부어 준다.
3. 계량컵에 한 번 더 끓는 물을 넣고 커피에 부어 준다.
4. 덩어리진 커피는 막대로 살살 풀어 준다. 휘저으면 안 됨.
5. 데워 놓은 커피포트에 커피백을 대고 4를 부어 준다. (커피가 담긴 포트는 뚜껑을 항상 닫아 두어야 한다.)

이 과정은 한 사람이 처음부터 끝까지 진행하고, 순서대로 진행하되 중간에 멈추거나 시간을 끌어서는 안 된다.

완성된 커피는 판매 용기로 옮겨 담기 전에 10분간 그대로 놔둔다. 이 과정을 끝낸 즉시 포트에 뜨거운 물을 다시 채워 둔다.

이른 아침에 커피를 만들 때는 실수하지 않도록 특히 주의해야 한다.

커피를 만들고 난 후에는 깨끗한 물로 포트를 씻고 면보로 물기를 제거한 뒤 보관한다.

혼 앤 하다트는 오토매트 자체의 기술 혁신뿐 아니라 새로운 경영기법에 의지하여 맛에 대한 '과학적 경험'을 홍보 전략의 핵심 과제로 삼았다. 그러기 위해서 무엇보다 표준화 작업을 중요하게 여겨 모든 지점에서 같은 요리를 같은 방식으로 제공한다는 목표를 추구했다. 가령, 혼 앤 하다트의 모든 지점에서 나오는 베이크드 빈baked beans은 항상 가로세로 1인치 크기의 베이컨을 올려서 나왔다. 유럽의 오토매트 식당은 좀 더 다양한 음식을 제공했다. 기본적으로 오토매트 식당은 유리 진열장 안에 들어 있는 음식의 형태를 보고 선택하는 경우가 많았기 때문에 시각적인 요소가 강조되는 특징이 있었고, 요리사들은 일반적인 카페보다 음식의 외적인 요소와 플레이팅에 더 많은 주의를 기울였다. 오토매트 식당의 비즈니스 모델은 미각과 시각을 동시에 사로잡는 요리 개발이 중요한 비중을 차지했다. 이후 많은 패스트푸드 음식점에서 음식에 대한 시각적 경험을 강조하는 광고가 지배적으로 나타났다.

오토매트 식당의 매우 통제된 시스템은 노동력의 형태에도 변화를 가져왔다. 오토매트 식당에서 일하는 노동자들은 일종의 소모품처럼 대체하기가 쉬웠다. 미국 오토매트 식당에서 일하는 노동자는 이민자, 유색인종, 특히 여성의 비율이 높았다. 그들이 대부분 저임금 노동자들이라 경영자 측에서는 경제적 이득이 컸다. 또한 오토매트에서 일하는 직원들은 보이지 않는 곳에서 일한다는 특징 때문에 독자적인 목소리를 형성하기가 어려웠다.[13] 유럽의 오토매트 식당에서는 주로 여성 노동자들이 매우 낮은 임금을 받으며 일주일에 거의 92시간씩 일했다.[14] 오토매트 식당은 이름과 달리 자동화되지 않은 부분도 많았다.

혼 앤 하다트는 1920년대 중반부터 오토매트 식당 안에 카페테

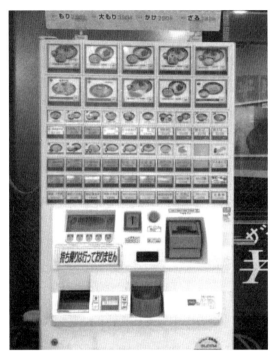

일본 도쿄에서 운영되고 있는 자판기 식당. 식당 밖에 있는 자판기
로 표를 사고, 식당 카운터에서 음식을 받는다. 2014년.

리아식 식당도 같이 운영하기 시작했다. 그래도 마카로니 치즈를 사
기 위해 오토매트를 찾는 손님은 1990년대까지 꾸준히 이어졌다.
이제 동전 하나로 유리 상자 안에 든 파이를 사 먹던 즐거움은 사라
지고 없다. 대신 혼 앤 하다트의 오토매트 식당은 새로운 형태의 외
식 문화를 예고했다.

❶ 오토매트의 다음 주자들

일본에는 오토매트 식당과 거의 흡사한 자동판매기 식당이 현재 운영되고 있다. 도쿄 북서부의 이세사키시에 있는 지한키 쇼쿠도우 Jihanki Shokudo라는 이 식당은 샌드위치와 면 요리를 판매하는 자동판매기 전용 식당으로, 라면, 카레버거, 튀김우동, 샌드위치 같은 음식을 자동판매기로 저렴한 가격에 판매한다. 종업원은 없고, 주인이 하루 두세 번 가게에 들러 재고를 관리하고 쓰레기를 치운다. 기본적으로 뒷정리는 음식을 먹은 손님이 직접 해야 한다. 자동판매기 식당은 음식도 음식이지만 재미를 추구하는 공간이라는 개념이 더 중요하다.[15] 신선함의 대명사로 불리던 혼 앤 하다트 식당은 2012년 뉴욕 공립도서관에서 기획한 전시회에 소개되어 다시 한번 주목을 받았다. 온라인에서 구형 오토매트 기계를 판매하는 곳도 있지만, 오토매트가 남긴 유산은 우리의 기억 속에 더 생생하게 살아 있는 듯하다.

미국에서는 최근 잇사Eatsa라는 무인 식당이 인기를 얻고 있다. 기본적으로 신선한 음식이 빠르게 제공되고, 모든 주문이 태블릿으로 이루어진다. 완성된 음식은 큐브 형태의 유리 상자 안에 나타나는데, 오토매트 식당처럼 음식을 서빙하는 종업원이 없어서 완성된 음식이 나오면 손님이 각자 알아서 테이블이나 스탠딩 바를 찾아서 음식을 먹는다. 식당 내부는 패스트푸드 식당보다는 수준이 높고, 모던하고 미래지향적인 디자인이 특징이다(주문한 음식이 완성되면 음식이 들어 있는 유리문에 손님 이름이 뜨는 것도 신기하다). 혼 앤 하다트 식당처럼

보이는 곳에 종업원은 없지만, 식당 뒤쪽에서 음식을 준비하는 직원이 대여섯 명 있다.[16]

　새로운 과학 기술인 전자 메뉴판은 일본에서 시작해 전 세계적으로 인기를 얻고 있으며, 잇사에서도 사용되고 있다. 전자 메뉴판은 오토매트처럼 판매되는 음식을 눈으로 확인할 수 있다는 장점이 크고, 원하는 음식을 선택해서 바로 결제도 할 수 있다. 기본적으로 터치스크린으로 작동되어 조작이 편리하지만, 이용에 어려움을 겪는 손님을 위해 종업원이 도움을 주기도 한다. 오토매트 식당과 마찬가지로 전자 메뉴판을 사용하는 식당은 서비스 지향적인 분위기보다 신속함과 편리함, 합리적인 가격을 강점으로 삼는다.[17]

🍴 식당과 컨베이어벨트

오토매트와 자동판매기는 처음부터 레스토랑 자체의 필요에 따라 개발되었다. 그러나 레스토랑에서 쓰이는 대부분 기술은 다른 경제 분야의 도움을 받아 만들어졌다. 특히 다양한 방면으로 레스토랑의 발전에 도움을 준 것은 '공장'이다. 무엇보다 공장은 표준화된 대량 생산을 통해 밀가루에서 비엔나소시지에 이르기까지 우리가 이용할 수 있는 식품의 종류를 다양화했고, 3장과 6장에서 살펴보았듯이 레스토랑의 종류를 다양화하여 새로운 고객층을 만드는 데 기여했다. 그러나 공장이 레스토랑의 변화에 가장 크게 기여한 부분은 고객이나 식품과 관련된 것이 아니라, 철학 그리고 구성과 관련되어 있다. 그 사례는 오토매트, 라이온스Lyons, 20세기 초의 하비 하우스, 그리고 그 이후에 나오는 패스트푸드 체인점의 관리 시스템을 통해 확인할 수 있다. 또, 공장에서 사용되는 기계 장치를 레스토랑이라는 공간에 그대로 가져온 '컨베이어벨트' 시스템도 있다.

컨베이어벨트는 식품 산업과는 거의 관계없는 곳에서 탄생했다. 최초의 컨베이어벨트는 19세기 말 토마스 로빈슨에 의해 광산 산업용으로 개발되었다. 1913년 헨리 포드가 컨베이어벨트로 연결된 조립 라인을 구축해 자동차 생산에 사용되어 왔다. 컨베이어벨트는 20세기 중반부터 식품 공장을 비롯해 전 세계 산업 현장에서 널리 사용되었다. 공장에서 생산된 맥주병, 스위스 롤케이크, 심지어 달걀에 이르는 많은 식품이 컨베이어벨트를 타고 시장으로 팔려 나갔

샌프란시스코에 있는 잇사 레스토랑. 디지털 전광판이 눈에 띈다.

영국 블루워터 쇼핑센터에 있는 '요!스시(YO! Sushi)'. 2007.

다. 그러다 1950년대에 이르러 일본과 미국의 레스토랑에서 컨베이어벨트를 아예 레스토랑 안으로 들여놓았다.

1954년 인스타버거킹 프랜차이즈를 인수한 제임스 맥라모어James McLamore와 데이비드 에드거턴David R. Edgerton은 버거를 만드는 기존 공정이 마음에 들지 않았다. 기존 방식은 지저분하고 위험하면서도 너무 느렸다. 그들은 아이스크림 기계를 개발한 제너럴 레스토랑 이큅먼트General Restaurant Equipment 회사에 연락해 좋은 방법이 없는지 알아보았고, 이에 이 회사를 운영한 프랑크와 도널드 토마스 형제는 '플레임 브로일러flame broiler'라는 그릴 장치를 개발했다. 플레임 브로일러는 기본적으로 가스 불 위에서 컨베이어벨트가 움직이며 버거를 이동시켜 조리하는 장치였는데, 이 장치로 인스타버거킹의 버거 공정 과정이 크게 개선되었다. 맥라모어와 에드거턴은 4년 만에 나머지 프랜차이즈를 모두 인수하고 '불에 구운 햄버거의 원조'라 할 수 있는 버거킹이라는 브랜드를 탄생시켰다. 플레임 브로일러를 개발한 토마스 형제 역시 당시 패스트푸드업계의 성장세에 자극을 받아 버거 셰프Burger Chef라는 체인점을 만들었다. 지금은 사라졌지만 버거 셰프는 1970년대에 미국 전역에서 1,000개가 넘는 지점이 운영되었다. 버거 공정 과정은 플레임 브로일러로 더 빠르고 안전해졌을 뿐 아니라 숙련된 노동자에 대한 의존도가 낮아졌다. 플레임 브로일러를 조작하는 직원이 하는 일은 고기 패티를 브로일러에 올렸다가 익은 고기를 꺼내고, 화염을 줄이는 용도로 만들어진 기름통을 중간에 가끔 비워 주는 것이 전부였다.**18**

한편, 오사카에서 초밥집을 운영하던 요시아키 시라이시Yoshiaki Shiraishi는 식당 경영에 어려움을 겪었다. 초밥집에서 가장 중요한 메뉴인 초밥은 신선함이 생명인데, 손님에게 초밥을 제때 서빙할 직원이 충분하지 않았다. 그러나 직원을 더 고용하기에는 인건비가 너무 높았고, 초밥집이 있는 곳은 저임금 노동자들이 많은 공장 지역이었기 때문에 가격을 높일 수도 없었다. 시라이시는 초밥의 가격을 낮추면서 신선하게 초밥을 서빙할 방법이 필요했다.

1954년 맥주 공장을 방문한 시라이시는 컨베이어벨트로 맥주병을 옮기는 광경을 보고 같은 방식의 기술을 식당에서 활용할 수 있을 것 같은 생각이 들었다. 컨베이어벨트는 플레임 브로일러라는 장치로 이미 주방에서 사용되는 예가 있었으므로 이번에는 컨베이어벨트로 종업원을 대체하는 아이디어를 떠올렸다. 시라이시는 많은 연구 끝에 물에 강한 스테인리스로 컨베이어벨트를 개발하고 4년 뒤 컨베이어벨트로 서빙이 이루어지는 작은 식당을 열었다.

손님은 조리대를 둘러싼 판매대 옆에 서서 요리사에게 초밥을 주문한다. 요리사가 손님이 주문한 초밥을 완성해서 컨베이어벨트 위에 올려 두면, 손님은 초밥이 지나갈 때 집어 가기만 하면 되는 방식으로 서빙이 이루어졌다. 종업원 대신 컨베이어벨트를 이용한 덕분에 인건비가 줄어서 초밥 가격을 이전 가격의 3분의 2 수준으로 낮출 수 있었다. 컨베이어벨트 시스템은 성공적인 반응을 얻었다. 시라이시의 가게는 10년 만에 전국적으로 240여 개의 지점으로 늘어났다. 또한 이는, 동시에 초밥을 전 세계에 널리 알리는 계기가 되었다.[19]

컨베이어벨트를 이용한 회전초밥 기술은 레스토랑을 변화시킨 다른 많은 기술처럼 국제 박람회를 통해 세상에 알려졌다. 1970년 일본에서 열린 세계 박람회 이후 컨베이어벨트 시스템은 더 많은 국제적 관심을 얻었다. 시간이 갈수록 컨베이어벨트 시스템은 더 다양한 방식으로 발전했다. 처음에 서서 음식을 먹던 판매대가 앉아서 먹을 수 있는 판매대로 바뀌었다. 요리사가 다양한 초밥을 만들어 컨베이어벨트 위에 올려 두면, 손님이 원하는 대로 집어 갈 수 있는 방식도 도입되었다. 또한, 음식 값을 쉽게 계산할 수 있게 접시를 색깔별로 구분해서 가격을 매겼고(스페인의 타파스 식당에서도 이 시스템이 사용된다), 컨베이어벨트를 따라 칸막이로 구분된 형태의 테이블도 만들어졌다. 이런 여러 가지 새로운 기술 덕분에 초밥은 이제 전 세계 많은 나라에서 쉽게 접하는 보편적인 음식이 되었다.

❶ 재료 과학과 레스토랑

음식을 만들고 보존하는 데 쓰이는 냉장 기술과 가열 기술은 레스토랑의 역사에 많은 영향을 미쳤다. 특히 가스레인지, 구리냄비, 냉장고 같은 주방 기술은 레스토랑 산업을 크게 변화시킨 일등공신들이다. 1880년대에 냉장 기술이 발달하면서 아르헨티나와 오스트레일리아산 소고기가 유럽으로 대거 수입되었다. 그러나 이때 수입된 고기는 맛과 식감이 떨어져서 고급 레스토랑에서는 쓰이지 못하고, 일반 가정이나 학교, 군대, 병원 같은 기관 시설과 맛을 크게 신경 쓰

존 마골리스 〈하워드 존슨 레스토랑, 코네티컷주 니안틱〉1978년 사진.

지 않는 작은 식당에서만 쓰였다. 1810년대에 등장한 통조림 채소도 상황이 비슷해서 대체로 너무 흐물거리고 맛이 없었다.

　과학자들은 식품저장기술을 더 완벽하게 만들기 위해 지속적인 노력을 기울였다. 1929년 클래런스 버즈아이Clarence Birdseye는 냉동식품의 신선도를 높여 주는 급속 냉동장치를 개발해서 외식업계에 큰 영향을 미쳤다. 1940년대에는 컨벡션 오븐이 발명되어 재료에 손상이 덜 가면서도 냉동식품을 좀 더 쉽게 해동할 수 있게 되었다. 1947년에 발명된 전자레인지는 처음에 냉장고만 한 크기에 가격도 아주 비쌌다. 그 후로 개량을 거듭해 1970년대에 가정용 전자레인지가 나오면서 일반 가정에 널리 보급되었다. 비교적 최근에 등장한 가스 치환 포장법은 포장 용기 내의 공기를 모두 제거하고 인위적으로 조성된 가스를 주입해 미생물의 성장을 감소시켜서 식품을 얼리거나 건조하지 않고 음식을 더 오랫동안 신선하게 보관한다.[20]

　기술 개발이 레스토랑에 미친 영향을 보여 준 대표적인 인물은 하워드 존슨의 요리사 자크 페펭Jacques Pépin을 들 수 있다. 프랑스의 유명 레스토랑들을 거쳐 뉴욕으로 건너온 페펭은 하워드 존슨에서 새로운 경력을 쌓게 된다. 그는 당시 미국 최대 규모의 프랜차이즈 레스토랑인 하워드 존슨에서 수많은 가맹점에서 쓰일 음식을 대량으로 만들어 유통시키는 방법을 개발했다. 그는 12인분 요리로 개발된 레시피를 이용해 2,500인분의 음식을 한꺼번에 만들었고, 그 요리를 얼렸다가 다시 해동해서 쓰는 방법을 오랫동안 연구했다. 프랑스 정통 요리의 대가로서 식품 과학 연구에도 뛰어든 그는 다음과 같은 글을 남기기도 했다.

"나의 어휘력은 박테리아, 대장균군의 수, 소스 비중, 유화제, 총 고형물 같은 용어에 대한 이해도와 함께 증가했다. 음식의 맛과 식감을 최대한 살리기 위해 얼릴 수 있는 음식과 얼릴 수 없는 음식, 얼리는 방법과 해동하는 방법을 배웠다."

자크 페펭은 대규모 프랜차이즈 레스토랑의 변화를 주도하기 위해 노력했고, 실제로도 열매를 맺어서 레드 랍스터와 TGI 프라이데이 같은 레스토랑이 나올 수 있게 토대를 마련하였으며, 미국 중산층이 이용하는 레스토랑의 수준을 한 단계 끌어올렸다.[21]

새로운 요리법이 과학자나 식품회사가 아닌 개별 레스토랑에서 나오는 경우도 종종 있었는데, 수비드 공법이 그런 예에 속한다. 나뭇잎, 곡물 껍질, 주머니를 이용해서 음식의 수분을 유지하는 보관법은 수천 년 전부터 사용되어 왔다. 주머니를 이용한 조리법은 과거에도 있었지만, 플라스틱비닐을 이용한 수비드 조리법은 비교적 최근에 개발된 것이다. 1973년 프랑스의 로안Roanne 레스토랑을 운영하던 미슐랭 3스타 셰프인 트루아그로Troisgros는 푸아그라로 경영상의 어려움을 겪었다. 푸아그라는 인기가 높아 찾는 손님이 많았지만, 양이 적어서 손님들의 불만이 높았다. 특히 푸아그라는 지방이 많아서 조리 과정에서 지방이 빠져나오는데, 그러면서 원래 무게의 30~50퍼센트가 줄어든다. 트루아그로는 해결 방법을 고민하며 근처 호텔 레스토랑에서 일하는 동료 셰프인 조르주 프랄뤼Georges Pralus를 찾아갔다.

트루아그로처럼 미슐랭의 스타이자 발명가인 프랄뤼는 푸아그라의 지방 손실을 최소화하면서 조리할 방법을 연구하다가 푸아그라를 다른 용기에 담아 낮은 온도에서 중탕으로 가열하는 방법을 떠올렸다. 당시에는 음식을 감싸는 재료로 돼지 방광이나 양피지를 많이 썼는데, 그는 그것 대신 플라스틱비닐을 시도해 보기로 했다. 1960년대는 포장법이 발달하던 시기라 아마도 그가 플라스틱비닐을 사용해서 음식을 보관하는 모습을 본 적이 있었을 것이다. 처음에는 플라스틱비닐을 한 겹으로 시도했는데, 결과가 좋지 않았다. 하지만, 비닐을 세 겹으로 감싸고 공기를 모두 빼내는 방법을 이용했더니 푸아그라의 중량이 5퍼센트밖에 줄지 않았고 무엇보다 맛이 훨씬 뛰어났다. 트루아그로는 이 방법으로 레스토랑 경영의 어려움을 해결했을 뿐 아니라 지금도 미슐랭의 별 3개를 유지하면서 레스토랑을 운영하고 있다. 한편, 조르주 프랄뤼는 전 세계 레스토랑에 수비드 조리법을 전파하며 수비드 조리법의 대중화를 이끌었다.[22]

🍴 레스토랑의 디지털화

아방가르드 레스토랑의 대명사인 엘불리에는 손님이 먹은 음식을 종업원이 모두 기록하는 시스템이 있었다. 이 시스템 덕분에 엘불리를 찾는 손님은 언제나 새로운 메뉴를 경험했다. 종업원들은 손님이 먹은 음식 외에도 손님의 취향과 요구사항에 관한 정보도 기록했다. 앙투안 보빌리에나 오스카 스쳐키 역시 백여 년 전 이런 정보를 기록했을 테지만, 엘불리의 직원에게 그들과 다른 점이 있었다면, 모든 기록을 컴퓨터로 남겼다는 것이다. 아방가르드 요리를 선보이

런던 피커딜리에 있는 라이온스 티샵의 외관. 1953년 7월 2일.

기 위해 온갖 기계 장치를 동원하는 21세기 레스토랑에서 컴퓨터로 손님에 관한 데이터를 기록한다는 것은 그리 놀라운 일이 아니다. 거의 모든 레스토랑에서 컴퓨터로 주문사항을 기록하고, 음식 값을 계산하고, 재료를 주문하고, 직원의 급여를 처리하는 것도 그렇다. 그러나 한 레스토랑에서 이런 일을 하는 컴퓨터를 발명했다는 이야기는 조금 놀라운 이야기가 될 것 같다.

1894년 영국 피커딜리에 처음 문을 연 라이온스 찻집은 성공적으로 운영된 체인점으로 평가받는다. 당시 레스토랑을 찾는 여성 고객의 비율이 늘면서 이런 형태의 찻집이 점차 증가했는데, 그중에서도 라이온스 찻집은 영국 전역에 체인점이 분포해 있어 대기업에 가까웠다. 원래 차 수입업으로 시작한 라이온스는 1894년에 작은 가게를 열고 차와 가벼운 음식을 팔기 시작했고, 1910년까지 체인점이 37개로 늘었다.[23] 라이온스 체인점은 주로 직업을 가진 여성들이 점심을 먹거나 여유 시간을 즐기는 곳으로 이용되었다. 깔끔한 인테리어를 갖추고 비싸지 않은 가격에 괜찮은 음식을 팔아서 고급 호텔만큼은 아니어도 노동자 계층이 이용하던 카페보다는 수준이 높았다. 당시 영국의 중산 계급 노동력에 여성 인구가 유입되면서 이런 찻집이나 카페에 대한 수요가 높아졌는데, 체인점 형태로 운영된 라이온스는 개인이 운영하는 찻집들과 달리 위생 상태와 효율적인 직원 관리 시스템을 자랑했다. 특히 갓 구운 신선한 빵을 장점으로 내세웠다. 라이온스는 중앙 관리 시스템으로 운영되어서 빵도 본점에서 구워서 유통하고, 직원 채용과 교육도 본점에서 관리했다. 라이

사람들로 북적거리는 라이온스 코너 하우스 식당, 런던 코번트리街, 1942년.

온스는 웨이트리스나 도어맨으로 시작해서 관리직까지 진출하는 직원의 비율이 꽤 높았다(그래서 매장 관리직에 여성 매니저가 많았다).

케임브리지 대학교 수학자 출신인 존 시몬스John Simmons는 회계팀의 책임자로 1923년 라이온스에 합류했다. 적극적이고 진취적인 성격의 그는 자신의 부서 일에만 국한되지 않고, 회사 전체의 이익을 위해 직원들이 올바른 의사결정을 내리고 때로는 조직을 변화시키는 데 필요한 정보를 관리하기 위해 많은 노력을 기울였다. 라이온스는 가맹점들이 지리적으로 분산되어 있었는데 전체적인 경영 프로세스가 본점을 중심으로 이루어져서 물류 과정에 해결해야 할 문제점이 있었다. 첫째, 제과류는 본점의 제빵소에서 생산된 제품을 각 지역에 있는 가맹점으로 유통해야 하고, 둘째 각 가맹점에서는 필요한 양만큼만 주문을 발주해야 하며, 셋째 제빵소에서는 적절한 양의 빵을 생산해야 한다는 점이 그것이다. 또한 제과류를 팔아서 이윤을 남기려면 매장 관리를 효율적으로 해야 하는데 그러려면 각 매장의 매니저에게 더 많은 권한이 부여될 필요가 있었다.

이 문제는 2차 세계 대전 이후 더 심각해졌다. 전쟁 중 일어난 폭격으로 영국 전역의 250개 매장에서 직접적인 피해를 보았고, 재료 수급에도 문제가 생겼으며, 전반적인 외식 문화가 달라져 매출이 크게 떨어졌다. 특히 라이온스에서 일하는 웨이트리스들은 니피Nippy라는 애칭으로 불리며 사람들에게 인기가 많았는데, 2차 세계 대전 이후에는 그들을 모두 내보내고 셀프서비스로 매장을 운영하는 상태였다.[24]

당시 각 매장의 매니저는 매일 아침 전날 판매된 제과류의 양과 다음 날 필요한 주문량을 서류에 기록했다. 이 서류는 매장을 찾아온 손님이 그날 배달된 빵과 케이크, 아이스크림을 소비하는 하루 동안, 재고 관리 직원에서 제빵소로, 이어서 납품팀으로 전해졌다. 그리고 다음 날 아침, 전날 주문한 빵이 매장에 도착하면 다시 어제처럼 서류 작업이 이루어져서 이 부서 저 부서로 전해졌다.[25]

매장을 관리하는 매니저로서는 수익률이 적은 상태에서 빵을 주문했다가 다 팔리지 않으면 손해였기 때문에 이런 위험 부담을 피하려고 약간 모자라게 주문을 넣는 일이 많았다. 그러다 보니 나중에 온 손님들은 빵을 주문하지 못하는 경우가 자주 생겼다. 즉 많은 매장에서 저녁이 되면 손님에게 팔 상품이 부족해졌고, 이는 곧 적은 돈일지라도 그만큼 수익 가능성이 원천적으로 차단된다는 의미였다.

● 케이크와 컴퓨터

시몬스는 라이온스 물류 과정의 관리체계를 개선하는 데 관심이 많았고, 필요하다면 언제든지 적극적으로 새로운 기술을 받아들였다. 라이온스도 새로운 기술과 시스템을 잘 수용하는 회사였다. 1935년에 발행된 〈냉동 공학Refrigeration Engineering〉지에는 '냉장고의 다양한 용도를 찾은 영국의 선도적인 레스토랑 경영주'라는 제목으로 다음과 같은 기사가 실렸다.

"라이온스를 이끄는 경영자는 오늘날 가장 다재다능하게 냉장고를 이용하는 사람 중 한 명이며, 라이온스는 그 분야에서 몇 년간 가장 앞서 있는 것 같다. 아이스크림, 음료 냉각, 우유, 와인, 식수, 트럭 냉동, 빵집, 사탕류에 관한 문제들이 영국의 냉장고를 대중화했다."

이 기사는 식품 분야에 관한 라이온스의 적극적인 경영 방식 외에도 라이온스에서 도입한 새로운 중앙 공조시스템에 관해서 자세히 보도했다.[26] 1947년, 시몬스는 직원 몇 명과 함께 미국으로 건너가 2차 세계 대전 때 군사용으로 만들어진 전자식 컴퓨터 에니악을 보았다. 당시 에니악에서 나오는 연산 결과가 라이온스에서 찾고 있던 것과는 맞지 않았지만, 연산 방식을 바꾸면 제과류 주문과 공급망 관리에 분명히 도움이 될 것 같았다. 그들은 복잡한 한 가지 문제가 아닌, 단순한 여러 가지 문제를 해결하는 컴퓨터 프로그램이 필요했다. 이에 라이온스 본사는 여러 명의 기술자와 수학자를 고용하여 사업 용도에 맞게 컴퓨터를 이용할 수 있게 해 주는 프로그램 개발에 들어갔다.

그러나 프로그램 개발팀은 데이터 입력 문제와 관련해 한 가지 어려움에 봉착했다. 케이크와 빵에 관한 기본 데이터를 한번 입력해 놓으면, 주문, 제조, 납품, 비용 산출 등 모든 단계에서 재사용할 수 있다는 것은 알았지만, 주문 초기 단계에 입력해야 할 데이터양이 너무 많았다. 그래서 해결책으로 떠올린 방법은 매장마다 주문 데이터의 기본값을 정해서 입력 방식을 단순화하는 것이었다. 즉, 각 매장의 평균 판매량을 컴퓨터에 기본값으로 넣어 두고, 이 판매 패턴에 변화가 생기면 매장 매니저가 본사의 데이터 관리팀에 연락해서 주문량을 변경하는 방식을 취하기로 했다.[27] 이 시스템을 도입한 후로 손님들은 오전, 오후 언제라도 원하는 빵과 케이크를 살 수 있게 되었고, 매니저들은 재고 관리에 들어가는 수고가 줄어서 더 여유 있게 직원들을 관리하고 매장을 돌볼 수 있었다. 그러다 보니 자연스럽게 수익도 점차 늘어났다(하지만, 이 시기에는 찻집이 줄어드는 추세여서 라이온스에서는 대부분 찻집 매장을 철수하고 햄버거 체인점인 윔피Wimpy로 교체했다). 이후로도 컴퓨터를 이용한 급여 계산, 주문, 재고 관리, 매출 분석 등 레스토랑 산업에 필요한 프로그램이 계속해서 개발되었다.

우리는 레스토랑의 역사를 살펴보는 이 여정을 시작하기에 앞서 인간이 지금의 모습으로 진화할 수 있게 된 것은 다른 호미닌들보다 음식을 더 쉽게 삼키고 소화할 수 있게 해 준 중대한 기술적 발견 덕분이라는 사실에 주목했다. 다시 말해 오늘날 인간의 모습으로 진화할 수 있게 된 것은 인류의 조상이 뿌리채소를 빻고, 고기를 자르는 방법들을 터득했기 때문이다. 인간은 수천 년 동안 음식을 만드는 과정에서 굽고, 끓이고, 찌고, 훈제하고, 절이고, 얼리는 등의 수많은 요리법을 발견해 왔다. 인간의 창의적 본능과 새로운 형태의 수요가 만나 탄생한 많은 기술 발전은 계속해서 레스토랑 세계에서 일어나는 변화의 원동력이 되고 있다. 이러한 변화로 인간의 노동력이 도구와 기계로 대체되는 일이 많아졌다. 결국 기계는 사회적 관계 안에서, 장소와 경험이라는 구조 안에서 변화를 더욱 촉진하는 역할을 한다. 8장에서는 패스트푸드가 오늘날 세계적으로 어떤 역할을 하고 있는지, 패스트푸드의 반대편에 있는 슬로푸드와는 어떻게 다른지에 대해 살펴보겠다.

8장

패스트푸드와
슬로푸드

오늘날의 레스토랑은 요리와 서빙, 회계를 주인이 혼자서 담당하는 1인 가게부터 '얌!브랜드Yum!Brands'* 같은 거대 기업에 이르기까지 매우 다양한 형태로 존재한다. 국제적인 규모의 사업체는 시간, 장소에 상관없이 사업을 확장할 수 있지만, 소규모 자영업이나 테이스팅 메뉴만 판매하는 작은 레스토랑은 대체로 그들이 속해 있는 특정 지역과 특정 문화권 안에서만 그럴 수 있다. 그러나 음식을 판매하는 공간으로 부를 수 있는 곳들에 관한 이야기는 대형 체인점이든 작은 개인 사업체이든 복잡한 성격을 띠고 있는 경우가 많다. 모든 음식점은 효율성과 경제성이라는 목표를 추구하는데, 그 효율성과 경제성은 고객의 요구사항과 균형을 이루어야 하는 문제가 있기 때문이다. 이번 장에서는 수많은 형태의 레스토랑 중, 레스토랑 스펙트럼의 끝과 끝에 있다고 할 수 있는 패스트푸드 식당과 슬로푸드 식당의 대표 주자들을 만나 볼 것이다. 바로 맥도날드, 스콧츠 바비큐Scott's Bar-B-Que, 게스신교Gesshinkyo가 그 주인공이다.

◑ 시간과 레스토랑

기계 장치의 발전은 레스토랑의 역사에서 중요한 부분을 차지한다. 공간과 시간 관리 경영도 레스토랑의 역사에 적지 않은 영향을 미쳤

---

* 펩시가 1977년 피자헛을 인수하여 만들어진 회사로, 2002년부터 '얌!브랜드'라는 이름을 쓰고 있다. KFC, 피자헛, 타코벨, 윙스트리트 등 135개국에 걸쳐 43,617개의 패스트푸드 체인점이 운영되고 있다.

다. 특히 19세기에 등장한 생산 관리기법은 주방에서 이루어지는 절차의 속도를 높여 주어 시간에 쫓기는 손님들에게 음식을 기다리는 시간을 줄여 주었다는 측면에서 시간 관리 경영에 큰 변화를 가져왔다. 이런 흐름은 하비 하우스나 라이온스, 유럽과 미국의 오토매트 식당에서 시작이 되었지만, 또 하나의 추진력을 얻은 곳은 패스트푸드 레스토랑이다.

21세기의 모든 레스토랑은 패스트푸드 경제에서 나온 기술 혁신에 어느 정도 의존한다. 시간을 절약해 주는 것과 관련된 기술은 음식점이 수익성을 더 쉽게 실현할 수 있는 구조로 만들기 때문이다. 그러나 레스토랑마다 추구하는 방향성이 다양하기 때문에 '속도'에 대한 관점이 모두 똑같지는 않다. 가령, 맥도날드가 '빠른 서비스'라는 경영철학을 추구하면서 이를 전 세계에 전파했다면, 이 장에서 살펴볼 '스콧츠 바비큐'와 '게스신교' 같은 레스토랑은 계획적인 '느린 서비스'로 수익을 창출한다(음식을 먹는 시간만 따진다면 세 곳 모두 큰 차이는 나지 않겠지만 말이다). 패스트푸드에 대한 문화적 반발로 나타난 것이 지역 농산물, 지역 특색, 소량 생산에 초점을 맞춘 '슬로푸드'라는 개념이다. 슬로푸드 협회는 20세기 말에서 21세기 초 공장식 대량생산 식품에 비판의 목소리를 높이는 데 주도적인 역할을 했는데, 1986년 로마의 랜드마크인 스페인 계단 옆에 맥도날드가 진출하자 맛의 획일화를 우려한 이탈리아 사람들이 이를 반대하며 만든 것이 계기가 되어 나왔다. 하지만, 이 장에서 살펴보는 '느리다'의 의미는 슬로푸드 운동에서 말하는 '느리다'의 의미와 같기도 하고, 아니기도 하다. 스콧츠 바비큐를 운영한 로드니 스콧과 게스신교를 운영한 토시오 타나하시는 모두 지역 전통 음식에 평생을 바쳐 온 개인 사업가들이다. 그러나 그들의 그런 헌신적인 노력은 농업 방식을 개선한다거나 소비자의 시각을 바꾸는 것과는 크게 관계가 없다. 단지 한 사람은 바비큐에, 또 한 사람은 채식 전문요리라는 한 가지 음식을 위해 오랜 시간을 투자하는 수고로움을 마다하지 않았을 뿐이다.

🍴 맥도날드의 맥도날드화

세계적으로 체인점은 수없이 많고, 그 규모도 매우 다양하다. 2016년 기준, 미국 외식업 전체 매출액의 절반에 해당하는 금액인 4,910억 달러는 체인점 500곳에서 벌어들였다. 지난 20년간 미국을 포함한 세계 곳곳에서 체인점 사업은 빠르게 성장해 왔다. 체인점으로는 세계에서 가장 널리 알려진 맥도날드는 전 세계에 37,000여 개의 매장이 운영되고 있고, 매일 6,800만 명의 사람들이 이용하고 있다. 2017년부터 몇 해째 수익이 감소하고 있지만, 지난 약 50년 동안 가장 막강한 다국적 기업의 자리에 있었다.

맥도날드는 1955년 레이 크록Ray Kroc이 캘리포니아 패서디나에서 맥도날드 형제가 운영하던 햄버거 가게와 프랜차이즈 계약을 맺으면서 시작되었다. 1993년 사회학자 조지 리처George Ritzer는 '맥도날드화McDonaldization'라는 용어로 자본주의의 세계화 현상을 고찰한 책을 출간했는데, 그가 보기에 맥도날드는 자본주의의 세계화를 앞당긴 전형적인 기업에 속했다. 맥도날드는 맥닥터, 맥맨션, 맥어린이

집이라는 단어가 생길 정도로 미국 사회를 대표하는 모델이 되었을 뿐 아니라, 맥도날드에서 경험하는 모든 것이 사회 전반으로 확대되고 있었다. 그는 '맥도날드화'란 '패스트푸드점의 원리가 미국을 비롯해 전 세계의 더 많은 부분을 지배하는 과정'이라고 정의하며, 맥도날드의 성공 요인은 효율성, 예측 가능성, 측정 가능성, 통제라는 네 가지 원리에서 비롯한다고 주장했다.[1]

이런 개념은 알렉시스 소이어나 오귀스트 에스코피에가 기여한 시대적 흐름과 함께하는 것으로, 하비 하우스와 혼 앤 하다트를 거치면서 합리적이고 표준화된 레스토랑의 모델을 만들었고, 거기서 한 단계 더 발전된 형태로 나온 것이 맥도날드였다. 이 시대적 흐름은 20세기 초에 등장한 과학적 경영 관리법인 프레드릭 테일러의 '테일러리즘'에서 힘을 얻어서 탄생했다. 포드의 조립식 생산라인으로 발전되는 테일러리즘은 프로세스의 모든 요소를 정교하게 연마함으로써 수익을 더 많이 낼 수 있다고 믿는 경영기법이며(물론 키워드는 '효율성'과 '정확성'에 있지만), 시간 엄수, 환경 제어, 기계화가 결합된 기술을 통해 편차를 줄이는 것을 목표로 삼았다.

과학적 경영 관리는 어떤 면에서 매우 훌륭한 결과를 낳았다. 하비 하우스나 오토매트에서 판매되는 음식과 커피는 당시 경쟁사들에 비해 훨씬 좋은 평가를 받았다. 패스트푸드도 맛과 만족스러운 느낌에 가장 큰 비중을 두고 만들어진다. 하지만, 이런 효과를 얻어내려면 식품 과학을 비롯해 고용, 설계, 경영, 소유권 등의 특정 시스템을 기반으로 하는 일종의 비즈니스 모델이 필요하다.

1945년 영국 버크셔주 레딩에 있는 라이온스 카페에서 점심을 먹고 있는 도시인들의 모습.

◐ 맥도날드의 탄생

맥도날드 초기의 모습은 지금과 상당히 달랐다. 맥도날드 형제가 처음 식당을 열었을 때는 주로 바비큐를 팔았다. 두 형제는 1937년 캘리포니아에 드라이브인 형태의 식당을 열어 사업가 대열에 합류했는데, 1930년대 미국에서는 특히 10대들에게 드라이브인 식당의 인기가 많았다. 드라이브인 식당에서는 차를 몰고 온 손님이 식당 홀을 이용하는 대신 차 안, 혹은 옥외 테이블에서 식사를 했다. 드라이브인 식당은 몇 가지 획기적인 방법으로 서비스 속도를 높여 급속히 성장했다. 가령 차 사이를 오가며 음식을 가져다준 종업원인 '카홉carhop'들에게 롤러스케이트를 신게 하여 음식을 빠르게 서빙했고, 주차공간에 스피커를 놓아 고객이 밖에 나가지 않고도 주문을 할 수 있게 했다.[2] 맥도날드 형제는 처음에 햄버거가 아닌 바비큐 샌드위치를 주력 메뉴로 삼았다. 원래 미국인에게 인기가 많았던 즉석 음식은 핫도그였는데, 당시에는 핫도그를 대신해 따뜻한 샌드위치가 인기를 끌고 있었다. 햄버거도 메뉴에는 있었지만, 햄버거를 판매한

캘리포니아주 샌버너디노에 있던 최초의 맥도날드. 메뉴는 10개였고 햄버거를 15센트에 팔았다. 1955년경 사진.

베티 위팅턴(Betty Whittington), 텍사스주 휴스턴에 있는 프린스 드라이브인(Prince's Drive-in)에서 카홉이 음료를 서빙하고 있다. 1945년.

것은 히코리 나무의 훈연 향이 밴 바비큐를 팔기 위해서였다.

하지만, 1948년부터 바비큐 샌드위치보다 햄버거가 훨씬 잘 팔리기 시작했다. 매출액에서 무려 80퍼센트나 차이가 났다. 맥도날드 형제는 그동안 돈을 충분히 벌었기 때문에 사업 형태를 과감히 바꿔 보기로 하고, '빠른 서비스와 저렴한 가격, 양'에 승부를 걸었다. 맥도날드가 레스토랑의 역사에 기여한 부분 중 한 가지를 꼽자면, 레스토랑의 특징들로 규정되는 요소 중 많은 부분을 없애 버렸다는 것이다. 맥도날드 형제는 스무 명 남짓한 카홉, 즉 종업원을 모두 내보내고, 접시나 자기 그릇 대신 종이컵과 포장지를 썼다. 25개나 되던 메뉴도 9개로 과감히 줄였다. 심지어 특정 소스에는 추가 요금을 매겼다. 모든 햄버거에는 똑같이 피클 두 개와 케첩, 머스터드, 양파가 들어갔다. 그 외 다른 것들이 추가되면 훨씬 많은 시간을 기다려야 음식을 받을 수 있었다.[3] 그렇다면 맥도날드 형제가 만든 식당이 그렇게 특별했는데, 왜 그때는 패스트푸드 대표 브랜드가 되지 않았을까? 맥도날드 형제가 운영한 식당은 고대도시 폼페이에서 간단한 음식을 팔고, 앉아서 음식을 먹기도 하던 테르모폴리움thermopolium과는 어떻게 달랐을까?

공교롭게도 그 이유는 '아이들'에게서 찾을 수 있을 것 같다. 초기의 드라이브인 식당은 거의 10대들에게만 인기가 있어서 가족 단위의 손님이 이용하는 레스토랑으로 여겨지지 않았다. 2차 세계 대전 이후 몇몇 레스토랑에서 어린이용 메뉴를 만들기는 했지만, 대부분 레스토랑은 아이들에게 관심이 없었다.[4] 따라서 맥도날드가 카홉들을 내보내고, 주차공간을 이용하는 10대 아이들의 놀이 문화를 없애 버리자 가족 단위 손님에게 훨씬 더 매력 있는 곳이 되었다.

당시 맥도날드의 물리적 환경도 매력을 더한 한 가지 요인이다. 의도했던 것은 아니지만, 맥도날드의 주방은 오픈 형태였다. 손님들은 주방으로 나 있는 커다란 창문을 통해 햄버거가 만들어지는 과정을 구경할 수 있었다[5](오픈 주방이 흔하지는 않았지만 전후 시대 일부 식당에서 음식이 위생적으로 만들어진다는 것을 보여 주기 위해 오픈 주방을 사용했다). 대형 유리창은 크게 두 가지 면에서 가족 단위의 손님들이 맥도날드로 몰려들게 하는 역할을 했다. 첫째, 부모들에게 햄버거가 안심하고 먹을 수 있는 음식이라는 생각이 들게 했다. 맥도날드는 주방의 청결 상태를 중요하게 생각해서 특히 2미터 길이의 그릴은 광이 날 정도로 깨끗하게 관리했다. 둘째, 아이들이 햄버거가 만들어지는 광경을 재미있어했다. 대형 유리창이 있어서, 혹은 불량스럽게 노는 10대 아이들이 없어서 부모들은 어린 자녀들이 혼자 가게에 들어가 햄버거를 받아 나오도록 심부름을 시키곤 했다. 아이들은 햄버거가 만들어지는 모습을 구경하며 모험심을 즐길 수 있어 좋았고, 무엇보다 설탕과 기름이 듬뿍 들어간 프렌치프라이와 밀크셰이크, 햄버거가 입맛에 딱 맞았다. 맥도날드는 그 아이들 덕분에 어린이 고객의 중요함을 깨닫고 그들에게 좋은 점수를 따기 위해 계속해서 노력했다.[6]

맥도날드가 레스토랑 문화에 혁신의 바람을 불러일으킨 과정은 주방에 나타난 변화에서도 찾아볼 수 있다. 19세기 말 오귀스트 에스코피에가 '브리가드 드 퀴진'으로 주방 팀을 체계화했듯이, 맥도날드 형제도 햄버거, 밀크셰이크, 프렌치프라이에 주방 팀을 체계화하고, 주방에 필요한 모든 일을 분업화했다. 에스코피에에게 튀김과 구이 요리를 담당하는 '그릴아딘'이 있었다면, 맥도날드에는 그릴맨, 밀크셰이크 맨, 프렌치프라이 맨이 있었다. 소스만 챙기는 직원도 따로 있었다.[7] 모든 직원이 자신이 해야 할 구체적인 직무를 정확히 알고 있었기 때문에 주방의 프로세스가 훨씬 빨라졌다.

맥도날드 형제는 주방 작업을 최적화하고 자동화하기 위해 기구와 장비에도 아낌없이 투자했다. 4장에서 살펴본 알렉시스 소이어처럼, 맥도날드 형제 역시 주방 기구 제작자인 에드 토먼Ed Toman이라는 사람의 도움을 받아 혁신적인 주방 도구들을 많이 제작했다. 대형 철판 그릴, 뒤집게, 회전 쟁반 등이 그때 탄생한 작품들이다. 우리에게 친숙한 케첩 용기도 토먼의 발명품으로, 펌프를 누르면 딱 필요한 양만큼만 케첩이 나오게 만들어졌다.[8] 패스트푸드 레스토랑에서는 재료의 양을 정확하게 조절하고, 주방에 필요한 복잡한 조리 과정을 단순하게 만들어 주는 이런 도구와 장비들이 핵심적인 역할을 했다. 케첩 용기 후로도 반 조리 식품, 전문 튀김기, 주문 방식, 맥도날드 특유의 아이스크림 시스템 등 많은 혁신적인 아이디어가 패스트푸드 레스토랑의 혁신을 앞당겼다.

맥도날드가 주방의 조리과정을 능률화한 또 하나의 사례는 햄버거용 빵에서도 찾아볼 수 있다. 1950년대에 햄버거용 빵은 한쪽 면은 빵끼리 서로 붙어 있었고, 가로로 완전히 나누어져 있는 것이 아니라 반 정도만 칼집이 들어가 있는 상태로 매장에 배달되었다(지금도 이런 식으로 판매되는 곳이 많다). 포장 용기는 두꺼운 종이상자가 사용되었다. 그래서 햄버거 빵을 담당하는 직원은 빵을 상자에서 꺼내고, 빵을 서로 분리하고, 가로로 완전히 나누는 작업을 해야 했고, 포장 용기는 따로 모아서 쓰레기로 버렸다. 하지만, 맥도날드는 이 별것 아닌 것처럼 보이는 작업도 직원의 동선을 최소화하고 능률적으로 만들기 위해 빵을 서로 분리하고, 완전히 반으로 잘라서 재활용이 가능한 상자에 배달되어 오도록 유통 방식을 바꾸었다. 처음에는 이 방식으로 비용이 더 많이 들었지만, 나중에는 작업 시간뿐 아니라 수익적인 면에서도 훨씬 이득이 되었다.[9]

⓵ 프랜차이즈 만들기 - 표준화, 효율화, 성장

맥도날드 형제는 사업이 크게 성장하자 1952년 네일 폭스Neil Fox라는 사업가와 계약을 맺고 애리조나 피닉스에 첫 프랜차이즈 가맹점을 열었다. 당시 건물 디자인을 새로 설계했는데, 빨간색 낮은 지붕, 노란 아치, 대형 유리창 등의 맥도날드를 상징하는 친숙한 디자인들이 이때 만들어졌다. 아이러니하게도 처음 이 디자인을 설계했던 건축가는 그 노란 아치를 너무 싫어해서 중간에 일을 그만두었고, 설계를 마무리한 다음 건축가가 오히려 아치를 포인트라고 생각해서 아치가 더 돋보일 수 있도록 조명도 넣었다.

레스토랑의 구조는 레스토랑의 기능과 홍보 효과에 언제나 중요한 역할을 했다. 중국과 프랑스에 나타난 초기의 레스토랑 역시 개별 테이블을 제공함으로써 기존의 음식점들과는 차별화를 시도했고, 카페테리아와 오토매트 같은 셀프서비스 식당은 손님들이 음식을 가져가고 자리를 고르는, 식당 안의 동선을 고려해 실내를 디자인했다. 즉석요리를 전문으로 하는 음식점은 주방을 오픈 형태로 홀에 배치했으며, 식당차와 드라이브인 식당은 차 안에 있는 사람들에게 음식을 가져다주었다. 당연히 패스트푸드 레스토랑도 레스토랑의 레이아웃에 변화를 주었다. 핵심은 손님들의 이동 동선을 명확하

존 마골리스 〈맥도날드 레스토랑 간판, 위스콘신주 그린베이 알프란가〉1992년 사진.

고 자연스럽게 배치하는 데 있었다. 우선 식당 안에 들어온 손님은 계산대 앞으로 가게 한다. 계산대 앞에서 햄버거를 주문한 뒤 햄버거가 나오면 냅킨과 케첩을 챙겨서 음료수가 있는 곳으로 이동하고, 음료수를 챙겨서 테이블을 찾아 햄버거를 먹는다. 마지막으로 출입문 앞에 비치된 쓰레기통에 손님이 쓰레기를 버리고 나갈 수 있게 했다. 즉 누구라도 어디서 무엇을 해야 할지 쉽고 명확하게 알 수 있도록 일종의 시각적 단서들을 제공했다.

맥도날드 형제는 첫 번째 가맹점을 열면서 디자인에 많은 돈을 투자했다. 그러나 프랜차이즈 사업을 확장하는 데는 큰 관심이 없었다. 그들은 그들의 경영 시스템을 크게 대단하게 여기지 않았고, 맥도날드가 거대 기업이 될 거라고도 전혀 예상하지 못했다. 사실 피

프레드 터너와 맥도날드의 회장 레이 크록이 다음 매장의 청사진을 보고 있다. 1975년경.

닉스점이 문을 열 때, 가맹점 운영주인 네일 폭스의 이름을 따서 '폭
스Fox's'라는 가게 이름을 제안한 쪽은 맥도날드 형제였다. 그러나 폭
스가 맥도날드라는 이름을 쓰기를 원해서 그 이름을 사용했다. 맥도
날드 형제는 체인점을 내고 싶다는 제의도 많이 받았다. 카네이션
Carnation 같은 식품회사에서 사업 확장비를 투자하겠다고도 했다. 하
지만, 맥도날드 형제는 체인점을 확장하는 데 관심이 없고, 오히려
가맹점 계약을 맺지 않은 사람들에게 정기적으로 패스트푸드 운영
노하우를 알려 주었다(타코벨 프랜차이즈를 만든 글렌 벨Glen Bell도 그 안에 든
다).**10**

맥도날드 형제는 맥도날드를 국제적인 거대 기업으로 만들어 줄
사람을 만나게 된다. 믹서기 판매원으로 일했던 레이 크록(피아니스

트로도 실력이 뛰어났다)은 1954년 맥도날드 매장을 방문했다. 매장에서 믹서기 열 대가 돌아가고, 직원들은 스테인리스 컵 대신 종이컵을 사용하고 있었다. 종이컵에 바로 밀크세이크를 제조해서 음식이 나오는 속도도 일반적인 가게보다 훨씬 빨랐다. 가게 앞에는 사람들이 길게 줄을 서서 차례를 기다렸다. 레이 크록은 맥도날드 프랜차이즈점을 직접 열어야겠다고 생각했다. 마침 맥도날드 형제가 새 가맹점 에이전트를 찾고 있다고 해서 크록은 그 회사에 투자할 생각으로 에이전트를 찾게 되면 자신에게 연락을 달라고 부탁했다. 하지만, 일주일 뒤 생각을 바꾼 크록은 자신이 직접 에이전트가 되고 싶다고 제의했다.[11] 이후 맥도날드 형제와 계약을 맺은 크록은 생산성 향상을 토대로 맥도날드를 거대 기업의 반열에 올려놓았고, 무엇보다 프랜차이즈 업종을 위한 사업 모델을 만들어 수많은 체인점이 탄생하도록 이끌었다.

체인점 형태의 식당은 19세기부터 존재했지만, 프랜차이즈 식당은 20세기를 탄생 시점으로 한다. 프랜차이즈 가맹점은 통제와 경영을 담당하는 중앙 집중식 본부가 없다는 점에서 체인점과는 다르다. 대신 프랜차이즈는 가맹 계약을 맺은 다수의 소유주가 자신의 매장을 직접 운영한다. 가맹사업자franchisor는 가맹계약자franchisee에게 사업 모델을 제공하는 대가로 수수료를 받거나 매출의 일부를 가져간다. 음식에 대한 노하우나 사업 비법을 판매하는 방식은 17세기 일본의 유파들이 요리 비법을 개발해 후계자를 양성한 방식과도 비슷하다고 볼 수 있다. 최초의 프랜차이즈 레스토랑은 1930년대에 나온 'A & W 루트 비어'로 자주 이야기가 되지만, 가스등이나 자동

판매기처럼 사회적 상황과 기술 조건이라는 두 접점이 만날 때 새로운 발명이 동시다발적으로 이루어지듯, 몇몇 프랜차이즈 레스토랑이 이 시기에 거의 동시에 나타났다. 미국에서는 2차 세계 대전 이후 경제 상황이 급속히 좋아지면서 프랜차이즈 사업이 폭발적으로 증가했다. 이들 프랜차이즈 가맹점은 수입원을 두 개로 나누어 운영하는 곳이 많았는데, 하나는 운영하는 매장에서 나오는 소득이고, 다른 하나는 당시 유행한 경영 문화와 광고 문화에 영향을 받아서 가맹점주들이 아이디어나 사업 모델, 디자인, 공급망 등을 이해하기 쉽고, 반복해서 쓸 수 있는 형태로 만들고, 이를 상당히 높은 가격에 팔았다.[12] 프랜차이즈 가맹점의 사업이 잘되고 못되고는 가맹사업자들에게 중요한 사항이 아닌 경우도 많았다.

레이 크록은 프랜차이즈 사업의 수입 구조를 바꿔 보기로 했다. 가맹점과 프랜차이즈 계약을 맺는 순간 본사가 이득을 얻는 구조가 아니라, 프랜차이즈 계약을 통해 계속해서 소득을 얻는 구조로 패러다임을 전환하기로 한 것이다. 크록은 가맹점 가입 수수료는 낮게 책정하고, 대신 가맹점에서 나오는 매출의 1.9퍼센트를 로열티로 받았다. 가맹점의 매출이 늘면 본사의 수익도 올라가는 구조였다. 맥도날드는 가맹점 수만 늘리는 회사가 아니라 가맹점이 더 잘될 수 있는 구조가 되도록 회사 시스템을 개발하는 데에 큰 노력을 기울였다.

프레드 하비와 마찬가지로 크록은 회사 시스템의 하나로 업무 매뉴얼과 운영 규칙을 만들었다. 두꺼운 책자로 된 직무기술서에는 커피 만드는 법, 콜라 따르는 법 같은 규칙과 절차가 상세히 적혀 있었다. 모든 가맹점은 이 규칙을 철저하게 따라야 했다. 하지만, 하비 하우스처럼 개별 가맹점에서 좋은 아이디어를 내면, 그 아이디어를 통합해서 전체 가맹점에 적용할 때도 많았다. 1972년 본사 소속 관리자가 가맹점 중 한 곳에서 아침 일찍 문을 열고 햄버거를 판다는 것을 알게 되어 그 가맹점을 운영한 허브 페터슨이 견책을 받았다(당시 다른 가맹점에서도 아침 메뉴를 시도하고 있었지만, 본사에서 제재를 가한 곳은 없었다). 하지만, 페터슨은 이에 굴하지 않고 본사 직원들을 초대해서 시식회를 열고 그가 개발한 아침 메뉴인 에그 맥머핀을 선보였다. 페터슨이 수익률에 관한 이야기를 하려고 준비하고 있는데, 그럴 필요도 없이 레이 크록이 맥머핀을 출시하자고 먼저 제안했다. 그해 맥도날드는 대형 패스트푸드 체인점으로는 처음으로 아침 메뉴를 팔기 시작했다.[13] 맥도날드는 고객층에 대한 지식은 있지만, 프랜차이즈 운영 시스템에 대한 지식이 없는 가맹점주들과 역동적인 긴장 관계 속에서 프랜차이즈 사업을 성장시켜 왔다.

◍ 맥도날드 경험하기

레스토랑은 시간이 갈수록 고객층의 대상을 확대해 나갔다. 특히 다국적 패스트푸드 기업들은 또 하나의 고객층인 어린이들에게 문을 활짝 개방했다. 일반적으로 어린이를 주 고객으로 삼는 레스토랑은 지금도 여전히 드물지만(미국에는 대형 피자 체인점인 척 E. 치즈나 지금은 사라진 쇼비즈 피자Showbiz Pizza 같은 곳이 있었다), 패스트푸드 레스토랑은 대부분 어린이 고객을 중요하게 생각한다.

맥도날드는 1948년 리모델링 이후로 음식만큼 '경험'을 중요하게 생각한 곳이다. 그 경험 때문에 패스트푸드 레스토랑은 패스트푸드 레스토랑답다. 패스트푸드 레스토랑은 패스트푸드 레스토랑만의 분위기가 필요하다. 그 분위기는 어린이 고객과 그 어린이 고객을 돌보는, 단순히 성인 고객이라고는 할 수 없는 고객층을 대상으로 만들어진다. 가령, 레스토랑의 의자와 테이블은 바닥에 고정되어 있고, 플라스틱 소재로 만들어지며, 실내에 놀이터가 있다. 또한, 기다리는 시간이 없다.

맥도날드도 1940년대부터 가족 단위 손님과 어린이 손님을 고려해 인테리어를 꾸몄다. 거기서 한 발 더 나아가 어린이 손님에게 어필하기 위해 적극적인 노력을 기울였는데, 특히 1969년부터 재미와 경험을 강조하는 광고들을 제작하기 시작했다. 그해 나온 광고에는 롤스로이스를 몰고 온 비서가 맥도날드 햄버거를 사서 사장에게 배달하고, 맥도날드 직원들이 매장을 청소하면서 로고송에 맞춰 춤을 추고, 철도 신호등 앞에서 기차가 지나기를 기다리는 동안 차에서 뛰어내려 햄버거를 사 오는 아버지의 모습이 등장했다. 이런 광고들은 맥도날드가 단순한 식당이 아니라 '즐거움을 주는 공간'이라는 이미지를 심어 주었다.

또한 맥도날드는 1960년대에 아이들을 타깃으로 로널드 맥도날드라는 마스코트를 선보였다. 로널드 맥도날드는 1963년에 윌라드 스콧이 미국의 지역 방송에서 광대로 분장하고 나와 인기를 얻은 캐릭터였는데(윌라드 스콧은 나중에 아침마다 날씨를 알려 주는 기상 캐스터가 되어 미국 텔레비전의 아이콘이 되었다), 맥도날드 랜드의 햄버글러, 메이어 맥치즈, 그리미스 같은 새로운 캐릭터들과 함께 1969년 전국 방송에서 정식으로 첫선을 보였다. 얼마 후 이 캐릭터들은 맥도날드의 또 다른 캐릭터인 빅맥 경관과 함께 새장처럼 생긴 그리미스 바운시Grimace bouncey가 있는 맥도날드 놀이터를 장식했다.**14** 1977년에는 캔자스시티에 있는 한 가맹점이 어린이를 대상으로 '해피밀'이라는 이벤트 상품을 만들었다. 해피밀 세트는 서커스 마차 모양의 상자에 햄버거와 프렌치프라이, 탄산음료가 담겨 나왔다. 이 세트가 아이들 사이에 반응이 좋아서 1979년부터 전국 매장에서 판매되기 시작했다.

◉ 세계적 기업의 세계화와 비세계화

세계화는 때때로 통일성으로 표현된다. 맥도날드의 경우가 딱 거기에 해당하는 것 같다. 전 세계에 어디에서나 똑같은 건물, 똑같은 실내장식, 똑같은 햄버거 맛을 소개했으니 말이다. 하지만, 맥도날드의 시스템을 자세히 들여다보면 실상은 전혀 그렇지 않다. 세계화를 이루는 과정에서 실제로 지역 고객의 요구사항을 인식하고, 이론적으로 통일된 레스토랑 시스템의 일부를 적극적으로 조정해 나갔다.

맥도날드는 1970년대부터 세계화를 시도했다. 당시에는 세계적인 저가형 레스토랑이 없었다. 리츠 호텔 같은 곳은 세계적인 체인망을 보유하고 있었지만, 그들은 부유층 여행자들을 타깃으로 삼았다. 게다가 대부분 나라에는 피자 가게, 면 요리점, 카페같이 간편식을 제공하는 외식업이 이미 존재해 있었다. 따라서 맥도날드가 시도하려고 한 것은 전례가 없는 새로운 도전이자 어려운 과제였다. 1960년대 후반, 맥도날드는 푸에르토리코를 통해 카리브해로 사업을 확장하려다 첫 실패를 경험했다. 캐나다에서도 첫 반응이 좋지 않았고, 1970년에 네덜란드에 진출하면서 치킨 크로켓과 애플 소스

중국 베이징의 맥도날드 1호점 개막식. 1992년 4월 23일.

를 메뉴에 넣는 등 변화를 시도했지만, 결과는 마찬가지였다. 그 지역의 매장들은 몇 년 동안 적자를 감내하며 견뎠다. 그러다가 1971년 캐나다 지점에서 가격을 크게 낮춘 뒤 좋은 반응을 얻었고, 몇 년후 처음으로 흑자를 기록했다(그 후 가격은 원래대로 돌아왔다).

맥도날드는 1971년 일본에서 처음으로 국제적인 비즈니스를 이뤄 내는 데 성공한다. 맥도날드와 가맹점 계약을 맺은 사람은 일본인 소매업자였는데, 시장을 이해하고 마케팅 전략을 세우는 능력이 뛰어났다. 그는 맥도날드의 메뉴는 전혀 손대지 않고, 햄버거를 특별한 음식으로 광고했다. 맥도날드라는 발음이 어려운 일본인을 위해 '마쿠도나루도'라는 새로운 이름을 짓고, 어린이에게 어필하는 광고를 만드는 등 마케팅 전략에 변화를 주었다. 그때부터 맥도날드는 세계적으로 시장을 확장할 때 어린이와 그 부모들에 계속해서 크게 의존하고 있다.[15]

맥도날드는 다른 국제 시장에 진출할 때, 현지의 특색에 맞게 변화를 주지만, 그 변화가 너무 지나치지 않도록 주의했다. 결국 맥도날드는 맥도날드다운 특징이 있어야 했다. 그러나 지역의 음식 문화를 고려해 메뉴를 수정하기도 했는데, 가령 이스라엘에서는 빅맥에서 치즈를 빼고, 채소 맥너겟을 제공했으며, 소고기를 먹지 않는 인도에서는 빅맥 대신 양고기 패티를 사용한 '마하라자 맥'을 만들었다. 혹은 현지인의 입맛에 맞게 독일에서는 맥주를 제공하거나 필리핀에서는 맥스파게티를 제공하는 등 색다른 메뉴를 추가하기도 했다.

맥도날드의 건축물은 매우 상징적인 의미를 지닌다. 실내 레이

아웃 역시 패스트푸드점 특유의 기능에 따라 설계된다. 따라서 외형과 관련된 맥도날드의 특징은 환경에 따라 거의 변하지 않는 부분이다. 하지만, 문화권에 따라 외형에도 조금씩 차이가 드러난다. 일반적으로 맥도날드를 비롯해 대부분의 셀프서비스 음식점은 줄서기가 이용방식의 중요한 문화에 속한다. 1970년대 맥도날드가 홍콩에 처음 진출했을 때, 홍콩에는 줄서기 문화가 없어서 줄서기와 관련된 상당한 교육이 필요했다(홍콩은 그때부터 줄서기 문화가 정착되었다고 할 수 있다). 혹은 네덜란드의 경우 사람들이 줄을 잘 서지 않지만, 서로 차례를 잘 알고 있어서 자기 순서가 되면 계산대로 가서 음식을 주문한다. 프랑스와 러시아의 맥도날드 매장들은 줄서기를 하는 곳과 하지 않는 곳이 섞여 있다.[16]

맥도날드는 서로 다른 문화권을 거냥해 광고 전략과 외적인 특징을 차별화해 왔다. 맥도날드화 그리고 맥도날드가 세계를 일원화한다는 이유로 비판을 받을 때가 많지만, 인류학자들은 그와 반대되는 의견을 내놓기도 한다. 대표적인 사례는 1991년부터 영업을 시작한 인도네시아를 꼽을 수 있다. 로널드 맥도날드가 나라마다 다양한 방식으로 이용되는 모습을 보면, 맥도날드에 관한 일방적인 이야기나 비판적인 주장이 설명되지 않을 때가 있다. 자카르타에 있는 인도네시아 1호점*에는 로널드 맥도날드 조형물이 있다. 오클라호마주의 털사점에서 중국 상하이점에 이르기까지 맥도날드 영업점

---

*　자카르타 사리나 백화점에 개점한 맥도날드 인도네시아 1호점은 2020년 5월에 사리나 백화점의 리노베이션 공사로 폐점되었다.

이라면 어디서나 흔히 볼 수 있는 조형물이지만, 자카르타의 로널드는 일반적으로 볼 수 있는 로널드의 모습과는 좀 다르다. 보통 로널드는 벤치에 앉아 있거나 서서 손을 흔드는 자세를 취하고 있는데, 자카르타의 로널드는 가부좌 자세로 앉아 있다. 자카르타에서는 이 로널드를 '로널드 베르타파Ronald Bertapa'라는 이름으로 부르기도 한다. '타파tapa'는 인도네시아 자바어로 명상을 의미하는 일종의 수련법을 의미한다. 발리에 있는 또 다른 로널드 상은 발리의 사원에 있는 형태로 만들어졌다. 이 두 로널드 상은 인도네시아의 종교적 틀 안에서 로널드가 새롭게 탄생했다고 볼 수 있다. 이 두 로널드 상만 보면 '마하라자 맥'이나 '맥스파게티'처럼 현지화 전략의 하나로 해석할 수 있지만, 인도네시아의 또 다른 로널드에 관한 이야기는 다른 관점을 시사한다. 인류학자 루켄스 불Lukens-Bull이 일명 '자유 투사 로널드'라고 부른 이 로널드는 인도네시아의 네덜란드 독립 50주년을 기념하며 인도네시아 맥도날드가 제작한 포스터에 등장했다. 포스터에는 로널드와 햄버글러, 그리미스, 버디가 탱크에 올라타 손을 흔드는 장면이 그려졌다. 이 포스터가 붙어 있던 기간 동안, 인도네시아의 맥도날드 직원들은 빨간 베레모를 쓰고 일했다. 인도네시아 맥도날드의 현지화된 메뉴나 독특한 로널드 상 같은 특징들은 인도네시아점을 처음 오픈한 밤방 라흐마디Bambang Rachmadi의 아이디어였다. 그는 인도네시아에 있는 맥도날드는 지역 특색과 세계 문화를 동시에 경험할 수 있는 곳으로 만들고 싶었다. 이런 현지화 전략들을 보면 맥도날드가 절대적으로 미국의 프랜차이즈 회사일 뿐이라는 생각에 의문이 든다. 인류학자 제임스 L. 왓슨James L. Watson은 다음과 같이 말했다.

"맥도날드는 여러 기업을 합쳐 놓은 이상의 무언가를 의미하는 모순되는 연상과 의미로 가득한 포화의 상징이 되어 왔다."**17**

이어서 다음 장에서도 세계의 음식 문화는 언제나 복잡한 단계로 이루어져 있다는 점과 고객의 요구, 이윤, 요리사의 경험, 문화적 위치, 지역 관습의 교차점에 있다는 사실에 대해 살펴보겠다.

🍴 지역 맛집

체인점이 성공하기 위해서는 메뉴, 건물의 내·외관, 경험 면에서 무엇보다 통일성이 중요하다. 그렇다면 이와 정반대 편에 있는 레스토랑은 지역 맛집이다. 지역 맛집은 독특함이 더 중요한 키워드다. 이런 곳들은 다른 곳에서는 볼 수 없는 특유의 매력이 장점이다. 20세기 후반부터 이런 레스토랑, 즉 '독창성'으로 승부하는 곳들이 점점 중요한 위치를 차지하고 있다. 철저히 상업화된 21세기 현대 사회에서 미식가나 비평가들이 말하는 '독창성'은 무엇을 의미하는지, '독창성'이라는 타이틀을 얻은 레스토랑이 왜 특별한지는 탐구해 볼 만한 가치가 있다.

지역 맛집은 보통 그 지역 근처에 사는 사람들에게 먼저 인정을 받는다. 어떤 곳은 친절한 서비스로, 또 어떤 곳은 불친절한 서비스와 독특한 분위기로 맛집 타이틀을 얻는다. 마드리드에서 볼리비아인이 운영하는 한 레스토랑은 종업원과 손님이 개인적으로 잘 알고,

서로의 사생활을 존중하며 강한 유대 관계를 형성한다. 메릴랜드주의 볼티모어에 있는 작은 식당가는 다소 뻔뻔한 태도로 능숙하게 일하는 '한스hons'라고 불리는 웨이트리스들 덕분에 지역 명소가 되었다. 미시시피주에서는 멕시코 전통 음식인 '타말레tamales' 같은 특별한 음식으로 맛집 타이틀을 얻는 곳이 있는가 하면, 일본 히라카타에서는 돈가스 같은 평범한 음식을 파는 곳도 맛집이 될 수 있다. 이런 곳들의 공통적인 특징은 그 지역의 손님들에게 그들이 만족할 만한 적절한 요리를 적절한 가격에 적절한 분위기로 제공한다는 것이다. 따라서 가격이 저렴하고 서비스가 빠른 곳도 맛집이 될 수 있고, 가격이 비싸고 서비스가 인상적인 곳도 맛집이 될 수 있다. 그런 식당들이 다른 식당과 구별되는 이유는 그들만의 뚜렷한 정체성에서 종종 답을 찾을 수 있다. 맥도날드처럼 그런 곳들은 그 지역 사회 안에서, 때로는 그 지역 사회를 넘어 하나의 브랜드가 되어 왔다.

여행의 즐거움 중 하나는 그 지역에서만 맛볼 수 있는 음식을 먹어 보는 것이다. 하지만, 이 말에는 일종의 모순이 있다. 지역 음식이라는 말은 그 지역 사람들의 입맛과 취향에 맞는, 즉 그 지역에서 통하는 음식이라는 의미이기 때문이다. 그러나 바로 그 점 때문에 외지인들도 지역 음식에 호감을 느낀다. 지역 음식을 제공하는 곳들은 어떤 기능을 하는지를 알아보기 위해 지금부터 도쿄와 사우스캐롤라이나의 두 식당을 소개한다.

ⓞ 스콧츠 바비큐

스콧츠 바비큐는 미국 남동부에서 흔히 볼 수 있는 바비큐 레스토랑이다. 바비큐 레스토랑은 고급 식당인 경우가 잘 없는데(그렇긴 하나, 21세기를 기점으로 거의 모든 음식은 고급 식당과 저렴한 식당에서 동시에 취급되고 있다), 일반적으로 카운터 서비스* 형태로 운영하거나 뷔페식으로 운영하고, 홀에 식탁이 놓여 있다. 주로 훈제 돼지고기를 팔고, 간혹 닭고기, 소고기, 양고기도 판다. 그 외 남부식 사이드 요리인 콜라드 그린, 베이크드 빈, 코울슬로, 마카로니 치즈, 그린 빈, 오크라 튀김, 얌, 해시 등이 나온다. 한편 바비큐 레스토랑은 충성도가 높은 고객층이 많다.

1972년 스콧 가족에 의해 시작된 스콧츠 바비큐는 사우스캐롤라이나주의 헤밍웨이라는 작은 시골 마을에 있다. 헤밍웨이는 미국 '소울 푸드soul food'**의 여왕으로 불리는 실비아 우즈Sylvia Woods의 고향이기도 하다. 그녀는 뉴욕시로 이주해 뉴욕시의 할렘 지역에서 1962년 자신의 이름을 딴 '실비아Sylvia's'라는 레스토랑을 운영했다. '스콧츠 바비큐'와 '실비아'는 전혀 다른 곳에 위치해 있지만, 지역 레스토랑이라는 측면에서 상당히 유사점이 있다.

실비아 레스토랑의 성공 요인에는 할렘 지역 거주민이 친숙하

---

* 주방을 오픈 형태로 하고 주방 앞에 있는 카운터를 식탁으로 이용해 손님에게 음식을 내는 형태의 음식점을 말한다. 값이 싸고 팁을 낼 필요가 없다.

** 미국 남부의 노예 제도를 통해 태어난 아프리카계 미국인의 고유 식문화를 말한다.

할렘가에 있는 실비아 레스토랑. 2008년 11월.

게 느낄 만한 분위기를 만드는 실비아 우즈의 탁월한 능력이 큰 몫을 했다. 실비아 레스토랑에는 여러 부류의 단골손님이 있었다. 우선 고향의 맛과 분위기를 느끼고 싶어 하는 흑인들에게 좋은 반응을 얻었고, '정통' 소울 푸드를 경험해 보고 싶어 하는 유명 인사와 관광객들에게도 인기가 많았다. 따라서 실비아 레스토랑은 스콧츠 바비큐와 마찬가지로 두 가지 형태의 '정통성'을 세웠다고 할 수 있다. 우선 실비아 레스토랑은 사회학자들이 말하는 정체성을 공유하는 사람들의 무리인 '내집단'이 인정하는 음식과 분위기를 제공했다. 실비아 레스토랑의 경우, 이 내집단은 미국 남부에 뿌리를 둔 아프리카계 미국인에 해당한다. 그와 동시에 소울 푸드 문화를 찬미의 대상으로 바라본 '외집단'에서도 인정을 받게 되었다.

스콧츠 바비큐는 실비아 레스토랑처럼 다양한 고객층을 상대한다. 그러나 스콧츠 바비큐가 있는 곳은 실비아 레스토랑처럼 대도시가 아니라 아주 작은 마을이다. 경쟁자라고는 중국 음식점 한 곳, 멕시코 음식점 한 곳, 남부 요리 음식점 두 곳, 그 외 패스트푸드 음식점이 몇 곳이 전부다. 하지만, 1972년 장사를 시작한 이래로 꾸준히 성장세를 보였다. 보통 주문을 기다리는 손님들이 문 앞에 줄을 서 있고, 그 줄이 길게 이어지는 날도 많다. 이곳이 이렇게 인기가 많은 데에는 크게 두 가지 이유가 있는데, 우선 뛰어난 가성비를 자랑하는 바비큐와 2000년대 초반부터 매스컴의 주목을 받아온 덕분이다.

스콧츠 바비큐는 편안하고 자연스러운 분위기가 특징이다. 처음에는 식료품점으로 시작했는데, 그때 가게를 운영했던 루스벨트 스콧Roosevelt Scott이 바비큐를 요리해서 가게에서 팔기 시작하던 것이 지금까지 이어졌다. 20세기 미국 남부 지역에는 식료품점을 겸한 식당이 많았다. 미국 약국에서 탄산음료를 판매했던 것과 비슷하다. 사업 모델이 다양하면 상점 주인에게도 좋지만, 손님에게도 이득이 된다. 식료품을 사러 온 손님들이 잠시 시간을 보내며 간단하게 배를 채울 수 있다는 장점이 있었다. 이런 가게는 보통 새로운 소식이 오가는 장소로서 지역 공동체의 중심지 역할도 했다. 스콧츠 바비큐는 지금도 기본 식료품과 간단한 마실 거리를 판다. 물론 바비큐 장사가 가장 중요한 부분이다. 가게 뒤편으로 탄산음료와 주스가 들어있는 냉장고가 있고, 계산대 옆에서 식료품과 가벼운 스낵을 판매한다. 홀에는 테이블 여덟 개와 플라스틱 의자가 놓여 있다. 음식은 가게 안에서 먹거나 포장해 갈 수 있다. 가게 밖에도 테이블이 몇 개 놓여 있다. 식당 안 벽면은 그곳을 방문한 유명 인사나 정치인들의 사진, 각종 표창장, 스크랩된 신문 기사들이 뒤죽박죽 붙어 있다. 건물은 미국 남부 지방에서 쉽게 볼 수 있는 형태로 되어 있는데, 콘크리트 건물에 파란색과 흰색 페인트가 칠해져 있고, 철판 지붕과 철창 창문, 방충망 형태의 출입문이 달려 있다.

스콧츠 바비큐의 건축 양식은 이름 있는 건축 양식을 고려해서 만들어진 것이 아니라 지리적, 문화적 요인에 따라서 자연스럽게 만들어진 것이다. 꾸며지지 않은 이런 수수한 형태의 건물 외관은 지역 맛집의 '정통성'을 더 확실하게 보여 주는 자산이다. 하지만, 스콧츠 바비큐가 손님들의 발길을 붙잡는 것은 이런 시각적 요인이 아니라 후각적인 요인, 즉 코를 사로잡는 그윽한 숯불 향이다. 이 숯불 향이 만들어지는 과정과 이 숯불 향이 고기에 더해짐으로써 얻는 효과 덕분에 남녀노소, 혹은 출신 지역을 불문하고 모두가 좋아하는 바비큐가 탄생할 수 있었다.

● 훈연 목제 작업에서 테이블까지

스콧츠 바비큐에서 이루어지는 서비스는 패스트푸드 레스토랑에서 볼 수 있는 방식과 비슷하다. 카운터 서비스를 기본으로 손님이 알아서 빈자리를 찾아서 앉고, 음식은 일회용 용기에 제공된다. 하지만, 음식이 준비되는 과정은 패스트푸드점과 전혀 비슷하지 않다.

요리의 출발은 목재를 준비하는 작업에서 시작된다. 스콧네 가족은 40헥타르 규모의 활엽수림 산주와 오랫동안 끈끈한 인연을 이어 왔다. 스콧 가족은 이 숲에서 나무를 베어 바비큐에 사용될 목재를 만든다. 여기서 구해지는 견목은 여러 종류의 활엽수로 이루어졌는데, 그 지역에서만 자라는 나무들로 되어 있어 종류는 다소 제한적이다. 주로 참나무가 많고, 가끔 피칸 나무가 섞여 있다.

다음은 숯을 만드는 작업이 이어진다. 준비해 둔 목재를 태워 숯을 만드는데, 이때 사용되는 통은 그 지역 용접공의 도움을 받아 특수 제작되었다. 숯 만드는 작업이 끝나면, 고기를 훈제하는 작업이 시작된다. 훈연 과정은 숯을 사용하기 때문에 화재 위험이 따른다 (2013년에 실제로 훈제실에 화재 사고가 있었다). 스콧츠 바비큐는 기름기가 적은 상급 돼지고기를 사용한다. 따라서 육류 공급업자와의 관계도 중요하게 작용한다. 돼지는 반으로 잘라 나비 모양으로 활짝 펼쳐서 통으로 훈제하는데, 보통 오후 4시경에 작업을 시작해서 다음 날 최소 새벽 4시경이 되어야 끝난다. 중간중간 고기에 양념하는 작업이 들어가고, 훈연이 완전히 끝나면 스콧츠에서 개발한 매콤하고 살짝 단맛이 도는 비니거 바비큐 소스로 마무리한다.

🍴 스콧츠 바비큐가 일으킨 센세이션

스콧츠 바비큐는 30년간 꾸준히 사업을 키워 오던 중 2009년 존 T. 엣지John T. Edge라는 음식 평론가에 의해 〈뉴욕타임스〉에 소개되었다.

기사는 음식 비평이 아닌, 인물 특집 기사로 다뤄졌다. 스콧츠 바비큐는 요리만큼 문화적인 면에도 관심이 많은 음식업 종사자들에게 많은 관심을 받았다. 엣지는 스콧츠 바비큐와 관련된 인물들을 인터뷰하고 가게를 직접 관찰하면서 스콧츠 바비큐의 운영법을 자세히 기술했다. 특히 슬로푸드와 요리 재료의 준비 과정에 관심이 많은 요리 업계를 겨냥해 스콧츠 바비큐에서 이루어지는 프로세스와 그 프로세스가 시간과 어떻게 관계되는지에 집중 조명했다.

스콧츠 바비큐에 관한 이야기는 주로 로드니 스콧Rodney Scott을 중심으로 이루어진다. 루즈벨트 스콧의 아들이자 바비큐 마스터인 그는 열한 살 때부터 바비큐 훈연 일을 시작했다. 보통 가업을 이어받는 집에서는 그 나이 때에 일을 배우기도 한다. 로드니 스콧은 노동력과 시간이 많이 요구되는 요리 방식을 고수해 왔다. 〈뉴욕타임스〉에 기사가 나간 후로 신문과 각종 매체에서 스콧츠 바비큐 식당과 로드니 스콧에 관한 더 많은 기사를 소개했고, 영화도 제작되었다. 스콧은 수많은 프랜차이즈 제안을 받았다. 소스 특허권을 사겠다는 제의, 사업 규모를 확장해 주겠다는 제의를 수없이 받았다. 그러나 스콧은 그런 제의를 모두 거절하고 그의 사업 방식을 그대로 고수해 나갔다. 2013년 훈연실에 화재 사고가 났을 때, 바비큐 마스터로 구성된 단체에서 모금 행사를 열었다. 당시 미국 전역의 많은 바비큐 팬들이 돈을 기부해 훈연실 재건축을 도왔다.

2016년 로드니는 헤밍웨이 마을에서 자동차로 두 시간 거리에 있는 찰스턴시에 새 레스토랑을 열었다. 원래 식당과 전체적인 운영 방식은 비슷하지만, 목재를 손으로 자르는 대신 기계를 사용하고,

메뉴의 가격대가 조금 높아졌으며, 실내장식이 약간 더 고급스러워졌다. 헤밍웨이에 있는 스콧츠 바비큐는 지금도 스콧 가족에 의해 계속 잘 운영되고 있다. 패스트푸드점과는 반대로 시간이 많이 들어가는 조리법으로 스콧츠 바비큐만의 독특한 위치를 고수하고 있으며, 문화적 상상력과 지역 공동체의 연대가 결합해 있는 장소로 평가받는다.

❶ 쇼진 요리 전문점, 게스신교

토시오 타나하시는 1992년부터 2007년까지 도쿄의 상류층 지역에서 게스신교라는 레스토랑을 운영했다. 이곳은 거의 모든 면에서 스콧츠 바비큐와 다르다. 게스신교는 일본의 사찰요리인 쇼진 요리를 전문으로 하는 식당이다. 쇼진 요리란 선불교에서 나온 채식 요리를 말하는데, 나라마다 이름은 다르게 쓰지만 같은 철학적 교리를 바탕으로 한다. 쇼진 요리는 기본적으로 살아 있는 생명을 해치면 안 된다. 따라서 고기나 생선을 재료로 쓸 수 없고, 명상에 방해되는 자극적인 재료를 써서도 안 된다. 재료를 낭비하지 않아야 하므로 채소를 사용할 때는 뿌리에 잎까지 모두 사용한다. 음식을 만들 때는 음식 재료와 그 재료가 자라는 자연에 감사하는 마음을 담아서 만들고, 음식 재료는 재료 본연의 맛을 살리는 것이 중요하기 때문에 가장 잘 익었을 때, 혹은 가장 신선할 때 사용한다.

오래전부터 아시아 전역에 있는 선불교 사원에서는 사원을 찾아오는 신도들에게 음식을 나눠 주는 전통이 있었다. 사찰 요리점은 이 전통에서 시작되었다고 할 수 있다. 타나하시는 1980년대에 미오도니 무라세Myodoni Murase라는 여승 밑에서 수련을 받았다. 80대의 몸이었던 무라세는 헌신적인 수행자이자 요리사였다. 그녀가 30대일 때 한쪽 팔에 마비가 왔는데, 그때 매일 아침 두 시간 더 일찍 일어나 다른 한 팔로만 참깨를 갈았다. 타나하시는 무라세 밑에서 수련 생활을 할 때, 매일 새벽 3시에 일어나 그녀가 참깨를 가는 모습을 지켜보았다. 그리고 1년이 지나서야 자신이 직접 참깨를 갈 기회가 주어졌다. 수련 생활의 다른 모든 부분도 이렇게 수련 기간이 엄격하게 정해져 있었다. 가령, 1년 동안은 칼을 쓸 수 없고, 2년 동안은 채소를 양념하지 못한다. 3년 동안의 수련 생활에서 가장 중요한 것은 정신 수양이다. 사실 무라세같이 헌신적이고 훈련을 생활화하는 승려의 모습은 특별한 사례가 아니다. 동아시아의 많은 선불교 여승이 수백 년간 절에서 음식을 만들고 관리하는 일을 해 왔다. 그래서 특히 음식을 잘 만드는 것으로 유명하다. 도쿄 서부의 고가네이시에 있는 산코인 절에서는 여승들 사이에서 대대로 사찰요리 비법이 전수되어 왔는데, 채소를 요리할 때 버리는 부분 없이 사용하는 법이나 채소의 가장 맛있는 맛을 뽑아내는 비법을 가르쳤다. 코에이 호시노라는 여승은 다음과 같이 말한다.

"가지를 요리할 때 보통은 줄기를 버리지만, 저희는 줄기를 잘게 잘라 국의 고명으로 사용합니다. 줄기도 당연히 먹을 수 있지요."[18]

타나하시가 선불교의 요리법을 배우던 시기, 한국에도 불교에 바탕을 둔 채식 요리에 헌신적인 여성들이 있었다. 서울 외곽에 진관사와 백양사라는 절이 있는데, 이곳의 여승들은 사찰 음식에 관심이 많은 일반 사람과 신자들을 위해 오랫동안 음식을 대접해 왔다. 백양사의 주방을 책임지고 있는 여승인 정관 스님은 열일곱 살 때 절에 들어와 60대의 몸이 된 지금까지 많은 시간 요리를 배우고 익혔다. 음식 재료로는 그녀가 직접 가꾼 밭에서 뽑은 채소와 그녀가 태어나기 전에 심어진 육두구와 감귤 나무, 절 주변에서 자라는 약초들을 사용한다. 수십 년 된 각종 절임 음식과 장류도 정관 스님을 포함한 다른 여승 두 명이 직접 만들고 관리해 왔다.

미국에서는 1970년대 부활한 다수의 철학적 전통을 바탕으로 특정 단체가 운영하는 채식 레스토랑이 생겨나기 시작했다. 그들 대부분은 유럽 계몽운동에서 뿌리를 찾을 수 있는 뉴잉글랜드 전통의 채식주의에서 시작된 것으로, 이 운동에 동참한 사람들로는 초월주의 운동의 창시자 랠프 월도 에머슨Ralph Waldo Emerson을 비롯해 낭만주의 소설가 메리 셸리Mary Shelley, 여권 운동가이자 평론가 마가렛 풀러Margaret Fuller, 신학자이자 사회개혁가 실베스터 그레이엄Sylvester Graham, 의사이자 교육자인 윌리엄 알코트William Alcott 등을 꼽을 수 있다. 그들은 여성주의 관점의 정치적 이념을 같이했을 뿐 아니라 공장식 육류 생산에 대한 비판, 종교적 이유, 질병 감소와 같은 다양한 이유로 채식주의를 실천했다. 1850년에 알코트는 채식주의를 실천하는 사람들을 모아 필라델피아에 협회를 구성하는 아이디어를 냈다. 1850년에서 1860년 사이 유럽과 미국에 채식주의에 관한 두 개의 주요 정기 간행물이 생겼고, 다른 저술 활동도 활발하게 나타났다. 1880년대 후반까지 미국과 영국을 비롯한 유럽 전체에 확실하게 채식주의를 고수하는 여러 레스토랑이 문을 열었다. 현재까지 운영되고 있는 스위스의 '힐틀Hiltl'은 원래 '채식주의 집과 금욕 카페'라는 이름을 썼는데, 아시아를 제외하면 가장 오래된 채식 레스토랑으로 꼽힌다. 그때부터 채식 레스토랑은 틈새시장, 혹은 윤리적, 정치적 이유와 건강상의 우려에 대한 공통분모가 만나 형성된 반문화적 시장의 일부가 되었다. 미국에서는 육류 제품의 공장식 대량생산에 대한 우려로 1906년 '순수 식품 의약품법'이 발표된 후로 채식 레스토랑이 증가하기 시작했고, 테네시주의 멤피스에는 1920년대에 채식 레스토랑 체인점이 생겼다. 1960년대에 이르러 반문화 운동이 전개되자 영국의 크랭크Cranks 같은 채식 레스토랑 체인점을 포함해 새로운 형태의 채식 레스토랑이 출현했다. 1920년대에 차일즈Childs라는 체인점을 운영한 윌리엄 차일즈William Childs가 메뉴에서 고기를 빼고 실패를 겪은 것과 달리 크랭크는 상업적으로도 결과가 좋았다. 그 외에 지역 단위로 운영된 소규모 레스토랑이나 공동체에서 운영한 채식 레스토랑이 있었다.

그중 대표적인 곳은 무스우드Moosewood와 블러드루트Bloodroot라는 채식 전문 레스토랑이다. 두 곳 모두 미국 북동부에 있고(무스우드는 뉴욕주 이타카에, 블러드루트는 코네티컷주 브리지포트에 있다), 1970년대에 시작해 지금까지 운영되고 있다. 무스우드 레스토랑은 소박함을 실천하며 귀농 운동에 앞장서 온 19명의 사람이 모여 운영하기 시작한 레스토랑이다. 음식의 재료 자체에 집중하고 윤리적인 방식으로 생산되는 재료와 지역 농산물을 이용하는 등 선불교 요리와 비슷한 채식 요리들을 개발해 왔다. 무스우드는 테레제 티슐러Therese Tischler라는 여성이 선봉에서 지휘했는데, 생태계를 파괴하지 않는 방식으로 건강한 요리를 만드는 레스토랑을 만들자는 계획으로 같은 생각을 지닌 친구들을 모아 만들었다. 미국에서 가장 유명한 채식 전문 식당으로 손꼽히는 무스우드는 환경 파괴 없는 농업 방식과 평등주의 경제 모델을 지지하는 정치적, 철학적 태도를 고수하고 소박한 가정식 요리를 지향하는 등 채식 레스토랑에 요구되는 기본적인 방향을 형성해 왔다. 블러드루트 역시 소규모 공동체로 운영되는 채식 전문 식당이다. 블러드루트는 무스우드와는 조금 다르게 채식주의를 실천하는 페미니스트 단체에 의해 시작되었다. 이 단체에서는 여성들의 의식을 함양하기 위한 토론회를 열었는데, 이 토론회에서 만난 다섯 명의 여성들이 뜻을 모아 1977년부터 식당을 운영하게 된 것

무스우드 레스토랑의 외관. 뉴욕 이타카. 1992년 9월.

이 지금의 레스토랑이 되었다. 그들은 토론회를 진행하는 동안, 여성으로서 남성 중심 사회에서 가정을 꾸리고 아이를 키우며 살아가는 경험을 서로 이야기하고 들어 주며 고충을 나누었다. 그런 과정을 통해 이 다섯 명의 여성들은 앞으로의 삶을 바꿔 보고 싶다는 용기를 갖게 되었다. 그들은 다른 여성들을 위한 자리를 더 많이 만들고, 경제적인 자립을 위한 수단을 찾아야겠다는 생각이 들었다. 그렇게 해서 탄생한 것이 블러드루트였다. 그들은 남성 중심의 음식 문화를 반대하고, 지역 음식, 채식주의 음식으로 지구와 동물을 존중하는 등의 정치적 의제를 키우기 위해 책방도 운영했다. 그들은 전원 합의 방식에 따른 업무 처리방식으로 공동 사업체를 운영해 나갔다. 또한, 페미니스트 공동체로서 블러드루트를 찾아오는 모든 손님이 안심하고 먹을 수 있는 음식을 만들고, 여성들에게 용기를 불어넣는 분위기를 조성했다. 그렇지만 먹고 난 테이블은 각자가 치우는 방식을 사용했다.

한편, 1970년대 미국 샌프란시스코의 일부 젊은 세대도 선불교의 철학에 심취했는데, 그들 중 상당수가 캘리포니아주 버클리에서 반문화 운동을 펼쳤다. 그중 대표적인 인물인 데보라 매디슨Deborah Madison은 앨리스 워터스Alice Waters와 함께 '셰 파니스Chez Panisse' 레스토랑에서 요리사로서 첫발을 내디뎠다. 이곳에서 경력을 쌓은 다른 요리사들처럼 매디슨 역시 제철 음식을 이용한 요리를 개발하는 데 많은 에너지를 쏟았다. 그러나 많은 추종자를 낳은 그의 채식주의 요리는 샌프란시스코의 선불교 센터인 젠센터Zen Center에서 받은 교육도 큰 몫을 했다. 매디슨은 진관사와 백양사의 여승들처럼 불교 수행을 계속하지는 않았지만, 환경을 파괴하지 않고 음식 재료에 주의를 기울이는 채식주의 요리를 계속 실천해 나갔다.

매디슨은 1979년 샌프란시스코 젠 센터에서 수련생으로 있을 때, 그린스 레스토랑Greens Restaurant이라는 채식 식당을 열었다. 그린스 레스토랑은 선불교 센터에서 운영하는 그린 걸치Green Gulch 농장에 키운 유기농 채소를 이용한 요리를 제공했는데, 매디슨 역시 젠 센터의 수련생으로 있을 때, 이 그린 걸치 농장에서 봉사활동을 했다. 그린스 레스토랑은 샌프란시스코 젠 센터의 운영 자금을 지원하기 위한 용도로 지어졌는데, 기본적으로 숙식비를 감당하며 젠 센터에서 수련하는 학생들의 재능과 노동력에 많은 부분 도움을 받았다.

베이 브리지를 내려다보는 곳에 위치한 그린스 레스토랑은 버클리에 있는 '셰 파니스' 식당처럼 파인 다이닝에 대한 개념을 바꿔 놓은 곳이 되었다. 그린스 레스토랑에서 이른 점심 메뉴를 주문하면 케이퍼와 올리브, 허브가 들어간 니수아즈 피자Niçoise pizza*와 양념된 두부, 버섯, 토마토, 후추, 그 외 제철 채소를 메스키트mesquite** 숯불에 구운 꼬치 요리를 맛볼 수 있었다. 제철 채소를 이용한 요리는 처음에는 주로 이렇게 만들었다. 그린스 레스토랑은 채식주의자에게만 집중하지 않고 모든 고객을 중요하게 여기며 격식을 갖춘 고급 식당으로 미국의 채식 레스토랑에 새로운 변화를 가져왔다. 또한

---

* 프랑스 니스에서 유래한 조리 방식 중 하나. 토마토, 안초비, 올리브, 케이퍼 등을 이용한 샐러드식 요리로 주로 활용된다.
** 남미산 나무의 일종. 숯을 만드는 용도로 잘 쓰인다.

무스우드와 블러드루트처럼 공동체에서 운영하는 미국 채식주의 레스토랑의 오랜 역사와 함께해 지역 요리와 환경친화적인 요리를 목표로 한다. 일본에서 건너온 불교식 전통에 영향을 받았기 때문에 요리의 미적인 측면과 제공 방식도 변화를 보였다. 그린스 레스토랑에서 나오는 요리는 주로 밀을 사용한 투박한 스타일의 북동부 지역의 전통을 벗어나(존 하비 켈로그John Harvey Kellogg와 실베스터 그레이엄 Sylvester Graham과 같은 미국의 유명한 채식주의자에게 영향을 받았다), 고기 대신 신선한 채소가 접시의 중앙을 차지하는 새로운 스타일의 캘리포니아 대표 요리를 선보였다.

반문화 운동으로 시작된 채식주의 요리는 1980년대 후반에 이르러 미국 전역에 유행을 일으켰다. 1987년〈뉴욕타임스〉기사에는 '채식주의자들은 이제 파티에서 억지로 식단을 지킬 필요가 없다'라는 말도 등장했다.[19] 여성 채식주의자들이 전 세계에서 음식의 재료와 요리의 특징을 크게 변화시키는 동안, 토시오 타나하시는 사무직 직원으로 처음 사회생활을 시작했다. 하지만, 직장생활에서 만족을 느끼지 못한 그는 직장 일을 그만두고 무라세 밑에서 수련 생활을 시작했다. 이후 3년 동안, 장 담그는 법, 연근 자체만으로 윤이 나게 하는 법, 참깨 페이스트 만드는 법, 꽃을 물에 데치는 법을 배웠다.

1992년 그는 '게스신교'라는 이름의 작은 식당을 열었다. 게스신교는 그가 혼자 운영했다. 코스에 들어가는 모든 음식, 서빙, 식당을 구석구석 청소하는 일까지 모두 그가 혼자 도맡았다.[20] 소규모 단위의 손님에게 10가지로 구성된 코스 요리를 제공했는데, 메뉴는 매번 달랐지만, 모든 요리는 참깨로 만든 두부인 '고마도후'로 시작했다. 이 고마도후는 그가 매일 아침 명상과 함께 몇 시간씩 직접 참깨를 갈아서 만들었다. 고마도후 다음으로 미소 된장국이, 이어서 맛깔스러운 계절 음식이 차례대로 이어졌는데, 백합 구근을 넣은 쌀밥, 송이버섯, 송로버섯과 국화를 넣은 토란, 나물, 가지로 만든 양념장, 그 외 절임 음식과 국이 나왔다. 게스신교는 그릭스 레스토랑처럼 사찰에 속해 있는 식당이 아니지만, 사찰 음식과 현대적인 음식을 결합한 새로운 형태의 요리 세계를 구축했다고 할 수 있다.[21]

🍴 슬로푸드

로드니 스콧이나 토시오 타나하시는 외식업계의 유명 인사가 되어 대중의 관심이 매우 높아졌다. 그러나 높아진 관심만큼 그들의 요리가 대중적인 음식이 되지는 않았다. 그 늘어난 수요만큼 생산을 늘리지 않았기 때문이다. 사실 그들에게 높은 점수를 주는 이유 중 하나는 그들이 음식을 더 많이 만들기를 거부하고, 손님만 바라보지 않고 음식 자체에 집중했기 때문이다. 그들이 선택한 요리가 대중적인 요리가 될 수 없는 특징이 있기 때문이 아니다. 다른 바비큐나 채식 요리는 대량 소비를 위해 대량 생산되고 있고, 전기 훈연기 덕분에 바비큐 체인점은 이제 어디에서나 볼 수 있다.

게스신교와 스콧츠 바비큐는 음식을 일부러 천천히 만드는 방법을 개발하느라 많은 시간과 에너지를 쏟았다. 타나하시와 스콧 가족은 그들이 하는 일에 더 완벽을 기하고, 전통적인 방법에 신념을 지키면서도 새로운 기술을 개발했다. 예를 들면 숯을 만들 때 나무를 직접 잘라서 만들었지만, 숯을 만들 때 쓰는 통을 개발했다. 또 참깨를 매일 아침 직접 갈면서 낮에는 요리 워크숍에서 학생들을 가르치며 고급 식당에 필요한 시설을 갖추는 비용을 충당했으며, 새로운 방식의 채소 요리법을 개발했다. 타나하시는 이렇게 말한다.

"나는 항상 새로운 것들을 시도한다. 이런 유형의 음식은 일본의 사찰에서 수 세기 동안 제공되어 왔다. 그러나 전통이 꼭 오래된 것을 의미할 필요는 없다. 우리는 현대를 사는 사람들이므로 우리의 감각에는 현대적인 경험을 제공할 필요가 있다."[22]

이런 유명한 지역 음식점에 관해 이야기가 나오면, 보통 요리 과정에 들어가는 그들의 노동력과 그 노동력으로 어떻게 더 좋은 음식을 만들게 되었는가가 초점이 될 때가 많다. 또한, 그들의 가치를 이해하는 데 도움을 주는 인식의 틀은 그들이 음식을 준비하는 과정이나 그들이 제공하는 서비스보다는 문화 자본이 중심이 되는 경우가 많다. 타나하시에 관한 이야기가 나올 때면 항상 불교라는 종교적 관습과 전통에 관한 이야기로 귀결된다. 심지어 그가 프랑스 요리 크렘 브륄레를 만들어도 그렇다. 스콧츠 바비큐에 관한 이야기에서는 실비아 우드가 이용한 흑인 음식, 미국 남부 음식이라는 문화유산에 관한 이야기가 빠짐없이 등장한다.

"사람들은 우리가 하는 방식이 얼마나 구식인지에 대해 말하죠. 구식은 어린아이가 농장에서 일하는 것과 같은 겁니다. 나는 그 뜨거운 햇빛 아래서 오랫동안 일하는 것이 정말 싫었어요. 그때와 비교하면 지금은 슬로우롤*이죠."

루즈벨트 스콧은 바비큐를 만드는 그들의 방식에 관해 이렇게 말했다.[23] 스콧은 일반 사람들이 생각하는 구식의 의미에 이의를 제기한다. 스콧츠 바비큐와 게스신교 같은 곳이 오랜 전통을 보여 준다는 생각은 두 곳이 얼마나 사실과 다른 방식으로 포장되어 왔는가를 보여 주는 중요한 측면이다. 패스트푸드에 관한 담론도 마찬가지 특징이 있다. 패스트푸드는 이미 지난 세기의 시류이지만, 여전히 현대적인 정신을 상징할 때가 많다. 또한 스콧은 현재 자신의 바비큐 가게에서 오랫동안 일하는 것은 '슬로우롤'에 비유한다. 그의 말은 이런 소규모의 지역 레스토랑들이 왜 특별한 의미가 있는가에 관해 많은 것을 의미한다. 즉, 그런 레스토랑들은 특정한 장소나 관습에 적용되는 규칙과 비전의 지배를 받는 독립적인 주체로서 그곳을 아끼고 좋아하는 사람들에 의해 운영되고, 또 그런 사람들이 찾는다. 이는 맥도날드처럼 성공적인 패스트푸드 레스토랑의 표준화된 경영 방식과 표준화된 경험과는 직접적인 대조를 이룬다. 마지막 장에서는 레스토랑에 관한 이야기에서 빠질 수 없는 '글로벌 퀴진'에 대해 알아본다.

---

* slow roll_포커 게임에서 내가 이기는 패를 들고 있는데 시간을 끌면서 패를 내지 않고 있는 것을 말한다. 실제로는 현재 상황이 좋다는 의미를 언어유희를 사용해 비유적으로 표현하고 있다.

9장

요리의 세계화

세계 여러 나라의 음식을 맛보고 경험하는 글로벌 다이닝 문화는 오래전부터 세계적인 현상이 되어 왔다. 샌프란시스코는 1850년 대부터 중국 요리를 맛볼 수 있었다. 교토에는 1890년대부터 프랑스 레스토랑이 생겼다. 멕시코에는 1950년대에 폴리네시아 음식이 인기를 끌었고, 나이로비에는 1980년대에 근사한 브라질 스테이크 하우스가 있었다. 지리적으로나 문화적으로 특정한 뿌리를 가지는 음식을 그 지역과 문화를 벗어나서 먹게 된 것은 레스토랑의 역할이 컸다. '먼' 지역의 음식을 먹는 경험은 중국 초기의 외식 문화에서 뿌리를 찾을 수 있다. 상인들이 다른 상인이나 동업자와 동행해서 고향 음식을 파는 식당에 가는 경우가 많았을 것이다. 이때 북부 지방 사람이 남부 지방의 음식을 경험할 기회가 있었을 것으로 추측해 볼 수 있다.

다른 지역의 음식을 파는 레스토랑은 아메리카, 유럽 그 어느 지역이든 이민자 집단의 문화로 시작되는 경우가 많았다. 1827년부터 영업을 이어 온 델모니코 레스토랑의 델모니코 형제처럼 많은 이주민이 새로운 땅에서 정착할 때 레스토랑 사업을 시작했다. 미국의 인구 조사 기록에 따르면, 1860년대에 레스토랑 노동자의 60퍼센트가 외국인 출신이고, 1900년, 1950년, 2000년에도 같은 결과가 나왔다. 이민자의 출신 국가도 시간이 지남에 따라 변화를 보였는데, 처음에는 스코틀랜드, 아일랜드, 독일 출신의 이민자가 많았고, 다음으로 이탈리아, 중국, 그리스 출신이 많았으며, 중남미 국가들과 구소련이 그 뒤를 이었다.[1]

인류학자 크리슈넨두 레이Krishnendu Ray는 이런 현상이 세계적으로 나타나는 사회적, 경제적 조건을 설명한다. 가령, 이민자들이 외식업에 많이 종사하는 이유는 경상비가 적게 들고, 자기 노동력을 최대한 이용해서 사업을 이끌고 나갈 수 있기 때문이다. 게다가 이민자들에게는 레이가 말하는 '신비감을 주는 음식에 관한 문화적 지식'이 있다. 이민자와 같은 문화권의 사람들은 고향 음식에 대한 갈망이 있고, 주류 문화권의 사람들은 새로운 경험을 원한다. 따라서 이민자는 그 두 부류의 고객이 원하는 것을 동시에 만족시킬 수 있다. 또한, 그들은 새로운 음식으로 고객의 마음을 사로잡을 수도 있다. 레이의 표현을 빌리자면, 그들은 다수 집단의 문화와 '미적 거래'라는 방식을 통해 맛에 관한 새로운 경험을 개발한다. 살사 소스처럼 이주민의 소개로 알려진 음식이 원래 형태 그대로 유지되는 경우도 많지만, 다른 문화와의 교류 과정에서 새롭게 탄생한 음식이 주목을 받는 경우도 많다.[2]

음식 평론가와 학자들은 문화적 전유*의 역동성이나 음식의 '독창성', 그중 하나에 집중하는 경향이 있다. 그러나 레스토랑이 사람들의 미각을 어떻게 변화시켜 왔는가에 관한 가장 흥미로운 연구는 이 두 철학적 양극 사이에 위치한다. 그러한 연구들은 다양성과 불평등이 내재된 사회와 경제체제 안에서 어떻게 문화적 교류가 일어나는지를 표시하는 선호도와 현실, 힘의 차이를 기록한다. 이 장에서는 여러 문화권에 걸쳐 다원화된 '다이닝 익스피리언스dining

---

* 문화적 전유(cultural appropriation)_주류 문화권에서 비주류 문화권의 전통문화나 관습을 정확한 이해 없이 무단으로 사용하는 것을 말한다.

experience'[*]와 그런 다이닝 익스피리언스를 만들어 내고 레스토랑의 환경을 변화시키는 이주민의 역할을 다룬다. 그 작업을 위해 지난 2세기 동안 전 세계로 뻗어 나간 중국 식당, 1928년에서 1943년까지 범세계적 요리에 집착한 독일의 한 유명 레스토랑, 마지막으로 세계 무대에 성공적으로 데뷔한 노르딕 요리에 대해 알아보겠다.

① 아메리카 대륙에 자리 잡은 중국 레스토랑

미국의 패스트푸드가 20세기 전반에 세계적으로 확산한 현상은 많은 기록을 통해 잘 알려진 사실이다. 그러나 다른 요리들도 오랫동안 세계 무대에 진출해 왔고, 속도로 보자면 더 빠르게 확산했을 때도 많다. '오트 퀴진haute cuisine'이라는 단어가 나오기 전에도 프랑스 요리는 세계적인 고급 요리로 통했고(프랑스 고급 요리를 뜻하는 '오트 퀴진'이라는 용어는 20세기에 만들어졌다), 이탈리아 음식과 중국 음식은 고급 요리보다는 서민 음식에 가까워서 더 쉽게 국경을 넘나들며 전 세계로 퍼져 나갔다.

'중국 음식'이라는 말은 엄격히 따지면 적절하지 않은 표현이다. 이탈리아 음식, 프랑스 음식도 모두 마찬가지다. 보통 음식 문화는 국가 단위로 나타난다고 볼 수 없고, 지역 단위로 나타난다고 보아야 한다. 가령, 중국 같은 나라는 지역마다 음식 문화가 상당히 다르

---

*   음식을 먹는 경험이라는 뜻.

고 지리적 특징이 뚜렷하다. 중국 음식, 영국 음식, 프랑스 음식이라는 용어는 세계적인 시각으로 바라볼 때 의미가 있다. 이민자들의 음식이 지역 단위보다 국가 단위로 연결되는 것은(쓰촨 음식이라는 말보다는 중국 요리라는 말이 더 일반적으로 쓰인다) 나라와 나라 사이의 이동에서는 국가의 정체성이 더 중요한 역할을 하기 때문이다.

1840년대부터 1970년대까지 아메리카 대륙에서 중국인 식당이 레스토랑 무대의 중요한 위치를 차지하게 된 과정을 살펴보면 민족 단위의 외식 문화가 외식업에 종사하는 노동자와 고용자, 그리고 그 이용자들에게 어떤 역할을 했는지 이해할 수 있다. 특히 페루, 쿠바, 미국이 대표적인 사례에 해당한다. 각각의 사례는 중국 이민자들의 문화와 그 나라의 지배 문화를 반영하므로 미묘한 차이가 있다. 중국 음식이 세계적인 요리가 된 것은 이주민과 식민주의, 무역이 큰 역할을 했다. 서구 세계 전반에 중국 식당이 급증하게 된 과정을 들여다보면, 중국의 역사나 이주민에 관한 이야깃거리가 많은데, 특히 19세기 중국 남부의 광둥성에 관한 이야기가 흥미롭다.

광둥성의 중심에는 광저우시가 있다. 진주강 삼각주에 위치한 광저우시는 마카오와 홍콩을 포함한 중국 남부의 주요 항만도시로, 1557년 포르투갈인이 마카오에 정착한 후로 19세기 전반 여러 유럽 국가에서 중국 진출을 위한 전초기지로 삼았다. 1840년부터 1900년 사이 많은 중국인이 아메리칸 드림을 찾아, 혹은 정치적 뒷거래의 희생양이 되어 중국을 떠나 아메리카와 아시아 일대로 이주했다. 이때부터 아메리카 대륙에 중국 레스토랑이 퍼졌고, 오늘날까지 이어지고 있는 그들만의 독특한 레스토랑 문화를 형성하게 되었다. 광둥

우타가와 요시카즈(Utagawa Yoshikazu) 〈Ijiin Yashiki ryōri no zu (외국인 식당의 내부) 〉1860년 다채색 목판화.

지역에서 건너온 이민자들은 아메리카 내에서도 특히 페루와 쿠바, 캘리포니아, 그리고 뉴욕을 중심으로 국제적인 음식 문화를 형성했다.

🍴 치파의 탄생

페루식 중국 퓨전요리인 치파Chifa는 미국의 피자처럼 페루를 대표하는 음식 중 하나다. 치파라는 말은 요리 자체를 의미하기도, 그 요리를 파는 식당을 의미하기도 한다. 페루인에게 인기 많은 로모 살타도lomo saltado라는 요리도 치파 요리의 일종인데, 식초, 간장, 각종 향신료에 재운 소고기를 양파, 토마토, 고수, 감자 등과 볶아서 밥과 함께 낸다. 소파 데 완탕sopa de wonton, 아로스 챠우파arroz chaufa, 타야린 살타도allarin saltado도 아메리카 일대에서 흔히 볼 수 있는 치파 요리에 속한다.

치파의 기원은 19세기로 거슬러 올라간다. 당시 광둥의 많은 중국인이 강제로 혹은 자발적으로 광저우나 마카오를 통해 페루로 이민을 떠났다. 그들은 포르투갈인과 노동 계약을 맺고 주로 페루의 사탕수수 농장에서 일했는데, 매우 열악한 환경에서 노동력을 착취당하며 생활해야 했다. 중국 정부의 압력으로 1877년부터 이런 형태의 노동 계약이 불법화되었지만, 중국 내 전쟁과 반란을 피하고 새로운 경제적 기회를 찾아 페루로 향하는 중국인 이민자의 발길은 30년 넘게 계속 이어졌다.[3]

페루인 고용주와 중국인 이민자 간의 노동 계약에서 가장 중요한 문제는 쌀 지급을 보장하는 일이었다. 이 계약은 보통 마카오에 있는 포르투갈 사람들이 작성하고 관리했다. 페루에서 일한 중국인 노동자들은 쌀 공급이 제대로 이루어지지 않으면 폭동을 일으켰다. 페루의 고용주들은 폭동 사태를 막기 위해 쌀을 수입하고 쌀농사도

페루 비타르테의 안데스산맥 기슭에서 목화를 따고 있는 중국 노동자. 1900년경. 입체사진.

짓기 시작했다. 쌀 공급이 안정적으로 이루어지면서 광둥인 이민자들은 광둥에 있을 때 그들이 주식으로 먹던 음식을 요리해 먹을 수 있게 되었다. 주로 중국 남부의 하층 계급이 먹던 간단한 볶음류가 그런 음식에 속했는데, 고급 해산물이나 상어 지느러미, 제비집 같은 화려한 재료가 등장하는 고급 요리와 관계없는, 쌀과 약간의 채소, 고기를 볶아서 만드는 간단한 음식이 주를 이루었다. 이주민은 대부분 남자였고, 그들이 속해 있던 문화에서는 주로 남자가 요리를 담당했다.

이주민들은 노동 계약이 끝나고 자유 신분이 되면서 페루나 아프리카, 혼합 인종의 현지 여성들과 결혼했다. 치파 요리가 탄생하게 된 것은 이 여성들의 역할이 크다. 그들이 속한 문화권에서는 주로 여성이 요리를 담당하는 문화였기 때문에 페루 가정에서는 광둥식 특징을 유지한 페루 요리가 자주 등장했다. 1850년부터 1900년 사이 광둥인 이민자들이 페루 사회 전반에 골고루 진입하게 되면서 중국 남부 요리도 페루의 가정을 벗어나 사회 전체로 퍼져 나갔다. 치파가 페루 전역에 뿌리를 내리게 된 계기는 '폰다fonda'의 역할이 크다. 폰다는 가족 단위로 운영되는 소규모 식당을 의미하는데, 페루화한 중국 요리를 판매했고, 19세기에 걸쳐 페루에서 크게 번창했다. 폰다에서 판매되는 음식은 기본적으로 현지에서 구할 수 있는 재료들로 페루와 아프리카 여러 나라, 중국 요리의 특징이 섞인 음식들이 나왔다. 이 시기 폰다가 페루 전역에 팽창하게 된 데도 여성들의 역할이 크다. 이민자들과 결혼한 여성들은 이미 페루에서 상점이나 음식점 같은 작은 사업체를 운영해 본 경험이 많았다.[4] 외식업계 이주민 운영자에 관한 연구에서 알 수 있듯이, 그들의 경제 모델은 지역 네트워크를 이용한 재원 조달이 핵심이다. 이민자들과 결혼한 여성들은 어느 정도의 자본력과 사업 감각, 자립 능력을 갖추고 있었기 때문에 남편과 사업을 시작해도 될 만한 역량이 충분했다. 그들은 처음에 지역 사회에서 소규모로 사업을 운영하다가 시간이 가면서 사업을 점차 확장해 나갔다.

치파 폰다는 처음에 리마 같은 대도시와 페루 전역의 중소도시에 세워진 소수 집단 거주지에서 중국인과 중국계 페루인을 대상으로 음식을 판매했다. 시간이 갈수록 중국계 페루인들이 좀 더 수익이 많이 나는 업종에서 일하게 되었고, 좀 더 고급스러운 형태의 치파 요리가 나타나기 시작했다. 치파 요리가 고급스러워지고 종류가 다양해지면서 비중국계 페루인들도 점점 더 즐겨 찾는 음식이 되었다. 결과적으로 치파 전문점이 더 많은 지역에 생기고 고객층도 넓어졌다. 이와 유사한 패턴은 샌프란시스코와 뉴욕에서도 확인할 수 있다.

● 중국식 쿠바 식당, 쿠바식 중국 식당

페루와 쿠바는 1840년대부터 1870년대까지 스페인 법률에 따라 중국인 계약 노동자로 사탕수수 농장을 운영한 공통의 역사가 있다. 그러나 비슷한 조건 속에서도 중국인 이주민에게서 나온 레스토랑의 역사와 음식 문화는 두 나라에서 각기 다른 방향으로 진화했다. 쿠바의 중국인들은 페루의 중국인들만큼 쌀을 접하지 못했다. 대신 그들은 채소류 같은 다양한 농산물을 재배해서 활용했다. 1858년 쿠바의 수도 아바나를 중심으로 흑인 지역과 백인 지역 사이에 중국 식당이 하나둘 생긴 것이 발전하여 바리노 치노Barrio Chino라는 쿠바의 차이나타운이 만들어졌다. 이 바리노 치노는 19세기 이후 계속 발전했는데, 이 바리노 치노에 형성된 많은 중국 식당에서 나오는 음식은 페루의 폰다와는 달리, 퓨전 형태의 음식이 아니다. 대

쿠바의 유명한 중식당 티엔탄(Tien Tan)의 설립자 타오 진 롱(Tao Jin Rong). 2007년.

신 이곳의 요리는 쿠바 요리와 중국 요리를 각각 따로따로 제공한
다. 플랜테인* 요리와 로메인lo mein**이 나란히 나오고, 페퍼 스테이
크pepper steak와 모로스moros가 따로 나오는 식이다. 레스토랑의 다양
한 메뉴 선택권이 세계적인 현상이 된 것은 쿠바식 중국 식당의 기
여도가 크다.

　시간이 흘러 중국인 이민자 2세대가 쿠바로 모여들었다. 쿠바로
건너온 중국인 이민자 1세대가 극빈층의 계약 노동자였다면, 2세대

---

*　　일종의 바나나인 플랜테인을 굽거나 튀겨서 요리하는 쿠바의 대표 음식 중 하나.
**　　중국식 볶음 요리.

이민자들은 주로 캘리포니아에서 국제적인 사업가로 활동했던 부유한 사업가들로 이루어졌다. 이때부터 쿠바에도 19세기 샌프란시스코에서 번성한 격식 있는 고급 중식당이 생기기 시작했다. 이 새로운 인구 유입으로 20세기 아바나의 차이나타운은 활기가 넘쳤다. 그러나 1959년 쿠바 혁명 이후 많은 중국인이 쿠바를 탈출해 미국으로 이주했다. 이들은 대부분 뉴욕으로 건너가 식당이나 소규모 서비스업을 시작했고, 그렇게 축적한 자본으로 그들만의 독특한 문화를 가진 차이나타운을 형성했다.

미국 뉴욕에는 1970년대에서 1980년대 사이 쿠바식 중식당이 인기를 끌면서 '아시아 데 쿠바Asia de Cuba' 같은 고급 레스토랑 체인점도 생겼다. 미국의 쿠바식 중식당은 고국의 맛을 느끼고 싶은 쿠바인, 향수를 불러일으키는 음식을 찾는 라틴계 이민자, 새로운 조합의 음식에 관심이 많은 북아메리카의 다른 민족 등 다양한 부류의 사람에게 매력을 어필했다.[5] 쿠바식 중식당은 초기에 쿠바로 건너간 중국인 이민자뿐 아니라 쿠바와 미국을 오가며 형성된 이민자 집단에 의해 형성되어 왔다. 따라서 처음에는 중국인을 중심으로 한 지역 인구의 입맛을 만족시키는 메뉴가 주를 이루었으나 고객층이 다양해지면서 메뉴의 폭이 확대되는 특징이 나타났다.

● 미국의 차이니즈 레스토랑

미국의 음식 문화도 페루와 쿠바처럼 이민자 집단이라는 독특한 계층과 지역 여건의 영향을 받았다. 스페인의 식민지였던 캘리포니아로 중국인들이 들어오기 시작한 것은 19세기 초부터였다. 그러나 1차 아편전쟁, 골드러시, 철도건설 등의 이유로 미국으로 향하는 중국인의 이민은 19세기 전반에 걸쳐 계속되었고, 특히 캘리포니아에 많은 중국 이민자들이 거주하게 되었다. 중국 이민자들이 캘리포니아로 건너올 당시 중국의 음식 문화도 함께 들어왔는데, 그들의 이주가 더 오랜 시간에 걸쳐 이루어졌고, 금광으로 인한 경제적 호황과 불황을 겪으면서 캘리포니아의 중국 음식은 중남미와는 다른 형태로 발달했다.

중국은 청나라 시기를 거치면서 한 건물 안에 여러 층이 있는 식당이 많이 나타났다. 중국 대도시에서는 초기 카이펑의 전통을 이어받은 고급 만찬과 즉석에서 먹을 수 있는 값싼 면 요리가 혼재한 형태로 크고 작은 음식점을 흔히 볼 수 있었다. 존 헨리 그레이는 1878년에 쓴《중국의 법과 예절, 관습의 역사》에서 다음과 같이 중국의 식당을 묘사한다.

식당은 일반적으로 큰 건물 안에 오픈 형태의 공용 식당과 몇 개의 개별 룸이 있다. 다른 건물들과는 다르게 대부분 3~4층으로 되어 있다. 1층 전체는 주방이 차지하고, 2층에는 서민들이 주로 이용하는 홀이 있으며, 3~4층에는 좀 더 고급스럽게 꾸며진 별실이 있다. 물론 이 별실은 주로 부유층이 이용하지만, 누구나 이용할 수 있어서 평범한 사람들이 앉아 있는 모습도 심심치 않게 볼 수 있다. 출입문 쪽에는 테이블이나 주인이 앉는 계산대가 있다. 손님들은 나갈 때 여기서 음식 값을 계산한다. 첫 번째 계단 바로 앞에 있는 오픈 홀은 저렴한 음식을 찾는 손님들이 주로 이용하며 카페처럼 테이블과 의자가 비치되어 있다. 홀은 카페처럼 테이블과 의자가 비치되어 있고, 개별 룸에는 테이블 하나에 의자 몇 개가 놓여 있다.

광둥성에 있는 딤섬 식당과 찻집은 간혹 남녀 공간이 분리되어 있기도 했다. 음식 값은 빈 접시의 개수로 계산했고, 손님들은 음악이나 이야기, 심지어 새 공연도 즐길 수 있었다.[6]

그레이가 묘사한 이런 형태의 식당과 요리는 중국 이민자를 따라 미국으로 전해졌다. 19세기에는 샌프란시스코를 중심으로 큰 중국 식당이 많이 들어섰는데, 적당한 음식 가격과 특유의 실내장식으로 찾는 사람이 많았다.

그중 1865년에 생긴 '홍홍'이라는 중식당은 1층에 주방이 있고, 주방을 지나 2층에 올라가면 식탁과 등, 칸막이가 놓여 있었다고 기록된다. 이곳에서 나오는 중국 요리는 중국인들이 사용하는 접시에 담겨 나오고, 젓가락이 나왔다. 중국인 이민자들은 젓가락을 사용하는 데 어려움이 없었지만, 다른 지역 사람들은 쓰기가 어렵다는 이야기가 종종 나왔다. 그 외 라이브 음악이 나오거나 시를 암송하는 모습을 볼 수도 있었다.[7]

〈뉴욕 트리뷴〉에 따르면, 샌프란시스코에는 가격 대비 '훌륭한' 음식이 나오는 중국 식당이 많았다. 1달러로도 유럽 음식과 중국 음식으로 된 푸짐한 한 끼를 먹을 수 있었다. 지금으로 보면 해시, 카

캘리포니아 차이나타운 듀폰가에 있는 중식당 내부. 1895년. 입체사진.

디트로이트 출판사 〈캘리포니아주 샌프란시스코의 중국 식당〉1898년 엽서.

레, '찹 수이chop suey'* 같은 음식이 여기에 해당된다.[8] 당시 샌프란시스코는 경제 호황으로 외식비를 포함해 물가가 너무 올라서 특히 이런 저렴한 음식의 인기가 높았다. 손님은 주로 금광에서 일하는 중국계, 비중국계 외국인이 많았는데, 샌프란시스코의 경제 호황 덕분에 성공한 상인들이 많아지고, 금광에서 일하던 중국인 노동자 중에서 큰 부자도 생기면서 캘리포니아에서는 샥스핀이나 제비집 같은 고급 중국 요리에 대한 수요도 생겼다.[9]

　미국의 동부 해안에도 중국 식당이 번창했지만, 대부분은 백인의 시선을 벗어난 곳에 지어졌다. 이런 식당들은 대부분 돈 많은 중국인 무역상이나 세탁소 주인, 그 외 19세기 중후반 광둥성에서 건너온 수많은 노동자 계급에 이르는 중국인 손님만 상대했다. 비중국계 미국인은 주로 저렴한 음식을 먹기 위해 중국 식당을 찾았다. 그러나 돈 많은 중국인 손님은 중국에서 수입된 값비싼 재료로 만든 고급 요리도 서슴지 않고 주문했다. 1870년대 초부터 중국 식당을 이용한 비중국계 사람들에 관한 기록이 곳곳에 등장한다. 가령, 보헤미아 출신의 한 법률가가 뉴욕 '몽싱와' 식당에서 지인과 식사를 한 뒤, 이곳 주인을 '중국인 델모니코'라고 불렀다는 기록이 있다.[10] 1902년 〈뉴욕 헤럴드〉에는 이국적인 분위기를 좋아하는 보헤미안 사람들에 관한 또 다른 기사가 등장했다.

　"그는 중국 음식을 고를 때 가능하면 백인 손님이 가지 않는 식당을 찾았다. 백인들이 찾기 시작하면 또 다른 곳을 찾아 떠났다."

---

* 　해산물이나 닭고기, 돼지고기에 갖가지 채소를 넣고 볶은 미국식 중화요리.

'뉴욕의 중국 식당'〈아메리칸 매거진(American Magazine)〉vol. xvii.
1884년 삽화.

1896년까지 대부분 뉴욕 시민은 저녁으로 중국 음식을 먹는다는
선택을 전혀 고려하지 않았다. 중국 요리가 미국인에게 인기를 얻게
된 것은 특별한 계기가 있었다. 중국 대사인 이홍장이 뉴욕시를 방
문했을 때, 월도프 호텔에 마련된 연회에 참석했는데, 그가 유럽 음
식은 거의 먹지 않고 다진 닭고기에 채소, 쌀밥 위주의 음식만 즐겼
다는 이야기가 전해졌다. 사실 그가 실제로 그랬는지는 확실하지 않
다. 그러나 각종 신문에서 이 이야기를 크게 보도하면서 이후 몇 주

차이나타운의 새해 (뉴욕 포트 아서 차이니즈 레스토랑) 날짜 미상, 사진.

동안 이 사건에 관한 각종 이야기가 만들어졌고, 그 요리가 이홍장을 위해 특별히 만들어진 음식이었다는 이야기가 신문의 여러 면을 장식했다. 이 이야기의 중심에 있는 '찹 수이'라는 음식은 원래 중국 진주강 삼각지 지역의 타이산 지역에서 주로 먹던 요리였는데, 기본적으로 동물 내장과 잘게 썬 채소를 볶아서 만든 요리다. 이 '찹 수이'를 시작으로 중국 음식은 모험심 많은 사람만 찾는 특수한 장르의 음식이 아니라 수많은 미국인 젊은이의 마음을 사로잡은 특별한 음식이 되었다. 중국 음식이 인기를 얻자 중국 음식 자체에도 변화가 생겼고, 중국 음식이 나오는 식당의 형태도 달라졌다. 차이나타운에서만 볼 수 있던 중국 식당이 이때부터 다른 유흥지역에도 하나둘 생겼다. 찹 수이는 더 많은 사람이 친숙하게 다가갈 수 있도록 이국적인 향과 재료를 적게 사용·했고(생강과 표고버섯 같은 재료가 빠졌다), 바삭한 식감보다는 부드러운 스튜에 가깝게 조리했다.[11] 실내장식은 큰 변화 없이 중국 미술품이나 등, 식탁, 의자 등이 그대로 사용되었다. 그러나 그들이 식당을 운영하는 도심지는 공연 관람객과 예술가 지망생, 흑인, 매춘부들로 늦은 밤까지 거리를 활보하는 사람이 많았기 때문에 늦게까지 문을 열어 두고 영업하는 곳이 많았다. 전반적으로 중국 식당은 적은 돈으로 부담 없이 한 끼 식사를 즐길 수 있는 장소라는 이미지가 생겼다.[12]

1960년대 미국은 쿠바처럼 새로운 중국인 이민자들이 몰리면서 지역 음식에 관한 관심이 커지는 시기를 맞았다. 그에 따라 중국 식당들도 국가보다 지역에 초점을 맞춘 새로운 형태의 식당들이 나타났다. 이런 곳들은 단순히 중국 식당이 아닌 쓰촨, 후난 같은 특정 지방의 이름을 걸고 마케팅을 펼쳤다.[13] 음식은 현지인의 입맛을 벗어나지 않는 범위 안에서 약간 덜 맵고, 단맛이 추가되는 방식으로 변화했다. 또한 이 시기 중국 음식에 대한 높은 관심이 반영된 새로운 요리들도 등장했다. 현지화, 지역화, 새로운 음식에 대한 열망이 맞물리면서 고급 중식당이나 공식연회장, 쇼핑몰과 푸드코트의 중국 요리점, 수타면 중국집(중국 북서부에서 유래) 등 오늘날 우리가 볼 수 있는 다양한 중국 식당들이 탄생하게 되었다. 중국 식당 종사자의 인구비율 역시 중국인 이민자로만 구성되었던 형태에서 다양한 인종이 유입되는 형태로 변화가 있었는데, 특히 다른 아시아계 비율이 높아졌다. 그들은 미국에서 150년 이상 발전해 온 중국 식당의 경제 모델과 메뉴를 계속해서 연구하고 발전시켜 나갔다.

❶ 영국의 차이니즈 레스토랑

영국에서 중국 식당이 인기를 얻게 된 과정은 앞서 이야기한 국가들과는 조금 다르다. 다른 서양 세계와 마찬가지로 영국에 중국 식당이 뿌리를 내리게 된 계기는 중국 이주민들이 중국 이주민들을 위해 만든 것이었다. 영국 내 최초의 중국 식당은 리버풀에서 시작했다. 영국의 대표적인 항구 도시인 리버풀은 뱃사람으로 이주해 온 중국인들이 세탁 일 같은 서비스업을 시작하며 정착해서 살기 시작한 곳이다. 리버풀에 생긴 초기의 중국 식당들은 중국 북부 지방의 초기 형태 식당처럼 고향의 맛을 느끼고 싶어 하는 사람들을 대상으로 음식을 만들어 팔았다. 미국과 쿠바, 페루의 경우, 주류 문화의 구성원이 중국 식당을 처음 이용하게 된 것이 저렴한 가격과 위치, 친근한 분위기 때문이었다면, 영국에서는 국제 이벤트와 언론 보도의 힘이 크게 작용했는데, 카페테리아, 오토매트, 미슐랭 가이드, 초밥 식당의 컨베이어벨트처럼 중국 식당이 영국에서 처음 소개된 계기는 만국박람회를 통해서였다.

영국에서는 1884년 중국 해관의 총세무사로 일했던 로버트 하트 Robert Hart의 지휘 아래 국제 보건 박람회를 준비하며 레스토랑 전시회가 열렸다. 로버트 하트는 실제로 중국인 요리사들을 데려와 중국에 있는 식당을 그대로 재현한 전시물을 제작했다. 이 전시회의 주된 목적은 사람들에게 중국의 요리를 알린다기보다는 중국과 중국의 문화를 소개하는 것이었기 때문에 중국 요리를 현지인의 입맛에 맞게 바꾸거나 단순화하는 과정을 거치지 않고 그대로 사용했다. 그러나 전체적인 메뉴는 중국 요리와 유럽 요리에서 왔다 갔다 하는 모습을 보였는데, 우선 메뉴가 대부분 오트 퀴진의 언어인 프랑스어로 쓰였고, 그 메뉴를 설계한 사람도 15년간 중국에서 살다 온 프랑스인 요리사였다. 박람회에 나온 대표적인 중국 요리로는 *pullulas à l'Huile*(곤충 튀김 요리), 제비집 수프, *Biche de Mer à la Matelote Chinoise*(중국 전통주를 이용한 해삼 요리) 등이 있고, 정통 유럽 요리로는 *Beignet Souffle à la Vanille*(바닐라 수플레), *Roulade de Pigeon farcie au Pistache*(피스타치오와 비둘기 고기 요리), 올리브 요리, 그 외 퓨전 요리로는 *Sharks' Fin à la Bagration*(샥스핀 요리), *Vermicelli Chinoise à la Milannaise*(당면을 이용한 볶음 요리)가 있었다.

레스토랑 전시물은 사람들에게 인기를 끌며 언론의 집중 관심을 받았는데, 그중에는 중국 요리를 조롱하거나 비웃는 듯한 글도 많았다.**14** 대표적으로 〈폴 몰 버짓Pall Mall Budget〉이라는 영국의 주간지에는 다음과 같은 기사가 실렸다.

중국인의 식사

최근 보건 박람회에서 선보인 수많은 중국 요리가 눈앞에 차려진다면, 영국 시민들은 어떤 음식을 먹어 볼지 무척 막막할 것 같다. 따라서 약간의 조언을 전해 주고자 한다. 배고픈 여행객은 확실히 제비집 수프를 주문하는 것이 좋겠다. 차 찌꺼기를 버릴 때 쓰는 손톱만 한 크기의 접시에 담겨 나오는데 맛이 아주 일품이다. 런던에서 좋은 반응을 얻어 아마도 1884년 이후로 영국의 대중 음식이 될 것 같다. 사오싱주는 일행 중 한 사람만 주문하면 충분하다. 술이 수프처럼 따뜻하게 나오는데, 역시 손톱만 한 그릇에 나온다. 아마 한 방울만 먹어도 충분할 것이다. 쌀로 만들었고, 맛은 설명하기 힘들다. 새 둥지 외에도 우리가 먹지 않는 것들을 중국 사람들은 많이 먹는다. 'Timbale Biche de-Mer au Madere' 'Sharks' Fin à la Bagration'라고 불리는 이런 요리들을 보면, 호기심 많은 이방인들은 우리가 쓰지 않고 버리는 깊은 바다의 보물을 어떻게 능숙하게 활용할 수 있을지 조금은 알게 될 것이다. '해삼'이라고 불리는 이 바다 생명체는 길이 5센티미터, 두께 2.5센티미터쯤 되는 일종의 바다 민달팽이다. 중국 연안의 깊은 바다 밑에 사는데, 말리면 지우개 고무처럼 생겼고, 짧은 돌기가 표면에 무수히 돋아 있다. 해삼을 반으로 자르면 표면처럼 역시 지우개 같은 느낌의 소화관이 단단한 젤라틴 같은 형태로 이루어져 있다. 기분 나쁘게 생긴 이 작은 동물은 건조 상태로 오랫동안 보관할 수 있고, 잘게 잘라서 파이로 요리해서 먹는다. 해삼은 거북이 고기 맛과 비슷하므로 생각만큼 이상하게 느껴지지는 않는다. 하지만, 샥스핀은 꼭 용기 있는 사람만 먹어 보길 바란다. 샥스핀은 상어의 등지느러미로 된 음식인데 쌀밥과 함께 먹는다.[15]

이 박람회는 많은 백인 영국인에게 중국 요리에 관한 관심을 불러일으켰다. 그러나 영국 음식 문화에 직접적인 영향을 주고, 중국 식당과 중국 음식 테이크아웃점이 영국 곳곳에 들어서게 된 데는 중국 이민자의 역할이 크다. 2차 세계 대전 이후 1950년대까지 영국 내 홍콩 이민자가 급증했고, 태평양 무대에 등장한 중국 요리에 영국 인구가 상당 기간 노출되면서 중국 식당에 대한 공급과 수요가 동시에 나타났다.[16]

리버풀, 리마, 아바나, 샌프란시스코, 그 외 어느 도시라도 중국 식당이 증가하게 되는 현상은 인류학자 크리슈넨두 레이가 말하는 이민자 레스토랑의 패턴을 따른다. 즉 레스토랑을 운영하는 이민자는 자본 네트워크와 낮은 간접비에 의지하고, 대부분 가족의 도움을 받거나 새로운 이민자의 값싼 노동력을 이용한다. 이민자의 요리는 기본적으로 고향의 음식을 찾는 같은 이민자 집단과 쉽게 접근할 수 있는 음식을 찾는 사람들을 위한 음식으로 출발한다. 그러나 레스토랑은 개방된 공간이므로 시간이 지나면 결국 출신지가 다른 집단, 주류 문화권, 소외 문화권의 사람들도 이용하게 된다. 처음에는 저렴한 가격과 새로움이라는 요소가 새로운 고객층을 끌어들이는 요인으로 작용하지만, 시간이 지나면 새로 유입된 그 고객층이 요리를 변화시키는 동력이 된다. 이에 레스토랑의 형태는 시장의 압력에 대

하우스 바터란트의 뢰벤브로이, 1920년.

응하면서도 미학적 차이를 중시하는 문화적 힘의 역학 관계라는 현실을 반영함으로써 계속 발전하고 점점 다양화된다. 결과적으로 우리가 보게 되는 레스토랑들은 고객의 요구와 필요에 부응하는 한편, 세계 어디에서나 똑같은 맛을 느낄 수 있는 메뉴를 추구하고, 그와 동시에 새로운 맛과 식감의 조합을 경험할 수 있는 혁신적인 메뉴를 추구하는 형태로 나타난다. 〈뉴욕타임스〉의 기자 리가야 미샨Ligaya Mishan은 2017년 아시아계 미국 음식의 증가 현상을 논하며 다음과 같이 설명한다.

"새로운 맛과 식감의 조합을 경험할 수 있도록 만들어진 음식은 그런 음식에 대한 정보를 제공하고 힘을 실어 주는 방식이자 역사적으로 침묵을 지키고, 몸을 낮추도록 요구받은 집단의 자신감을 반영한다. 또한, 보기에는 이상하지만, 세상에는 오도독거리는 식감의 연골과 젤라틴 형태의 음식이 있다는 것을 알리는 음식이다. 그들은 우리에게 이렇게 말한다. '나는 이런 음식을 좋아하는데, 당신은요?' 라고."**17**

🍴 레스토랑의 테마파크-하우스 바터란트

독일의 대표적인 상업 도시이자 정치 중심지인 베를린은 일찍부터 다양한 외식 문화가 발달했다. 1928년 베를린의 중심에는 레스토랑의 신기원으로 불릴 만한 곳이 문을 열었다. 하우스 바터란트Haus Vaterland라는 이곳은 동시에 2,500명을 수용할 수 있는 대형 카페와

12개의 크고 작은 레스토랑과 극장이 들어 있는 복합 문화 시설로 만들어졌고, 완전히 새로운 형태의 외식 문화를 경험할 수 있는 공간을 제공했다. 1년에 100만 명 이상의 손님이 이용한 하우스 바터란트는 이국적인 실내장식과 각 나라의 옷차림을 한 직원들, 라이브 공연으로 마치 디즈니랜드 같은 다양한 볼거리와 즐거움이 있었다. 특히 여러 나라의 외식 문화를 한자리에서 경험할 수 있게 꾸며져서 레스토랑의 테마파크로 불릴 만했다.

하우스 바터란트는 독일어로 보자면 '엘리프니스가스트로노미Erlebnisgastronomie', 즉 미식체험형 레스토랑이라고 할 수 있다. 층별로 다른 나라의 음식 문화를 체험할 수 있게 꾸며져 있었는데, 처음 문을 열었을 때는 모두 일곱 개의 테마형 레스토랑이 있었다. 독일식 레스토랑인 바베리안 뢰벤브로이Bavarian Löwenbräu와 라인테라세Rheinterrasse, 오스트리아 레스토랑인 그린칭 호이리거Grinzinger Heuriger, 터키식 레스토랑인 터키슈스 카페Türkisches Café, 스페인 레스토랑인 스파니쉬 보테가Spanish Bodega, 헝가리 레스토랑인 푸스타 차르다시Puszta Czardas, 그리고 미국식 레스토랑인 와일드 웨스트 바Wild West bar가 그것이다. 히틀러의 제3제국이 시작되면서 이후 10년 동안 독일식 레스토랑North Sea Bremer Kombüse, Kombüse Berlin Teltower Rübchen이 두 곳 더 생겼고, 이탈리아 레스토랑과 일본 찻집이 각각 하나씩 더 생겼다(마지막 두 곳이 추가되면서 추축국이 완성되었던 것 같다). 1929년에 하우스 바터란트에 입장한 사람은 어느 나라로 갈 것인지 결정해야 했다. 하우스 바터란트는 정확히 볼거리라는 즐거움과 다름의 차이를 경험하는 즐거움을 보여 준 곳이다. 또한, 규모 면에서 압도적이고, 오락적인 면에서 색다른 시도였으며, 접근 방식 면에서는 생각할 거리를 남긴 곳이다. 여러 모로 하우스 바터란트는 문화 이론가들이 흔히 말하는 '다른 것을 먹는 것'의 문제를 생각하게 해 준 완벽한 사례였다.

🍴 조국, 모국, 외국

하우스 바터란트가 오픈할 때 만들어진 광고 팸플릿은 바터란트, 즉 조국*과 다른 나라, 즐거움 사이의 관계를 이해하고, 지역적인 것과 이국적인 것을 모두 이용한다고 선언하고 있다.

> 조국:
> 조국은 모두의 마음에 울리는 단어. 홀슈타인 사람이든, 바이에른 사람이든 모두가 아는 단어. 모든 사람의 마음에서 다정한 메아리를 울리는 고향의 의미, 조국.
>> 독일의 수도 베를린, 그 베를린 안에서도 가장 활기 넘치는 곳에 자리 잡은 하우스 바터란트는 친절함과 베를린 특유의 개성으로 손님들을 맞이한다. 변화무쌍하면서도 매혹적인 분위기로 현대적인 다양함과 대도시의 경이로움을 밤낮없이 선사하는 하우스 바터란트. 드디어 전

---

* 　바터란트(vaterland)는 독일어로 조국을 의미한다. 나치 독일처럼 국수주의, 쇼비니즘을 강조하는 국가는 나라를 지칭할 때 '조국'이라는 표현을 잘 사용했다.

세계 낭만적인 아름다움의 결정체가 이곳에서 제 모습을 찾았다. 바터란트에서는 모두가 즐거움과 행복을 경험하게 될 것이다.

세계적인 대도시 베를린을 찾아오는 수많은 방문객이 포츠담 광장의 하우스 바터란트에서 최고의 즐거움을 경험한다. 비즈니스 세계가 찾은 대도시의 새로운 중심, 그 중심이 베를린에 세계화의 새로운 기준을 부여한다.[18]

이 팸플릿은 베를린이라는 도시의 포부와 고국의 개념, 세계적인 시야 사이에서 느끼는 긴장감을 드러냈다. 혹은 조율을 드러냈다고도 할 수 있다. 그 긴장감, 혹은 조율 과정이 표출되는 방식은 주제별 세트장과 오락거리, 요리의 영역으로 나누어졌다. 정교하게 꾸며진 다이닝 공간은 이전의 레스토랑 디자인보다 현대적인 디자인을 더 많이 사용했다. 미국의 한 유명 클럽을 운영한 바니 존슨Barney Johnson은 하우스 바터란트의 모습을 이렇게 설명했다.

포츠담 광장에 있는 하우스 바터란트라는 곳에 방문했다. 세실 드밀의 영화에 등장하는 화려한 세트장 같았다. 건물 내에 정확하게 몇 개의 관이 있는지 모르지만, 모든 관은 각기 다른 나라를 대표하는 분위기로 꾸며져 있고, 그 분위기에 어울리는 오락거리가 제공된다. 재즈와 공연을 감상할 수 있는 미국식 클럽, 밸리 댄스를 구경하면서 진한 커피를 맛볼 수 있는 터키식 카페, 카우보이 복장의 흑인 밴드가 있는 와일드 웨스트 바, 플라멩코 댄서와 가수들이 있는 스페인 레스토랑이 있고, 그 외 다른 곳들도 많았다.[19]

각 식당은 실내장식뿐 아니라 건축 양식도 그 나라의 분위기를
살려 설계되었는데, 스페인관은 묵직한 고딕 양식으로 만들어졌고,

하우스 바터란트에서 페레를 쓴 종업원이 터키식 커피를 내어 오고 있다. 1938년.

터키관은 밝고 섬세한 기둥과 스크린이 사용되었다. 나라별로 대표되는 음악과 춤을 보여 주는 댄서와 가수가 있었고, 요리는 문화적 특징이 잘 드러나는 음식들이 나왔다.

친숙한 독일 풍경으로 표현된 독일 레스토랑인 '라인테라세'는 극적이고 몰입감 있는 독일식 음식 문화를 경험할 수 있게 만들어졌다. 2층으로 지어져 라인강을 내려다볼 수 있었고, 천장과 벽면은 벽화로 장식되어 있었다. 무용수들은 독일 아가씨들이 입는 전통 복장으로 춤을 추었다. 라인테라세에서 가장 재미있는 쇼는 폭풍우를 연출한 무대였는데, 일정한 간격으로 천둥 번개를 표현하는 효과가 실감 나게 펼쳐졌다(무대 앞에 높은 유리 패널이 설치되어 있어서 손님들에게는 물이 튀지 않았다). 천둥 번개가 사라지고 마지막에는 무지개가 나왔다.

3층에는 뢰벤브로이와 보테가, 터키슈스 카페가 있었는데, 뢰벤브로이에서는 독일의 노천 맥줏집 분위기로 맥주를 팔았고, 스페인 술집인 보테가에서는 플라멩코와 스페인 기타 연주 등 스페인식 공연을 볼 수 있었다. 터키슈스 카페는 크기는 좀 더 작았지만, 플러시 천을 덧댄 낮은 스툴, 물 담뱃대 같은 소품을 활용해서 터키 카페의 분위기를 살렸고, 종업원들은 터키 전통 복장에 페즈*를 쓰고 일했다.

그린칭 호이리거 식당은 별밤을 배경으로 그림 같은 세인트 스티븐 대성당 벽화가 천장과 벽을 장식했다. 미국 풍경을 독특하게

---

*   터키, 중동 지역 남자들이 잘 쓰는 붉은색 모자.

연출한 와일드 웨스트 바는 직원이 모두 카우보이 복장을 한 흑인이었다. 일부 자료에서는 그 흑인들이 실제로 미국 카우보이였다고 기록하지만, 그보다는 아프리카계 독일인이었을 가능성이 크다.

● 하우스 바터란트의 건축 과정

하우스 바터란트는 여러 매체에서 예술 감독으로 활동한 레오 크로노Leo Kronau의 아이디어에서 나왔다. 1905년 그가 런던 히포드롬 극장에 올린 '푸른 복장의 아메리카 젊은이'라는 공연에는 여섯 명의 배우와 40명의 미국 군인이 연기한 군사 훈련 장면이 등장했는데, 한 관람객은 이 공연을 보고 '보병 훈련 장면만으로도 볼 만한 쇼였다'고 기록한다. 그 외 해안 전투, 군함 폭파, 안장 없이 말 타기 등 스펙터클한 장면이 연출되었고, 무대에 나온 한 독일인 곡예사는 머리 위에 의자를 올리고 그 위에 또 보조 출연자를 앉혀서 균형을 잡은 채로 양손으로 접시와 우산, 공을 저글링하고, 동시에 동물 공연을 지휘했다. 확실히 크로노는 극적인 연출에 관심이 많았고, 군대식 치밀함과 정통 서커스에 이르기까지 엔터테인먼트의 개념을 폭넓게 이해했다.[20]

크로노는 1900년대 초에 뉴욕의 코니아일랜드를 방문하고 깊은 인상을 받아 베를린에 코니아일랜드를 모델로 하는 새로운 엔터테인먼트 시설을 만드는 계획을 세웠다. 그리고 그 계획을 완성하여 당시 복합 오락 시설로 쓰이고 있던 하우스 포츠담Haus Potsdam의 소유주인 베르톨트 켐핀스키Berthold Kempinski에게 그 아이디어를 팔았다. 켐핀스키는 1872년 포젠에서 베를린으로 옮겨 와 작은 가게를 시작했었는데, 1915년 무렵에는 베를린 곳곳에 대형 레스토랑을 여러 개 운영하고 있었다. 1911년 포츠담 기차역 옆에 지어진 하우스 포츠담에는 사무실 공간과 대형 극장, 2,500명을 수용할 수 있는 카페 피커딜리가 있었다. 켐핀스키는 1929년에 크로노를 투입하여 하우스 포츠담에 있는 카페와 극장 시설을 개조하고 하우스 바터란트를 오픈하게 되었다. 크로노는 하우스 바터란트의 첫 번째 예술 감독으로 일했지만, 마지막까지 가지는 않았다.

1930년대에 들어 독일 나치당의 세력이 커지고 인종 대학살을 초래한 법률이 제정되면서 하우스 바터란트는 1937년 5월 1일 나치당에 몰수를 당한다. 하우스 바터란트가 국제적인 문화 시설로 탈바꿈하도록 자금을 운용해 온 켐핀스키는 60년 이상 베를린 경제를 이끄는 데 중요한 역할을 해 왔지만, 비유대계 백인에게 하우스 바터란트를 헐값에 넘겨야 했다. 켐핀스키 가족 중 많은 사람이 유대인 대학살 때 희생당했는데, 켐핀스키 부부의 사위이자 하우스 바터란트의 사장으로 있던 리차드 웅거Richard Unger와 그의 직계 가족만 2차 세계 대전 때 미국으로 피신해 겨우 목숨을 건졌다. 하우스 바터란트가 몰수된 후 회사의 로고도 변경당했다. 원래는 유대교의 상징인 '다윗의 별'과 알파벳 K가 들어가 있었는데, 1935년에 별이 포도 그림으로 대체되었고, 1943년부터 K 대신 B를 썼다. 하우스 바터란트는 강탈된 후로도 여전히 인기를 유지하다가 1943년에 폭격을 맞았다. 하우스 바터란트는 건물 안의 레스토랑이 모두 사라진 뒤에도 복잡한 문화적 교차로의 역할을 했다. 전쟁 직후 베를린이 연합군에 점령당해 있을 때, 하우스 바터란트 건물은 러시아 구역에 있었는데, 미국과 영국 구역으로 통하는 통로가 있었고, 나중에는 동베를린과 서베를린의 중간지대가 되었다.

◐ 하우스 바터란트의 사람들

하우스 바터란트의 시각적 판타지는 오토매트의 유리문과 비슷한 역할을 했다. 손님들의 시선을 사로잡아 실제로 음식이 어떻게 왔는지는 쉽게 잊어버릴 수 있게 했다. 특히 주방 시스템이 비밀스럽고 복잡하게 만들어졌는데, 모든 개별 레스토랑에 작은 주방이 있고, 이 주방은 다른 레스토랑의 주방이나 메인 주방으로 연결되는 비밀 엘리베이터를 통해 서로 연결되게 만들어졌다. 하우스 바터란트에는 공연 스태프와 독특한 복장으로 일하는 수많은 종업원 외에 요리사, 청소부도 많았고, 거대한 건물 안에서 사용되는 수많은 테이블보와 커튼, 직원들의 의상을 관리해 주는 재봉사도 있었다.

하우스 바터란트의 손님들은 정통성이나 현실적인 것보다는 이국적인 것에 더 관심이 많았다. 하우스 바터란트가 그런 손님들의 요구에 어떻게 부응해 왔는지는 하우스 바터란트에서 일한 바유메 모하메드 후센Bayume Mohamed Husen의 이야기가 도움이 될 것 같다. 원래 아프리카 탄자니아 출신인 후센은 1차 세계 대전 때 본국이 독일에 점령되어 독일군에서 복무한 뒤 베를린으로 건너왔다. 하우스

바유메 모하메드 후센은 1944년 강제 수용소에서 사망했다. 베를린에 있는 그의 집에는 홀로코스트 희생자를 추모하기 위해 만든 스톨퍼스타(Stolperstein)가 놓여 있다. 2010년.

바터란트에서 일을 시작하게 된 그는 어떤 날은 체크무늬 셔츠에 카우보이모자를 쓰고 와일드 웨스트 바에서 일했다. 어떤 날은 터키슈스 카페에서 페즈를 쓰고 일했다. 그의 역할은 손님들에게 즐거움을 주고, 그들의 관심사와 판타지를 만족시키고 요청을 들어주는 것이었다.

하우스 바터란트를 찾는 손님들은 당시 급증하고 있던 백인 화이트칼라 노동자가 많았다. 이들은 수입은 많았지만 그렇다고 부유층 출신은 아니었다. 하우스 바터란트의 핵심은 사실상 그들이 일상과 일의 스트레스에서 잠시 벗어날 수 있게 하는 것이었다. 사회학자 지그프리트 크라카우어Siegfried Kracauer는 1930년에 쓴 《사무직 노동자》에서 다음과 같이 말한다.

19세기의 파노라마가 이런 시설에 주목하는 것은 일의 영역에서 보이는 단조로움과 관련이 있다. 사람들은 일이 단조로울수록 그 일이 끝나면 그것에서 멀리 떠나려 한다. … 그러나 사무용 기계에 대한 진정한 반격은 다양한 색으로 가득한 활기찬 세상이다. 있는 그대로의 세상이 아닌, 좋은 상태로 보이는 세상, 일상에 존재하는 모든 먼지를 마치 진공청소기로 빨아들인 듯 깨끗한 세상이다.[21]

하우스 바터란트에서는 미국의 어느 도시로 떠나 미각의 세계를 여행할 수 있었다. 그러나 그 세계를 바라보고 해석하는 방식은 확실히 독일식으로 이루어졌고, 다양한 다른 문화를 직접적으로 이해하고 관계하기보다는 여행자의 시각에서 제공되는 세속적인 경험에 가까웠다. 하우스 바터란트는 '정통성'을 내세우기보다 오락적인 요소로서 몰입할 수 있는 경험을 중요하게 생각했다. 오늘날 이런 형태의 경험을 제공하는 곳으로는 디즈니랜드의 앱콧 센터나 일본식 화로 '히바치hibachi'를 사용하는 철판요리 전문점을 들 수 있다.

🍴 세계인의 선택을 받은 노르딕 음식

문화를 토대로 한 음식 문화는 이민자들의 사업 능력과 새로운 것을 향한 복잡하고 다양한 소비자들의 오랜 욕구에서 나왔다. 그러나 글로벌 요리가 탄생하는 또 다른 길도 있다. 가장 흥미로운 사례는 21세기 노르딕 음식에서 찾아볼 수 있다. 이 사례는 레스토랑의 전통적 측면과 기술적 측면을 동시에 설명한다. 노르딕 요리가 인기를 얻게 된 것은 이민자의 역할보다는 산업적인 측면에서 나왔다. 정확히 말하면 하나는 가구 산업이고 다른 하나는 특정 지역에 국한된 고급 요리 산업이다.

스웨덴식 뷔페식당인 스뫼르고스보르드가 카페테리아의 대중화에 어느 정도 기여한 것은 있지만, 노르딕 요리가 이탈리아 요리나 프랑스 요리처럼 외식 문화의 중심이 된 적은 없었다. 이는 아마도 대부분 노르딕 국가에 역사적으로 확고한 레스토랑 문화가 없었기 때문일 것이다.[22] 노르딕 레스토랑은 사람들의 입에 잘 오르내리지 않다가 2000년대에 들어 고급 레스토랑과 저가형 레스토랑 두 곳이 갑자기 사람들의 이목을 사로잡았다. 바로 노르딕 요리의 상징이 된 덴마크의 '노마Noma'라는 레스토랑과 세계 최대 가구 기업인 스웨덴의 이케아가 그 주인공이다. 뉴 노르딕 퀴진의 대표 주자인 레스토랑 노마는 2003년 코펜하겐에 문을 열었다. 당시 영국의 워링턴에 있는 이케아 매장에서는 스웨덴식 미트볼이 16년째 사람들의 사랑을 받았다.

이케아는 1990년대 국제 시장에 대한 마케팅 전략을 대폭 수정한 뒤로 20년 동안 폭발적인 성장을 이뤄 냈다. 이케아 매장은 단순히 가구를 살 때만 가는 곳이 아니라 그 자체로 목적지가 되었기 때문에 자연스럽게 그 안에 있는 레스토랑의 역할도 중요해졌다. 이케아는 그동안 다양한 분야에 스칸디나비아 디자인을 활용하는 데 주력해 왔다. 그러나 식품 시장은 노르딕 문화에 뿌리를 둔다.* 뭄바이나 필라델피아에서 노르딕 음식을 먹는 사람들은 대부분 고급 레스토랑이나 핀란드식 체인점을 이용하는 것이 아니라 이케아를 이용해 왔다.

새로운 시장에 진입하는 일은 맥도날드의 사례에서도 살펴보았듯이 항상 쉬운 일은 아니다. 이케아는 해외 시장 진출을 시도하면서 몇 번의 실패를 경험한 뒤 고객이 좋아할 만한 것을 파악하는 감각을 키우는 데 주력했다. 그중 하나로 나온 것이 나라별로 다른 요리를 판매하는 것이었다. 말레이시아 이케아에는 두부 카레가 있고, 요르단 이케아에는 닭고기, 요거트, 달걀로 된 아침 메뉴가 있고, 캐나다 이케아에는 대구의 일종인 해덕과 감자 칩이 있다. 그러나 전 세계 모든 이케아 매장에서 똑같이 먹을 수 있는 음식이 있는데, 바로 스웨덴식 미트볼과 '딜' 허브가 들어간 연어 샐러드다.

이케아는 노르딕 문화를 상징하는 대표 음식을 앞세워 단순미를 강조한 브랜드 이미지를 강화해 나갔다. 전반적으로 결과도 만족스러웠다. 그러나 다른 나라의 음식을 판매하는 세계적인 레스토랑을 운영하다 보면, 세계적인 음식을 판매하는 지역 레스토랑을 운영할 때와는 다른 어려움을 겪을 수 있다. 특히 새로운 시장에 진입할 때는 고객의 입맛을 신중하게 연구하고, 하우스 바터란트처럼 독특한 체험을 개발하는 것도 중요하지만, 그 나라에서 요구하는 식품 유통

---

* 간단히 보자면 스칸디나비아 국가는 덴마크, 노르웨이, 스웨덴 3개국을 말하고 노르딕 국가는 스칸디나비아 3국과 핀란드와 아이슬란드를 포함한 5개국을 말한다.

법을 철저히 따르는 것도 중요한 문제다. 이케아의 경우, 말레이시아에 진출할 당시 시장을 잘 분석한 덕분에 초기에 좋은 반응을 얻었다. 많은 말레이시아 사람들이 이케아로 몰려들었고, 특히 미트볼의 반응이 뜨거웠다. 그러나 할랄 푸드* 업체와의 계약에 문제가 있었다. 고기 도축을 담당하는 공장에서 말레이시아의 할랄 인증 절차를 제대로 따르지 않은 바람에 2005년 말레이시아 정부의 단속에 걸려 미트볼 60상자를 압수당하고, 거액의 벌금을 물어야 했다. 이 사건으로 말레이시아의 이케아 매장은 2001년 소고기 파동을 겪은 맥도날드처럼[23] 초기에 한동안 어려움을 겪은 후에야 다시 성장세를 회복할 수 있었다. 공장에서 제조된 미트볼, 잼, 케이크가 스웨덴의 대표 음식이 될 수 있는가는 의문이지만, 많은 사람에게 노르딕의 입문 음식이 된 것만은 분명하다.

이케아의 미트볼이 공장에서 대량 생산되어 나오는 포장 식품이라면, 그 스펙트럼의 반대쪽 끝에는 '뉴 노르딕 퀴진'이 있다. 모든 요리를 손으로 직접 만드는 뉴 노르딕 퀴진은 2000년대 초 코펜하겐의 레스토랑 노마가 등장한 후로 세계적으로 큰 인기를 얻고 있다.

노마는 2003년 처음 문을 열 때, 모든 음식은 현지 식재료만 사용해서 만든다는 원칙을 세웠다. 그래서 노마의 요리에는 풀, 해초, 덩이줄기, 곤충, 이끼도 등장한다. 음식을 저장하고 보존 처리하는 방법도 코펜하겐의 춥고 흐린 날씨를 고려한 특별한 방법을 사용한

---

*   할랄은 이슬람교도들이 먹고 쓰는 것을 통틀어 이르는 말로, 이슬람 국가에서는 이슬람교도들이 먹거나 사용할 수 있도록 이슬람 율법에 따라 도살·처리·가공된 식품이라는 인증을 받아야 한다.

다. 노마는 요리와 형태 면에서 에스닉 식당*과 그 반대편의 중심에 서게 되었다. 기본적으로 그 지역의 문화와 지리적 특징을 토대로 식재료 본연의 맛을 중시하는 노르딕 요리를 제공한다. 뉴 노르딕 퀴진을 채택한 레스토랑들은 음식에 대해 그들이 추구하는 가치를 담은 '뉴 노르딕 선언'을 추구한다.

1) 순수함, 신선함, 단순함, 그리고 우리 지역에서 함께하기를 소망하는 윤리를 표현할 것
2) 우리가 만드는 음식에 계절의 변화를 반영할 것
3) 재료를 토대로 음식을 만들고, 특히 우리 기후와 땅, 물에서 나오는 특징이 훌륭하게 드러나도록 할 것
4) 건강과 웰빙에 대한 현대적 지식과 좋은 맛에 대한 요구를 결합할 것
5) 노르딕 생산물과 그 생산자들의 다양성을 장려하고 그 밑에 깔린 문화를 퍼뜨릴 것
6) 우리의 바다와 농장, 야생에서 동물복지와 건전한 생산 과정을 촉진할 것
7) 전통 노르딕 음식의 잠재 가능성을 개발할 것
8) 외국에서 들어오는 자극은 최고의 노르딕 요리법 및 전통 요리와 결합할 것
9) 지역 내의 자급자족과 지방 단위에서 생산되는 고품질 상품을 결합할 것

---

*   에스닉 음식은 이국적인 느낌의 제3세계 고유한 전통 음식을 말한다.

현지 가이드, 클리포드 쿨타드와 레스토랑 노마의 수석 셰프, 르네 레드제피가 호주 플린더스산맥에 있는 네파버나 랜드에서 음식 재료를 찾고 있다. 2010년 10월 3일.

10) 노르딕 국가에 사는 모든 사람을 위해 소비자, 요리장인, 농업, 어업, 음식 도소매업 종사자, 연구원, 교사, 정치인 및 이 프로젝트의 관계자가 힘을 합칠 것[24]

노마의 수석 셰프이자 공동 대표인 르네 레드제피René Redzepi는 뉴 노르딕 선언을 엄격하게 준수하며 손님들을 꾸준히 맞이했다. 노마는 2007년 세계 최고 레스토랑 리스트에 이름을 올렸다. 다음 해에는 미슐랭 스타 2개를 받았고, 이어서 2010년에는 월드 베스트 레스토랑 리스트에서 1위를 차지했으며, 그 외 전 세계 수많은 잡지의 표지를 장식했다.

노르딕 퀴진은 덴마크를 넘어 전 세계 요식업계에 열풍을 몰고 왔다. 뉴욕, 상하이 같은 대도시에서 노르딕 퀴진을 선보이는 많은 레스토랑이 문을 열었다(일부에서는 이 현상을 '스칸다마니아Scandamania'라고 부른다). 이 레스토랑들은 노르딕 선언을 구현한다는 명목 아래 레드제피가 신봉한 '순수함과 신선함, 단순함, 윤리'를 강조했으며, '노르딕 상품'을 사용하고, '외국에서 오는 자극을 노르딕 요리법 및 전통 요리'와 결합하려는 노력을 기울였다.[25] 이런 레스토랑에서는 주로 훈제 연어, 버섯 같은 자연 재료로 음식을 만들었는데, 심지어 순록 고기도 사용했다. 이렇게 만들어진 음식은 자연에서 영감을 받은 듯한 독특한 기하학적 형태로 플레이팅되어 나왔다. 그러나 어떤 의미에서 보면 이런 레스토랑에서 나오는 노르딕 퀴진은 노마가 구현하고자 한 노르딕 퀴진의 정반대편에 있다고 할 수 있다. 무엇보다 이런 곳에서는 지역에서 생산된 식재료가 아닌, 수입 식재료를 사용하는 경우가 많다. 노르딕 선언은 그 지역 문화와 그 지역의 특징이 살아 있는 음식, 계절에 맞은 음식, 지역 생산품, 동물복지, 환경보호 같은 가치를 중요하게 여긴다. 노르딕 퀴진의 특징은 노르딕 국가에 국한되지 않고 2000년대 전반에 걸쳐 전 세계 레스토랑에 폭넓게 나타났다.

어떤 면에서 뉴 노르딕 퀴진은 21세기형 파인 다이닝의 절정이라 할 수 있다. 21세기형 파인 다이닝은 정의하자면, 식감과 맛에 대한 기대를 이용한 완전히 새로운 스타일의 요리로, 지역 단위, 개별 공급원을 토대로 만들어진 요리다. 또한, 로컬 푸드 운동의 선구자인 데보라 매디슨처럼 지역 농부와 협력하는 추세를 따르고, 때로는 농부의 이름을 딴 메뉴를 제공한다. 즉 음식의 재료를 중심에 두며, 계속해서 변화하는 고객의 기대를 반영한다. 범세계적인 기호가 존재한다고 믿는 한편(모든 메뉴가 반드시 단일 문화의 전통 음식으로 규정되는 것은 아니므로), 지역에서 생산되는 식재료를 조달하는 데 많은 시간과 노력을 투자한다. 이렇게 음식의 재료에 집중하는 현상은 식품 생산의 세계화, 수익화, 균일화에 대한 관심, 그리고 지역의 식재료로 만들어진 음식의 맛과 문화적 가치에 대한 믿음에서 나온다. 이런 움직임 속에서 레스토랑 문화가 생태적, 경제적 이슈와 관련해 영향력을 행사하기도 하는데, 가령 미국에서는 건강함을 앞세운 치폴레 같은 체인점이 인기를 얻고 있으며, 메뉴에 원산지를 자세히 표기하는 시스템도 등장했다. 심지어 치킨을 주문할 때 닭 품종을 묻는 웃지 못할 풍경이 연출되거나, 원산지를 속이고 지역 식품 공급업자와 실제로 거래하지 않는 레스토랑은 매체에서 폭로되기도 한다. 레스토랑과 장기 계약을 맺고 식재료를 공급하는 새로운 형태의 젊은 세대 농부나 도시 지역 농부도 생겨나고 있다.

오늘날 노르딕 퀴진은 어떤 위치에 있을까? 북유럽 국가에서 북유럽 문화에 기반을 둔 음식을 먹는다는 것은 앞뒤가 맞는 말이다. 그러나 상하이에 있는 노르딕 레스토랑은, 즉 물리적으로 특정 지역에 기반을 두는 글로벌 퀴진은 뭔가 말이 맞지 않는다. 그런 의미에서 노마는 그들을 모방하며 탄생한 레스토랑들과는 다른 노선을 택했다.

노마는 일본과 호주, 멕시코에 단기간 운영되는 팝업 레스토랑을 자체적으로 열었다. 하지만, 노마는 멕시코 지점은 멕시코에서 생산되고, 멕시코에서 지속적으로 이용할 수 있는 재료로만 음식을 만들었다. 이때 '뉴 노르딕'이라는 명칭은 파리 조약이나 독일역사학파라는 용어처럼 특정 국가나 지역을 의미하기보다 어떤 접근법을 의미했다. 멕시코, 호주, 일본의 노마는 식재료뿐 아니라 식기류도 지역에서 조달하기 위해 지역 업체들과 관계를 구축하고, 지역 농민, 지역 채집자, 지역 기능공의 손을 거쳐서 나오는 요리를 만들었다. 멕시코 지점의 메뉴에는 꿀벌 애벌레가 나오고, 호주 지점의 메뉴에는 녹색 개미가 나온다. 레드제피는 뉴 노르딕 선서의 지역적이고 지속 가능한 원칙을 계속해서 전면에 내세우고 있지만, 전 세계의 다른 노르딕 레스토랑들은 여전히 순록과 딜 허브를 넣은 감자 요리를 제공하고 있다.

다른 문화권의 음식을 먹는다는 것은 중국에서 레스토랑이 처음 시작된 이래로 레스토랑 문화의 주요 특징이 되어 왔다. 레스토랑을 찾은 손님은 선택할 메뉴가 있고, 그 메뉴를 전문으로 하는 요리사가 있는 곳에 있음으로써 음식 문화를 탐구할, 혹은 그 음식이 유래한 나라의 문화를 경험할 기회를 얻는다. 레스토랑을 운영하고 관리하는 사람들은 특정 민족의 전통 음식이 다른 나라에서도 사랑받는 음식이 될 수 있는 방식으로 친숙한 것과 새로운 것을 조합하는 경험들을 세심하고 정교하게 설계한다.

레스토랑의 역사를 논한다는 것은 필연적으로 외식 문화의 미래를 점쳐 보는 과정으로 이어진다. 미래의 먹거리가 어떤 모습일 것인가는 사업가, 문화 비평가, 그리고 외식 문화에 직간접적으로 관련되는 모든 사람에게 언제나 흥미로운 주제였다. 특히 1980년대는 미래 음식에 관한 관심이 급증한 시기다. 디즈니랜드 앱콧 센터의 레스토랑에서는 손바닥만 한 컴퓨터로 주문을 받았고, 우주 아이스크림이 나왔을 때는 솔직히 어른들이 보기에는 별로였지만, 아이들의 반응이 열광적이었으며(우주비행사들은 좋아하지 않았다), 지구 음식에 가까운 우주식을 개발하기 위해 심혈을 기울여 온 나사에서는 코넬 대학교 무스우드 레스토랑 메뉴에서 직접적인 영감을 얻었다. 그로부터 40년 전, 지배인계의 대부 오스카 스쳐키는 우주 아이스크림이라는 아이디어에 도전장을 내밀었다.

"나는 미래에 알약 하나로, 혹은 압축된 음식으로 식사를 대신한다고 예측하는 사람들의 말에 동의하지 않는다. 음식이 진화해 온 과정 전체가 그것을 부정한다. 그런 방법이 나온다면 인간은 정말 살기 위해 먹는다는 낡은 생각으로 돌아간다는 것을 의미한다."**1**

　스쳐키는 레스토랑에 어떤 중요한 의미가 있는지 정확히 파악했다고 할 수 있다. 레스토랑은 음식을 섭취하는 인간의 행위가 단순히 생명 활동 이상을 의미한다는 것을 보여 주는 곳이다. 중국 초기의 레스토랑, 19세기 파리의 다양한 음식점, 채식주의자들의 안식처 게스신교에서도 살펴보았듯이 실내장식이나 디자인, 분위기 같은 요소는 줄곧 레스토랑의 역사에서 주요 관심사가 되어 왔다. 그러나 노동력과 관련된 측면은 폭넓은 변화를 보였다. 우리는 이 책 전반에 걸쳐 레스토랑 종업원에 관해 직업 전문가로서의 모습, 특별한 주목을 받지 못하는 직업인, 손님이 종업원의 역할을 대신하는 비즈니스 모델 등 다양한 관점을 살펴보았다. 또, 주방과 예술, 주방과 기계의 만남도 살펴보았다. 약 1,000년에 걸쳐 중국 상인에서 덴마크 요리사에 이르기까지 여행이 레스토랑의 탄생과 발전에 미친 영향도 알게 되었다. 그러므로 미래의 외식이 우주에서 이루어지는 모습도 상상해 볼 수 있을 것이다. 과거 십여 년간 푸드 트럭, 대형 쇼핑몰의 식품매장이 폭발적으로 증가했고, 최근에는 SNS로 관심사가 비슷한 사람들이 만나 식사를 하면서 친분을 맺는 '소셜 다이닝'도 점차 증가하는 추세다. 이런 레스토랑의 특징들을 종합해 보면, 앞으로의 노동력 모델이나 식당의 형태, 요리의 종류, 주방의 설비는 2020년의 카이펑도 1020년의 커이펑만큼이나 다양한 모습을 보일 것이다.

감 / 사 / 의 / 말

레스토랑의 역사에 관한 많은 정보를 보관하고 접근할 수 있게 하여 우리의 작업을 가능하게 해 준 도서관, 문서 보관소, 박물관, 역사 연구단체에 속한 모두에게 감사 인사를 전하고 싶다. 이 책이 나오기까지 사려 깊은 반응과 편집자의 시각으로 우리를 격려해 준 브랜든 웍스와 마리아 스텀에게 마음 깊이 감사한다. 편집을 도와준 트레버 무노즈와 리사 쇼어, 기술적 도움을 제공한 모리츠 쇼어, 그 외 우리의 질문에 답하고 정보 제공처를 안내해 준 많은 친구와 동료에게도 감사 인사를 전한다. 이 책을 쓰도록 권유해 준 마이클 리먼에게도 감사드린다. 《미각의 역사》를 쓴 폴 프리드먼에게는 큰 신세를 졌다. 외식 문화에 관한 글을 쓸 수 있게 기회를 준 그에게 고개 숙여 감사한다. 마지막으로 브린모어 대학교, 펜실베이니아 대학교, 에모리 대학교의 도서관 관계자들과 '도서관 및 정보 서비스 협회'에서 도서관을 위하는 시각으로 세계적인 문화유산 공동체를 육성해 온 우리의 훌륭한 동료들에게 감사의 마음을 전한다.

1장. 레스토랑의 초기 역사

1   Lizzie Wade, 'How Sliced Meat Drove Human Evolution', *Science News* (9 March 2016); Kenneth F. Kiple and Kriemhild Coneè Ornelas, *Cambridge World History of Food* (Cambridge, 2000), p. 1571.

2   Susan Pollock, 'Between Feasts and Daily Meals: Toward an Archaeology of Commensal Spaces', *eTopoi: Journal for Ancient Studies*, Special Volume ii (2012), pp. 1–20.

3   Maria Bianca D'Anna, 'Between Inclusion and Exclusion: Feasting and Redistribution of Meals at Late Chalcolithic Arslantepe (Malatya, Turkey)', *eTopoi: Journal for Ancient Studies*, Special Volume ii (2012), pp. 97–123.

4   Quoted in Pollock, 'Between Feasts and Daily Meals', p. 9.

5   Quoted ibid., pp. 4–6.

6   James Davidson, *Courtesans and Fishcakes: The Consuming Passions of Classical Athens* (New York, 1998), pp. 43–9.

7   Quoted ibid., pp. 48–9.

8   Ibid., p. 20.

9   Clare F. Kelly-Blazeby, 'Tavernas in Ancient Greece c. 475–146 bc: An Archaeological Perspective', *Assemblage*, vi (2001), pp. 69–83.

10   Quoted in Davidson, *Courtesans and Fishcakes*, p. 58.

11   Jodi Campbell, *At the First Table: Food and Social Identity in Early Modern Spain* (Lincoln, ne, 2017), p. 45.

12   Helen Saberi, *Tea: A Global History* (London, 2010); Paulina B. Lewicka, *Food and Foodways of Medieval Cairnes: Aspects of Life in an Islamic Metropolis of the Eastern Mediterranean* (Leiden, 2011).

13   Jacques Gernet, *Daily Life in China on the Eve of the Mongol Invasion, 1250–1276* (Stanford, ca, 1962), p. 50.

14   Beat Kűmin, *Drinking Matters: Public Houses and Social Exchange in Early Modern Europe* (New York, 2007).

15   Cong Ellen Zhang, *Transformative Journeys: Travel and Culture in Song China* (Honolulu, hi, 2011), p. 116.

16   Miguel de Cervantes, *Don Quixote*, trans. Edith Grossman (New York, 2003), p. 29.

17   Miguel de Cervantes, *The History of that Ingenious Gentleman, Don Quijote de la Mancha*, trans. Burton Raffel (New York, 1966), p. 660.

18   Beat Kümin, 'Eating Out Before the Restaurant: Dining Cultures in Early Modern Inns', in *Eating Out in Europe: Picnics, Gourmet Dining and Snacks since the Late Eighteenth Century*, ed. M. Jacobs and P. Scholliers (Oxford, 2003), pp. 71–87.

19   Stephen H. West, 'Playing with Food: Performance, Food, and the Aesthetics of Artificiality in the Sung and Yuan', *Harvard Journal of Asiatic Studies*, lvii /1 (June 1997), pp. 67–106; Gernet, *Daily Life in*

China; Cho-yun Hsu, *China: A New Cultural History* (New York, 2012). There are three contemporary accounts written in 1235, 1253 and 1275, the latter two about Hangzhou. West reports that in *Donging meng Hua lu* (about Kaifeng) 'nearly half of the eighty-six entries deal wholly or in part with food or restaurants . . . with the daily life of a leisured and affluent class of consumers in Kaifeng', p. 69. Although there has been some disagreement about the veracity of Marco Polo's account – he clearly does exaggerate at times – Cho-yun Hsu states: 'Marco Polo's account of the flourishing, lively and exciting nature of the nature of cities of Yuan China is in complete accord with Chinese records', p. 289.

20 West, 'Playing with Food', p. 72.

21 Quoted ibid., pp. 73–4.

22 Ibid., p. 71.

23 Ibid., pp. 72, 91.

24 Ibid., p. 92.

25 Quoted in Gernet, *Daily Life in China*, p. 48.

26 Quoted ibid., p. 49.

27 Gernet, *Daily Life in China*, p. 49.

28 Quoted in West, 'Playing with Food', p. 94.

2장. 프랑스 초기의 레스토랑

1 Quoted in Rebecca L. Spang, *The Invention of the Restaurant: Paris and Modern Gastronomic Culture* (Cambridge, ma, 2000), p. 22.

2 Francis William Blagdon, *Paris As It Was and As It Is* (Paris, 1803), p. 439

3 Spang, *The Invention of the Restaurant*, p. 22.

4   Jean Anthelme Brillat-Savarin, *A Handbook of Gastronomy* (*Physiologie du goût*), trans. Charles Monselet (Boston, ma, 1915), p. 299.

5   Blagdon, *Paris As It Was*, p. 441.

6   Caroline Mathilda Stansbury Kirkland, 'Sightseeing in Europe: Glimpses of Paris', *Union Magazine* (November 1848), p. 197.

7   Priscilla Parkhurst Ferguson, Accounting for Taste: *The Triumph of French Cuisine* (Chicago, il, 2004), p. 95.

8   William Walton, *Paris from the Earliest Period to the Present Day* (Philadelphia, pa, 1899).

9   Blagdon, *Paris As It Was*, pp. 160–61.

10   Marjorie. S. Coryn, *The Marriage of Josephine* (New York, 1945).

11   Shelby T. McCloy, *French Inventions of the Eighteenth Century* (Lexington, ky, 1952) pp. 109–10.

12   Thomas Webster, *An Encyclopaedia of Domestic Economy* (London, 1815), p. 18.

13   Julian Barnes, *Metroland* (New York, 1992), p. 93.

14   Auguste Luchet, quoted in Spang, *The Invention of the Restaurant*, p. 245.

15   Caroline M. Kirkland, *Holidays Abroad; or, Europe from the West* (New York, 1854).

16   Guy de Maupassant, *Bel Ami; or, The History of a Scoundrel* (Akron, oh, 1903).

17   Blagdon, *Paris As It Was*, pp. 442–3.

18   Ibid.

19   Ibid., pp. 441–2.

20   Honoré de Balzac, *A Distinguished Provincial at Paris*, vol. xiii : *The Works of Honoré de Balzac*, ed. George Saintsbury (New York, 1915), p. 18.

21 Spang, *The Invention of the Restaurant*, pp. 133–7.

22 Sam Ward, quoted in Lately Thomas, *Delmonico's: A Century of Splendor* (Boston, ma, 1967), p. 46.

23 Guy Deghy and Keith Waterhouse, *Café Royal: Ninety Years of Bohemia* (London, 1955), p. 27.

3장. 엘리트 계층의 외식 문화와 레스토랑의 대중화

1 James Jackson Jarves, *Parisian Sights and French Principles Seen through American Spectacles* (New York, 1856), pp. 16–18.

2 Andrew P. Haley, *Turning the Tables: Restaurants and the Rise of the American Middle Class, 1880–1920* (Chapel Hill, nc, 2011), p. 22.

3 Ibid., p. 38.

4 Arthur Ransome, *Oscar Wilde: A Critical Study* (London, 1912), p. 153.

5 Guy Deghy and Keith Waterhouse, *Café Royal: Ninety Years of Bohemia* (London, 1955), p. 31.

6 Edwina Ehrman et al., *London Eats Out: 500 Years of Capital Dining* (London, 1999), p. 79.

7 Marie Louis Ritz, *César Ritz: Host to the World* (Philadelphia, pa, 1938), p. 112.

8 John Timbs, *Clubs and Club Life in London; with Anecdotes of its Famous Coffee Houses, Hostelries, and Taverns, from the Seventeenth Century to the Present Time* (London, 1872), p. 1.

9 David S. Shields, 'Anglo-American Clubs: Their Wit, Their Heterodoxy, Their Sedition', *William and Mary Quarterly*, li/251 (1994), pp. 293–304.

10 Quoted in Timbs, *Clubs and Club Life in London*, p. 127.

11 James R. Smith, 'Tales of San Francisco: The Poodle Dog Restaurant',

www.historysmith.com, accessed 1 December 2017.

12   David G. Dalin and Charles A. Fracchia, 'Forgotten Financier: François L. A. Pioche', *California Historical Quarterly*, liii/1 (1974), p. 20.

13   Smith, 'Tales of San Francisco'.

14   Walton E. Bean, 'Boss Ruef, the Union Labor Party, and the Graft Prosecution in San Francisco, 1901–1911', *Pacific Historical Review*, xvii/4 (1948), pp. 443–55.

15   Corinne K. Hoexter, *From Canton to California* (New York, 1976), p. 8; Haiming Liu and Huping Ling, *From Canton Restaurant to Panda Express: A History of Chinese Food in the United States* (Camden, nj, 2015), pp. 15–17.

16   'History of the Hotel Metropol', http://metropolmoscow.ru, accessed 28 April 2018. See http://new.metropol-moscow.ru/en/history for the date '1905'.

17   Kelly Erby, *Restaurant Republic: The Rise of Public Dining in Boston* (Minneapolis, mn, 2016), p. 67.

18   'Mrs Blatch to Sue the Hoffman House', *New York Times* (6 August 1907).

19   'Hotels May Bar Lone Women Diners: Jury Quickly Decides Against Mrs Harriet Stanton Blatch, Who Sued the Hoffman House', *New York Times* (6 February 1908).

20   G. Sudley, *Munsey's Magazine* (1901), quoted in Haley, *Turning the Tables*, p. 157.

21   Haley, *Turning the Tables*.

22   Erby, *Restaurant Republic*, p. 68.

23   Haley, *Turning the Tables*, p. 55.

24   Jan Whitaker, 'Domesticating the Restaurant: Marketing the Anglo-

American Home', in *From Betty Crocker to Feminist Food Studies: Critical Perspectives on Women and Food*, ed. Avakian Arlene Voski and Haber Barbara (Amherst, ma, 2005), p. 90.

25   Ibid., p. 91.

26   Haley, *Turning the Tables.*

27   Antonio Mattozzi, *Inventing the Pizzeria: A History of Pizza Making in Naples* (London, 2015), p. 32.

28   Ibid.

29   Simone Cinotto, 'Serving Ethnicity: Italian Restaurants, American Eaters, and the Making of an Ethnic Popular Culture', in *The Italian American Table: Food, Family, and Community in New York City* (Chicago, il, 2013).

30   *Die Gebemnisse von Philadelphia* (Philadelphia, pa, 1850). Translation authors' own.

4장. 메뉴와 요리사

1   Oli Stratford, 'Ferran Adrià and Experiments in Design', *Disegno Daily* (3 May 2013).

2   Gary S. Cadwallader and Joseph R. Justice, 'Stones for the Belly: Kaiseki Culture for Tea During the Early Edo Period', in *Japanese Foodways, Past, and Present*, ed. Stephanie Assmann and Eric C. Rath (Urbana, il, 2010), pp. 68–91.

3   Gerald Groemer, *Edo Culture: Daily Life and Diversions in Urban Japan, 1600–1868* (Honolulu, hi, 1997).

4   Cadwallader and Justice, 'Stones for the Belly', pp. 71–4.

5   Eric C. Rath, 'Reevaluating Rikyū: Kaiseki and the Origins of Japanese

Cuisine', *Journal of Japanese Studies*, xxxix /1 (2013), pp. 67–96; Eric C. Rath, *Food and Fantasy in Early Modern Japan* (Berkeley, ca, 2010).

6   Antoine Carême, quoted in Sutherland Menzies, 'A Chat About Good Cheer', *Fraser's Magazine*, 24 (1881), p. 763.

7   Ruth Cowen, *Relish: The Extraordinary Life of Alexis Soyer, Victorian Celebrity Chef* (London, 2006).

8   Alexis Soyer, *The Gastronomic Regenerator* (London, 1847), p. 715.

9   'Haute cuisine', in the *Oxford English Dictionary*.

10 Auguste Escoffier, *Auguste Escoffier: Memories of My Life* (New York, 1997), p. 117.

11 Ferran Adrià, Juli Soler and Albert Adrià, *A Day at elBulli: An Insight into the Ideas, Methods, and Creativity of Ferran Adrià* (New York, 2008), p. 272.

12 Silviya Svejenova, Carmelo Mazza and Marcel Planellas, 'Cooking up Change in Haute Cuisine: Ferran Adrià as an Institutional Entrepreneur', *Journal of Organizational Behavior*, xx viii/5 (2007), pp. 539–61.

13 Salvador Domenech Philippe Hyacinthe Dalí, *Les Diners de Gala*, trans. J. Peter Moore (Cologne, 2016), p. 10.

14 'The Story of elBulli: Our Story from 1961 to Today', www.elbulli.com, accessed 1 December 2017.

15 Ibid.

5장. 지배인, 웨이터, 웨이트리스

1   J. Stopford, 'Some Approaches to the Archaeology of Christian Pilgrimage', *World Archaeology*, xx vi/1 (1994), pp. 57–72; Beth Archer Brombert, 'The Pilgrim's Food', in *Medieval Tastes: Food Cooking, and the*

Table, ed. Massimo Montanari (New York, 2012), pp. 172–6.

2   Amy Stanley, *Selling Women: Prostitution, Markets, and the Household in Early Modern Japan* (Berkeley, ca, 2012).

3   'Naniwaya Okita Teahouse Waitress', www.metmuseum.org, accessed 1 December 2017.

4   Laura Nenz Detto Nenzi, *Excursions in Identity: Travel and the Intersection of Place, Gender, and Status in Edo Japan* (Honolulu, hi, 2008).

5   J. Weintraub, 'The Restaurants of Paris: A Translation from *Paris à table*', *Gastronomica* (Spring 2014), p. 41.

6   Quoted in Andrew P. Haley, *Turning the Tables: Restaurants and the Rise of the American Middle Class, 1880–1920* (Chapel Hill, nc, 2011), p. 26.

7   George G. Foster, *New York in Slices* (New York, 1849).

8   Abram Child Dayton, *Last Days of Knickerbocker Life in New York* (New York, 1882), p. 110.

9   Dorothy Sue Cobble, *Dishing it Out: Waitresses and their Unions in the Twentieth Century* (Urbana, il, 1991), p. 207.

10   Karl Gratzer, 'Agents of Change: Inventors, Entrepreneurs, Financiers, and Small Business Owners in the Beginning of the Swedish Fast Food Industry', in *Soziologie des Wirtschaftlichen*, ed. Dieter Bögenhold (Wiesbaden, 2014), pp. 329–60.

11   E. A. Brininstool, 'The Restaurant Girl', reprinted in *The Mixer and Server*, xii (1903), p. 27.

12   'A Bloomer-clad Waitress', *New York Times* (17 November 1895).

13   Andrew Gordon, 'Consumption, Leisure and the Middle Class in Transwar Japan', *Social Science Japan Journal*, x/1 (2007), pp. 1–21.

14 Elise K. Tipton, 'Pink Collar Work: The Café Waitress in Early Twentieth Century Japan', *Intersections: Gender and Sexuality in Asia and the Pacific*, vii (March 2002).

15 Louise Edwards, 'Policing the Modern Woman in Republican China', *Modern China*, xx vi/2 (2000), pp. 115–47.

16 Di Wang, '"Masters of Tea": Teahouse Workers, Workplace Culture, and Gender Conflict in Wartime Chengdu', *Twentieth-century China*, xxix /2 (1 April 2004), pp. 89–136; Shiling McQuaide, 'The Battle over the Employment of Waitresses in Beijing, China, during the 1930s', *Histoire Sociale/Social History*, xlii/85 (19 November 2010), pp. 65–95.

17 Stephen Fried, *Appetite for America: How Visionary Businessman Fred Harvey Built a Railroad Hospitality Empire That Civilized the Wild West* (New York, 2010), p. 67.

18 Fried, *Appetite for America*, p. 89; Lesley Poling-Kempes, *The Harvey Girls: Women Who Opened the West* (New York, 1989), p. 56.

19 Poling-Kempes, *The Harvey Girls*, p. 84.

20 Ibid., p. 43.

21 Ibid., pp. 39, 43, 94.

22 Ibid., p. 40.

23 Quoted in Audrey Russek, 'Domestic Restaurants, Foreign Tongues: Performing African and Eating American in the U.S. Civil Rights Era', in *Dethroning the Deceitful Pork Chop: Rethinking African American Foodways from Slavery to Obama*, ed. Jennifer Jensen Wallach (Little Rock, AR, 2015).

24 Kerry Segrave, *Tipping: An American Social History of Gratuities* (Jefferson, nc, 1998); David E. Sutton, 'Tipping : An Anthropological

Meditation', in *The Restaurants Book: Ethnographies of Where We Eat*, ed. David Beriss and David E. Sutton (Oxford, 2007).

25 Harumi Befu, 'An Ethnography of Dinner Entertainment in Japan', *Arctic Anthropology*, xi (1974), pp. 196–203.

6장. 로드 푸드

1 Psyche A. Williams-Forson, Building *Houses out of Chicken Legs: Black Women, Food, and Power* (Chapel Hill, nc, 2006), pp. 32–4.

2 Anthony Trollope, *He Knew He Was Right* (London, 1869).

3 Madhulika Dash, 'From Railway Mutton Curry to Bedmi-aloo: When Railway Food Was an Affair to Remember', *Indian Express* (30 October 2014).

4 Stephen Fried, *Appetite for America: How Visionary Businessman Fred Harvey Built a Railroad Hospitality Empire That Civilized the Wild West* (New York, 2010), p. 41.

5 Jeri Quinzio, *Food on the Rails: The Golden Era of Railroad Dining* (Lanham, md, 2014), p. 29.

6 'Paderewski Chef Quits Pullman Job', *New York Times* (3 January 1928).

7 Fried, *Appetite for America*, p. 41.

8 Lesley Poling-Kempes, *The Harvey Girls: Women Who Opened the West* (New York, 1989), p. 31.

9 Fried, *Appetite for America*, p. 49.

10 Ibid., pp. 50, 118.

11 Kara Newman, 'Cattle Call', in *The Secret Financial Life of Food: From Commodities Markets to Supermarkets* (New York, 2013), pp. 91–105.

12　Fried, *Appetite for America*, pp. 65, 93.

13　Ibid., p. 93.

14　Ibid., p. 95.

15　Ibid., p. 94.

16　Poling-Kempes, *The Harvey Girls*, p. 41.

17　Ibid., p. 42.

18　Ibid., p. 46.

19　John A. Jakle and Keith A. Sculle, *Fast Food: Roadside Restaurants in the Automobile Age* (Baltimore, md, 2002), p. 37.

20　Ibid.

21　Ibid., pp. 44–5.

22　'Plan for State-wide Clean-up Roadside Refreshment Stands', *New Castle News* (6 August 1928), p. 6; '"Hot Dog" Not So Hot', *Freeport Journal-Standard* (14 December 1929), p. 8; 'Save the "Hot Dog"', *Scranton Republican* (27 July 1929), p. 8; 'Feeding Motorists Big Business', *Greenwood Commonwealth* (28 November 1929), p. 4.

23　Andrew Hurley, 'From Hash House to Family Restaurant: The Transformation of the Diner and Post-world War ii Consumer Culture', *Journal of American History*, lxxxiii /4 (1997), pp. 1282–308.

24　Herbert R. Lottman, *Michelin Men Driving an Empire* (London, 2003); 'Follow the Guide', www.michelin.com, accessed 1 December 2017.

25　John Colapinto, 'Lunch with M: Undercover with a Michelin Inspector', *New Yorker* (23 November 2009).

26　Duncan Hines, *Duncan Hines' Food Odyssey* (New York, 1955), p. 26.

27　Julian Bond, quoted in 'Recalling "Green Book," Guide for Black Travelers', *New York Times* (23 August 2010).

28 Priscilla Parkhurst Ferguson, 'Michelin in America', *Gastronomica*, viii/1 (2008), pp. 49–55.

7장. 레스토랑과 기술혁명

1   Adam Hart-Davis, *Henry Winstanley and the Eddystone Lighthouse* (Gloucester, 1980); Hazel Forsyth, *London Eats Out: 500 Years of Capital Dining* (London, 2003), p. 28.

2   'Staging a Popular Restaurant', *Theatre* (October 1912).

3   'Theft by Women', *Chicago Daily Tribune* (10 October 1895); 'Honesty Not Their Policy', *Chicago Daily Tribune* (12 January 1896); 'Goes on the Cafeteria Plan', *Chicago Daily Tribune* (13 January 1895).

4   Angelika Epple, 'The "Automat": A History of Technological Transfer and the Process of Global Standardization in Modern Fast Food around 1900', *Food and History*, vii/2 (January 2009), pp. 97–118.

5   Carl Wilson, *The Economical European Guide* (Philadelphia, pa, 1913), p. 57.

6   Lawrence P. Spingarn, 'Horn and Hardart', *Salmagundi*, 65 (1984), pp. 119–20.

7   Karl Gratzer, 'Agents of Change: Inventors, Entrepreneurs, Financiers, and Small Business Owners in the Beginning of the Swedish Fast Food Industry', *Soziologie des Wirtschaftlichen*, ed. Dieter Bögenhold (Wiesbaden, 2014), pp. 329–60.

8   Patti Smith, *Just Kids* (New York, 2010), p. 123.

9   'History of Food Chemistry in Germany: Insititut für Lebensmittelchemie', ilc.unihohenheim.de, accessed 29 March 2017.

10 Horn & Hardart Baking Co. v. Lieber, 25 F. 2d 449 (Circuit Court of

Appeals, 3rd Circuit 3704).

11   Justin Gifford, '"He Jerked His Pistol Free and Fired It at the Pavement":
      Chester Himes and the Transformation of American Crime Literature',
      in *Pimping Fictions: African American Crime Literature and the Untold
      Story of Black Pulp Publishing* (Philadelphia, pa, 2013), pp. 14–39.

12   Quoted in Karl Gratzer, 'Agents of Change'.

13   Alec Tristin Shuldiner, 'Trapped Behind the Automat: Technological
      Systems and the American Restaurant, 1902–1991', PhD thesis, Cornell
      University, ny, 2001, p. 69.

14   Karl Gratzer, 'Agents of Change'.

15   John Daub, 'Japan's All-vending Machine, Nostaff Restaurant Serving Up
      Cheap Eats', www.tokyocheapo.com, accessed 1 December 2017.

16   Sarah Fritsche, 'Fast Food Reinvented? Eatsa, a Fully Automated
      Restaurant, Now Open', https://insidescoop.sfgate.com (31 August 2015).

17   Saki Matsukawa, 'Japanese Consumers as Technology Innovators', PhD
      thesis, Texas State University, 2009, p. 26.

18   John P. McDonald, *Flameout: The Rise and Fall of Burger Chef* (2011);
      Andrew F. Smith, *Food and Drink in American History: A 'Full Course'
      Encyclopedia* (Santa Barbara, ca, 2013); John A. Jakle and Keith A. Sculle,
      Fast Food: Roadside Restaurants in the Automobile Age (Baltimore, md,
      2002).

19   Hidemine Takahashi, 'It Started in Japan: Conveyorbelt Sushi', *Nipponia*,
      15 (2000), p. 18.

20   Adel P. den Hartog, 'Technological Innovations and Eating Out', in *Eating
      Out in Europe: Picnics, Gourmet Dining and Snacks since the Late
      Eighteenth Century*, ed. Marc Jacobs and Peter Scholliers (Oxford, 2003),

pp. 263–80.

21 Jacques Pépin, *The Apprentice: My Life in the Kitchen* (Boston, ma, 2003), pp. 158–9.

22 See www.facebook.com/pralusgeorges; Amanda Hesser, 'Under Pressure', *New York Times* (14 August 2005); Scott Haas, 'Better Dining through Chemistry', *Gastronomica*, vi/4 (2006), pp. 74–7.

23 Georgina Ferry, *A Computer Called leo: Lyons Teashops and the World's First Office Computer* (London, 2003), p. 12.

24 Ibid., p. 120.

25 Ibid., p. 125.

26 J. C. Tweedell, 'A New Ice Cream Installation: England's Leading Restaurateur Finds Many Uses for Refrigeration', *Refrigeration Engineering*, xxix –xxx (1935).

27 Ferry, *A Computer Called leo*, p. 125.

8장. 패스트푸드와 슬로푸드

1 George Ritzer, *The McDonaldization of Society* (London, 1998), pp. 9–11.

2 John F. Love, *McDonald's: Behind the Arches* (New York, 1986), p. 11.

3 Ibid., pp. 14–15.

4 Andrew Hurley, 'From Hash House to Family Restaurant: The Transformation of the Diner and Post-World War ii Consumer Culture', *Journal of American History*, lxxxiii /4 (1997), pp. 282–308.

5 Love, *McDonald's*, p. 12.

6 Ibid., p. 16.

7 Ritzer, *The McDonaldization of Society*, p. 30; Love, *McDonald's*, p. 18.

8 Love, *McDonald's*, p. 17.

9 Ritzer, *The McDonaldization of Society*, p. 36.

10 Love, *McDonald's*, pp. 21–5.

11 Ibid., pp. 26–9, 40.

12 John A. Jakle and Keith A. Sculle, *Fast Food: Roadside Restaurants in the Automobile Age* (Baltimore, md, 2002), p. 70.

13 Ritzer, *The McDonaldization of Society*, p. 32.

14 Love, *McDonald's*, pp. 308–10.

15 Ibid., pp. 418–36.

16 James L. Watson, *Golden Arches East: McDonald's in East Asia* (Stanford, ca, 1997), pp. 25–9.

17 Ibid., p. 2.

18 'The Zen of Shojin Cuisine', *Special to The Daily Yomiuri* (30 November 2002).

19 Trish Hall, 'Vegetarianism: More Popular, If Less Pure', *New York Times* (25 March 1987).

20 'The Zen of Shojin Cuisine'.

21 Kelly Horan, 'Vegetables Are Genius: A Zen Chef Cooks toward Enlightenment', *Gastronomica*, vi/4 (Autumn 2006), p. 26.

22 Julian Ryall, 'A Life in the Day: Toshio Tanahashi', *Sunday Times* (18 April 2004).

23 John T. Edge, 'Pig, Smoke, Pit: This Food's Seriously Slow', *New York Times* (9 June 2009).

9장. 요리의 세계화

1   Krishnendu Ray, *The Ethnic Restaurateur* (London, 2016), p. 11.

2   Ibid., p.12.

3   Adam McKeown, *Chinese Migrant Networks and Cultural Change: Peru, Chicago, and Hawaii, 1900–1936* (Chicago, il, 2001).

4   Isabelle Lausent-Herrera, 'Tusans (tusheng) and the Changing Chinese Community in Peru', *Journal of Chinese Overseas*, vii/1 (2009), pp. 115–52.

5   Andrew R. Wilson, *The Chinese in the Caribbean* (Princeton, nj, 2004), p. 148.

6   Andrew Coe, *Chop Suey: A Cultural History of Chinese Food in the United States* (New York, 2009), p. 97.

7   Ibid., p. 104.

8   Ibid., pp. 109–10.

9   Ibid., p. 104; Haiming Liu and Huping Ling, *From Canton Restaurant to Panda Express: A History of Chinese Food in the United States* (Camden, nj, 2015), pp. 18–28.

10 As quoted in Coe, *Chop Suey*, p. 157.

11 Coe, *Chop Suey*, p. 166.

12 Ibid., p. 170.

13 Ibid., pp. 222–40.

14 J.A.G. Roberts, *China to Chinatown: Chinese Food in the West* (London, 2002), pp. 141–3, 156.

15 'Lunch with the Celestials', *The Pall Mall Budget* (11 July 1884), p. 14.

16 Roberts, *China to Chinatown*, pp. 159, 172.

17   Ligaya Mishan, 'Asian-American Cuisine's Rise, and Triumph', www.nytimes.com (10 November 2017).

18   Translation by Elliott Shore.

19   Dan Morgenstern, '"I Saw Gypsy Rose Lee Do a Political Striptease"', in *Cafe Society*, ed. Barney Josephson and Terry Trilling-Josephson (Urbana, il, 2009), pp. 18–22.

20   *The Times* (8 May 1905), p. 1; *Illustrated Sporting and Dramatic News* (29 April 1905), p. 10.

21   Siegfried Kracauer, *The Salaried Masses: Duty and Distraction in Weimar Germany*, trans. Quintin Hoare (New York, 1998). pp. 92–3.

22   Henry Notaker, *Food Culture in Scandanavia* (Westport, ct, 2009), p. 133.

23   The company claimed it had switched to vegetable oil in 1990, despite still using beef tallow. It was subsequently sued, and faced the outrage of vegetarians and Hindus worldwide. See Luke Harding, 'Hindus Angered by Burger Chain's Beef Lie', www.theguardian.com (24 May 2001).

24   'The New Nordic Food Manifesto: Nordic Cooperation', www.norden.org, accessed 26 April 2017.

25   Ibid.

맺음말

1   Oscar Tschirky, 'Promise for the Epicure', *New York Times* (5 March 1939).

Adrià, Ferran, Juli Soler and Albert Adrià, A Day at elBulli: An Insight into the Ideas, Methods and Creativity of Ferran Adrià (New York, 2008)

Assmann, Stephanie, and Eric C. Rath, Japanese Foodways, Past, and Present (Urbana, il, 2010)

Beriss, David, and David Sutton, eds, The Restaurants Book: Ethnographies of Where We Eat (Oxford, 2007)

Campbell, Jodi, At the First Table: Food and Social Identity in Early Modern Spain (Lincoln, ne, 2017)

Cobble, Dorothy Sue, Dishing it Out: Waitresses and Their Unions in the Twentieth Century (Urbana, il, 1991)

Cowen, Ruth, Relish: The Extraordinary Life of Alexis Soyer, Victorian Celebrity Chef (London, 2006)

Davidson, James, Courtesans and Fishcakes: The Consuming Passions of Classical Athens (New York, 1998)

Ehrman, Edwina, Hazel Forsyth, Lucy Peltz and Cathy Ross, London Eats Out: 500 Years of Capital Dining (London, 1999)

Ferguson, Priscilla Parkhurst, Accounting for Taste: The Triumph of French
     Cuisine (Chicago, il, 2004)

Freedman, Paul, ed., Food: The History of Taste (Berkeley and Los Angeles, ca,
     2007)

——, Ten Restaurants That Changed America (New York, 2016)

Fried, Stephen, Appetite for America: How Visionary Businessman Fred Harvey
     Built a Railroad Hospitality Empire that Civilized the Wild West (New
     York, 2010)

Haley, Andrew P., Turning the Tables: Restaurants and the Rise of the American
     Middle Class, 1880–1920 (Chapel Hill, nc, 2011)

Jacobs, M., and Peter Scholliers, eds, Eating Out in Europe: Picnics, Gourmet
     Dining and Snacks since the Late Eighteenth Century (Oxford, 2003)

Jakle, John A., and Keith A. Sculle, Fast Food: Roadside Restaurants in the
     Automobile Age (Baltimore, md, 2002)

Kumin, Beat, Drinking Matters: Public Houses and Social Exchange in Early
     Modern Europe (New York, 2007)

Lewicka, Paulina B., Food and Foodways of Medieval Cairenes: Aspects of Life
     in an Islamic Metropolis of the Eastern Mediterranean (Leiden, 2011)

Liu, Haiming, and Huping Ling, From Canton Restaurantto Panda Express: A
     History of Chinese Food in the United States (Rutgers, nj, 2015)

Pillsbury, Richard, From Boarding House to Bistro: The American Restaurant
     Then and Now (Boston, ma, 1990)

Pollock, Susan, ed., Between Feasts and Daily Meals: Towards an Archaeology
     of Communal Spaces (Berlin, 2015)

Ray, Krishnendu, The Ethnic Restaurateur (London, 2016)

Shore, Elliott, 'Dining Out: The Development of the Restaurant', in Food: The

History of Taste, ed. Paul H. Freedman (Berkeley and Los Angeles, ca, 2007), pp. 301–32

——, 'Modern Restaurants and Ancient Commensality', in Between Feasts and Daily Meals: Towards an Archaeology of Communal Spaces, ed. Susan Pollock (Berlin, 2015), pp. 277–88

Spang, Rebecca L., The Invention of the Restaurant: Paris and Modern Gastronomic Culture (Cambridge, ma, 2000)

Thomas, Lately, Delmonico's: A Century of Splendor (Boston, ma, 1967)

Watson, James L., Golden Arches East: McDonald's in East Asia (Stanford, ca, 1997)

West, Stephen H., 'Playing With Food: Performance, Food, and the Aesthetics of Artificiality in the Sung and Yuan', Harvard Journal of Asiatic Studies, lvii /1 (June 1997)